어른은 진보다

지금의 어른들, 무엇이 다른가

어른은 진보다

지 금 의 어 른 들 , 무 엇 이 다 른 가

김경집 지음

아직 가야 할 길이
남았다

쉽지만도, 어렵기만 한 삶도 아니었다. 살아온 삶을 돌아보면 수많은 고비와 굴곡이 있었다. 꿈이 있었느냐고? 꿈이 없는 사람이나 삶이란 없다. 저마다 다른 꿈을 갖고 있을 뿐이다.

우리는 권력, 재력, 명예 혹은 다른 것들에 대한 꿈을 품고 살았다. 삶의 반환점을 도는 시점이 되어 그 꿈들을 짚어 보니, 제법 이룬 것도 있으나 대개는 그냥 꿈에 불과한 채 끝난 것이 많다. 때론 그 꿈을 이루지 못한 게 아쉽고 원망스럽다.

이 나이가 되고 나니 권력이나 부, 혹은 명예 따위에 꿈을 품고자 할 일은 별로 없다. 그저 건강한 몸과 삶을 바랄 뿐이다. 그렇다고 꿈이 아예 없어진 건 아니다. 우리 모두에게 아직 남은 꿈이 있다. 보다 나은 세상을 다음 세대에 넘겨주는 일이 바로 그것이다. 부와 명예, 건강은 자신의 능력과 의지에 따라 이룰 수 있으나 더 나은 세상이란 것은 한 세대와 사회가 함께 이루어

가야 한다. 이를 외면하면 부끄러운 삶이 된다.

몸은 갈수록 쇠한다. 어쩔 수 없다. 그렇다고 정신과 생각까지 낡고 병들면 안 된다. 내가 살아온 경험과 지식만 고수하며 세상을 바라보면 안 된다. 나의 판단과 결정이 다음 세대에 크게 영향을 끼칠 수 있기 때문이다.

점점 노령인구가 많아지고 있다. 특히 은퇴를 앞두었거나 시작한 베이비부머세대가 유독 도드라진다. 보편적 고등교육을 받기 시작한 첫 세대인 베이비부머의 역할은 생각보다 크다. 무엇보다 유권자로서의 역할과 사명이 무겁다. 우리 세대의 판단과 결정이 다음 세대의 삶을 결정하기에 그렇다. 그런데도 과거의 관성으로, 손에 쥔 힘(권력, 재력, 명예와 더불어 신체적 능력까지)이 빠져나간 절망감 때문에 과거에 대한 추억과 관념으로 판단한다면 다음 세대에게 재앙이 될 수 있다. 생각을 바꿔야 한다. 그러면 나의 삶도 바뀌고 우리의 미래도 바뀐다.

시니어 세대의 역할은 정치적 영역에서 그치지 않는다. 탑골공원이나 종묘 앞에서 추레하고 무기력한 모습을 보이는 시니어들을 보며 청년들은 어떤 생각을 하게 될까? '나이 먹어 권력과 능력이 사라지면 저렇게 불쌍해지는구나', '저 꼴 안 당하려면 무슨 수를 써서라도 악착같이 돈 벌어야겠다' 하는 생각부터 들 것이다. 어쩌면, 지갑만 채울 수 있다면 불의와 타협해 악마와 악수할 수도 있다 여길지 모른다.

그러나 나이 든 사람들이 공원 벤치에 앉아 여유롭게 책을 읽고 웃음 띤 얼굴로 담소를 나누는 모습을 본다면, 아마 젊은 세대는 사회적 의무에 최선을 다하며 열심히 살면 자신도 은퇴해서 품위 있고 우아한 노년을 누릴 수 있으리라는 희망을 갖게 될 것이다.

이처럼 한 사회의 문화적 수준을 높이는 데 시니어들의 역할은 결코 작지 않다. 그저 한물간 뒷방 노인네 신세가 아니다. 아니어야 한다.

나이 들면 보수화된다는 말을 당연하게 여기는 순간, 우리는 미래의 걸림돌이 된다. 사랑하는 손녀와 손자의 미래를 위해서 우리의 모든 판단은 그들의 삶에 초점을 맞춰야 한다. 손녀와 손자에게 지금보다 더 나은 삶, 더 멋진 세상을 마련해 줘야 한다. 당장의 경제적·사회적 능력으로 그런 세상을 마련해 줄 수는 없어도, 정치 사회적 판단을 통해 그런 세상이 올 수 있다는 희망은 주어야 한다.

어제의 급진은 오늘의 진보가 되고, 오늘의 진보는 내일의 보수가 된다. 어제의 보수는 오늘의 수구가 된다. 그렇다면 오늘의 보수는 내일의 수구가 될 수 있다는 두려움을 가져야 한다. 진정한 보수의 가치를 수호하고 실천하며 다음 세대에 전해 주기 위해서라도 지금의 보수 혹은 보수인 척하는 수구에 빠져서는 안 될 일이다.

우리에게 모델이 될 만한 시니어의 삶을 보여 준 선배들이 별로 없었다는 건 아쉽고 애석한 일이다. 그럴 수밖에 없는 현실이었다. 하지만 적어도 우리는 다음 세대에게 롤모델이 될 수 있는 후반기 삶을 살아야 한다. 그릇된 관행은 우리가 다 깨뜨려 줘야 한다. 그것만 제대로 해도 다음 세대에 면목이 선다.

또한 그걸 깨뜨리면서 우리는 다시 싱싱하게 소생한다. 살아온 날보다 살아갈 날이 적게 남았다, 우리는. 그러나 지금은 살아갈 날 가운데 가장 젊고 어린 나이다. 아직 가야 할 길이 남았고 해야 할 일이 남았다.

앞으로 나아가는 삶, 그것이 진보적인 삶이다.
어른답게 사는, 살아야 할 몫이 그것이다.

어른은 진보다

내 남은 날을 위해, 사랑하는 아이들의 미래를 위해.
우리에게 아직 꿈이 남았다.
그리고 그 꿈은 생각을 바꾸면 이루어질 수 있다.

2020년 새봄을 맞으며
북한산 자락 수연재樹然齋에서
김경집

3부
지금의 어른들, 무엇이 다른가?

나이 들면 저절로 보수화된다는 말 자체를 거부해야 한다. 비겁하게 살아온 날들을 속 죄하기 위해서라도, 이제는 용감하게 발언하고 의연하게 세상을 바꿀 제도를 만들어야 한다. 나이 들면 진화하는 것이지 퇴행하는 게 아니라는 걸 보여 주자.

1부

제대로
나이 듦에 대한 성찰

내 칼럼이나 책을 읽은 사람들, 그리고 내 강연을 들었던 사람들은 대부분 나를 진보적인 사람이라고 평가한다. 그러면 나는 정색하고 말한다. 나는 보수라고. 나이 들어서 보수가 아니라 본디 보수적 가치를 지향하고 실천하며 살아온 사람이라고. 그러면 상대는 어안이 벙벙한 듯 한참 나를 바라본다. 심지어 어떤 이는 내게 배신감을 느꼈다는 표정을 감추지 않는다. 그러나 나는 보수다.

보수와 진보를 정의하는 방식은 시대와 장소에 따라 다르다. 18~19세기가 말하던 보수와 20~21세기의 보수가 같을 수 없다. 심지어 같은 시대인데도 미국과 유럽이 다르고, 같은 유럽에서도 영국과 프랑스가 다르다. 보수와 진보라는 개념은 그만큼 첨예하면서도 때로는 부분적으로 겹치기 때문에 애매하기도 하다. 'liberal'이라는 단어조차 양가적으로 쓰인다.

어른은 진보다

국어사전에서는 보수를 '보전하여 지킴' 혹은 '새로운 것이나 변화를 적극적으로 받아들이기보다는 전통적인 것을 옹호하며 유지하려고 함'이라고 정의한다. 그에 반해 진보는 '정도나 수준이 나아지거나 높아짐' 혹은 '역사 발전의 합법칙성에 따라 사회의 변화나 발전을 추구함'이라고 정의한다. 구태의연한 국어사전의 정의다. 그런 식의 정의에 따르면 보수는 전통적인 것을 옹호하고 유지하려는 것이니 낡고 따분한 것으로 느껴진다. 그런데 전통적인 것이 무엇인가에 대해 서술하지 않기 때문에, 막연히 '옛것'에 대한 향수와 집착쯤으로 여겨질 수 있는 것이다.

보수는 그런 게 아니다. 보수주의를 처음 제창한 아일랜드 출신의 영국 정치가 에드먼드 버크(Edmund Burke, 1729~1797년)는 정치적 권력의 남용을 반대하며 시민의 행복과 정의를 실현하는 정치제도와 방법을 주장했다. 버크는 당시 뿌리 깊었던 정치가의 이권 개입으로 발생하는 부패를 경멸하며 단순한 법조문의 해석과 지배자의 권리 주장, 정치적 관직과 명성을 추구하는 정치를 비판했다. 그리고 진정한 보수란 반드시 지켜야 할 원칙을 위해서는 다른 것을 버릴 수도 있어야 한다고 말했다.

버크는 아메리카 식민지에 대한 과세 정책을 비판하면서, 이 정책이 오히려 반발을 불러일으켜 영국과 아메리카 모두에게 이익이 되지 않을 것이라고 경고했다. 당연히 당시 영국인들은 버크의 주장에 경악하고 극렬하게 비판했다. 그러나 그는 식민지를 지배하는 영국의 권리와 법적인 권한보다 현지인과의 타협을 통해 보편적인 원리에 입각한 정책을 실현해야 궁극적으로 이익이 되고 정의로운 것이라며 주장을 굽히지 않았다. 이런 게 바로 진정한 보수의 품격이다.

내가 생각하는 보수는 단순명료하다. 내가 집에서 배운 가치, 즉 예의, 배려, 인격, 정직 등의 가치와 학교에서 배운 가치, 즉 민주주의, 정의, 자유와 평등, 공공선과 공익, 연대 등의 가치를 실천하는 것이다. 인간의 가치가 훼손되고 인격이 억압되며 민주주의와 정의가 짓뭉개질 때 의연히 비판하고 저항하며 맞서 싸워서 반드시 그 가치를 지켜 내고 실천하는 것, 그것이 바로 보수다. 더 쉽게 말하자면 교과서에서 배운 가치를 실현하는 것이다.

그렇게 본다면 진보는 '지금 때가 어느 때인데 그 낡은 교과서 타령인가? 이제는 과거의 교과서를 파기하고 새로운 교과서로 대체해야 해!'라고 주장하는 것이다. 솔직히 우리는 아직 그 정도를 감내할 능력도 태도도 부족하다. 그러니 보수의 가치부터 제대로 실현해야 한다. 그런 의미에서 나는 보수!

이렇게 보수적인 내가 엉뚱하게 진보적인 인물로 비치는 건 우리가 생각하는 보수가 왜곡되고 훼손되었기 때문이라고 나는 단언한다.

수적으로는 소수이면서 실질적으로는 절대적인 권력과 부를 독점한 사람들이 헌법 정신을 뭉개고, 민주주의를 조롱하며, 정의를 짓밟는 짓을 용인하며, 그저 우리 사회가 겉만 멀쩡한 '안정과 번영'을 추구하는 게 보수의 가치라고 착각했다. 민주주의와 정의를 주장하면서 정작 비민주와 불의에 저항하는 움직임을 가리켜 사회를 불안하게 만드는 요소라 욕하고 삿대질하는 게 보수라고 착각했다.

이건 보수가 아니라 '보수를 참칭한 수구'일 뿐이다. 그걸 구별하지 못하면 안 된다. 그간 정치도, 경제도, 언론과 종교까지 그 착각 속에 빠졌다. 때론 보수를 진영의 논리로 나눠 놓는 게 자신들에게 유리하다고 여긴 세력들이 의도적으로 착각을 유도하기도 했다. 보수와 수구를 구별하고 수구를 퇴치해야 하는 것은 지금 우리의 보수에서 가장 시급한 당면 과제다.

어른은 진보다

국가의 안보는 그 어떤 것과도 바꿀 수 없는, 가장 핵심적인 국가의 가치다. 그러나 그것은 자강의 능력을 키우고 스스로 제 나라와 민족 그리고 사회를 지키는 자발적 힘에서 온다. 권력자와 부자는 자신은 물론이고 자식들까지 군대에 가지 않았으면서 뻔뻔하게 걸핏하면 국가안보 운운한다. 얼마나 역겨운가. 영국의 국립묘지에는 왜 귀족 자제의 무덤이 많을까? 전쟁이 일어나면 귀족 자제들이 앞다퉈 전장에 나갔고 용감하게 앞장서 싸우다 목숨을 바친 이가 많았기 때문이다. 한국전쟁 때 미군 사령관의 아들이 실종되었지만 그는 의연했다. 마오쩌둥의 아들도 참전해서 전사했지만 그는 아들의 시신조차 중국으로 운구하지 않았고 심지어 아들이 참전했다는 것조차 드러내지 않았다.

노블레스 오블리주(사회 지도층의 솔선수범)를 대한민국의 지도층은 얼마나 실행해 왔는가? 스스로 준엄하게 물어야 한다. 엄청난 세금을 쏟아부은 방위산업에서 끊임없이 비리와 부패가 되풀이되는 건 제대로 감시하지 못했기 때문이며, 돈이면 무슨 짓이건 저지를 수 있다는 반국가적 태도 때문이다. 그리고 그 지위에 있는 사람들은 서민이 아니다.

비리와 부패에 대한 철저한 응징과 처벌조차 제대로 하지 않는 건 그걸 되풀이하도록 방치하는 작태다. 가진 자들끼리 자신의 이익을 위해서라면 방산 비리마저 거리낌 없이 저지르는 걸 결코 방치하면 안 된다. 그걸 외면하면서 안보 운운하는 건 웃기는 일이다. 대한민국의 지도층(누가 누구를 '지도'하는지도 우습지만) 가운데 다수의 사람들은 노블레스 오블리주가 아니라 노블레스 No 오블리주만 탐하는 경우가 너무나 많다. 그건 지도층이 아니라 '지도충蟲'일 뿐이다.

세계의 움직임은 빠르게 변화한다. 안보 상황 또한 마찬가지다. 그러나 우리의 인식 저 밑바탕에는 한국전쟁의 트라우마가 짙게 깔려 있다. 전쟁의 상처를 깊이 경험한 세대들에게는 당연한 의식이다. 그러나 그 전쟁이 끝난 지 반세기를 넘어 70년쯤 되는데도 여전히 그 인식에서 벗어나지 못하는 건 위험하다.

스스로를 보수라고 자임한 우리는 자신과 다른 견해를 주장하는 사람을 걸핏하면 빨갱이로 몰아세웠다. 그것으로 정치적 재미(?)를 많이 봤다. 그러나 그게 식상해지자 '용공'이니 '친북좌파'니 하는 이름으로 대체하며 안보 팔이를 포기하지 않았다. 국민들이 거기에 호응하니 계속 써먹었다는 점에서 어쩌면 우리도 공범자다. 안보는 가장 중요하지만 아직도 적화통일의 야욕 운운하며 겁박하는 건 시대착오다. 그런 인식은 우리의 능동적이고 주체적인 안보 의식과 대비를 방해하는 면이 훨씬 더 크다.

솔직히 우리 세대만 해도 전쟁을 직접 겪지 않았다. 하도 많이 들어서 아는 것일 뿐이다. 물론 모든 전쟁은 언제나 파괴적이고 비극적이며 생존과 직결되므로 비록 전쟁을 직접 겪지 않았더라도 그 위험성에 대비해야 하지만, 의식이 과하면 오히려 위험하다. 냉정하게 국제 정세도 읽어 내고 올바른 자주국방에 대한 미래지향적 인식으로 전환해야 한다.

수구를 참칭한 가짜 보수가 마치 자신들의 전유물인 것처럼 떠들어 대는 건 경제도 마찬가지다. 그들이 권력을 가졌을 때 경제가 발전한 것처럼 보이기도 하지만, 실은 당시 세계 경제 환경의 덕이 크다. 또 국민 모두가 양질의 저렴한 노동력으로 열심히 일한 덕도 있다. 그리고 냉정하게 말하자면 경제가 조금 어려워도 곧 나아질 것이니 견딜 만하다고, 이겨 내야 한다고, 이겨 내도록 해줄 거라는 희망으로 덮어 준 면도 없지 않았다.

당시 정권은 대부분 군부 쿠데타로 집권한 세력이었다. 그런데 경제가 좋았다는 착각이나 핑계로 그때의 정치를 그리워하는 기성세대가 많다는 건 위험한 일이다. 반공과 권위주의를 앞세워 자유로운 개인이라는 가장 중요한 가치를 억압하고 민주주의를 탄압했으며 정의를 조롱한 과거를 잊는 건 엄청난 실수다. 누가 그 자리에 오르건 잘살게만 해주면, 나라 시끄럽지 않게만 해주면 뭐든 용인해 주겠다는 사고가 은연중에 형성된 기성세대는 그런 점에서 성찰해야 한다.

솔직히 우리는 아직 진보를 감당할 능력이 없고 진보의 어젠다를 제시할 수 있는 역량도 부족하다. 자칭 타칭 진보라 칭하는 세력들의 면면을 보면 사실은 중도우파쯤에 불과하다. 그런데도 뭉뚱그려 진보라 칭하는 건 수구 세력이 보수의 이름을 도용하고 있기 때문에 상대적으로 진보로 여겨지는 데서 기인한 것이다. 마치 전 세계적으로 가톨릭교회가 보수적이라고 평가받는데 대한민국에서는 개신교회가 너무나 수구적이고 퇴행적이어서 상대적으로 진보적으로 보였고 지금도 상당 부분 그런 인식으로 남아 있는 것과도 비슷하다. 그 썩은 보수와 보수를 참칭한 수구가 계속해서 준동하는 한 우리에게 미래로의 진화는 더디거나 어려울 것이다.

우리는 분명히 집에서, 학교에서 그리고 사회에서 우리가 지키고 실천해야 할 기본적 가치를 배우고 살아왔다. 그 가치들이 훼손되고 억압되며 왜곡될 때, 비판하고 저항하고 맞서 싸워야 하는 것이 보수의 진정한 힘이다. 그걸 놓치면 안 된다. 제대로 된 보수주의부터 다시 건설해야 한다.

그러기 위해서는 타락한 보수(수구)와 교묘하게 자신의 이익만을 위해 어떤 짓도 마다하지 않으며 여론을 왜곡하는 수구 세력과 결별해야 한다. 그걸 가려내고 퇴출시키며 보수의 재구성이 시작될 때, 비로소 우리는 다음 세대도 자랑스러워할 보수주의를 재건할 수 있을 것이다. 그게 어른들의 몫이다.

그런 점에서 나는 보수다. 수구적인 자들에 비해 진보적이라 불리는 건 어쩔 수 없지만.

나는 제대로 된 보수인가? 보수의 가치와 태도가 무엇인지를
깊이 생각하고 판단하며 행동해야 한다.
그렇지 않으면 수구의 늪에 빠진다.

어른은 진보다

안보와 경제. 우리는 이 둘을 흔히 보수정당의 대표적 강점이라고 여긴다. 그게 보편적 사고다. 그래서 보수정당은 언제나 자신들의 간판 가치를 안보와 경제로 내세우고 유권자들도 그렇게 여긴다. 그래서 확신이 서지 않으면 대개 보수에 표를 던졌다. 다들 그런 줄 알았다.

그런데 이상한 제목의 책 한 권이 이 고정관념을 깨뜨렸다. 제목도 매우 도발적이다. 『왜 어떤 정치인은 다른 정치인보다 더 해로운가』. 이 책의 결론은 이렇다.

"보수가 집권하면 언제나 사람들이 더 많이 죽는다."

그야말로 통념을 뒤집는 결론이다. 보수가 집권하면 경제가 살아난다는데, 그러면 삶의 질이 더 나아져서 적어도 경제적으로는 윤택한 삶을 누릴 수 있는데 왜 더 많이 죽는 것일까?

우선 이 책의 저자가 정치학자가 아니라 정신의학자라는 점에 주목해야 한다. 저자 제임스 길리건은 수십 년간 폭력 문제를 연구해 온 학자이다. 그는 어느 날 통계를 분석하다 기묘한 수수께끼에 부딪혔다. 1900년부터 2007년까지 미국의 자살률과 살인율 통계였다. 이 통계를 분석해 보니 한 세기 동안 일관되게 자살과 살인의 비율이 오르락내리락했다. 도대체 왜 자살률과 살인율이 같이 움직이는 걸까? 여러 해 동안 캐고 또 캤지만 원인을 알 수 없었다.

그러다 어느 날, 길리건은 자살과 살인의 비율이 오르내리는 주기가 대통령이 바뀌는, 즉 정권을 담당하는 정당이 교체되는 것과 맞아떨어진다는 걸 발견했다. 그러나 그 이유는 여전히 오리무중이었다.

자, 이쯤에서 따져 보자. 저자는 결론적으로 보수정당이 집권했을 때 자살률과 살인율이 오른다고 했다. 과연 동의할 수 있는, 근거가 제대로 된 결론일까? 그가 확인한 통계는 상대적으로 진보라는 민주당 대통령이 집권할 때보다 상대적으로 보수라는 공화당 대통령이 집권할 때 자살자와 타살자가 11만 4,600명이 더 많았다는 점을 보여 주었다. 우연의 일치였을까? 우연이라면 어쩌다 그랬어야 한다. 그런데 두어 차례의 예외(그것도 대공황이나 전쟁 같은 특별한 경우)를 제외하곤 거의 맞아떨어졌다. 이쯤이면 우리의 통념에 문제가 있는 것인지, 아니면 정신의학자의 편향된 해석인지 따져 물어야 한다.

저자 본인도 자신의 발견에 놀랐다. 그래서 그 결과가 정말 통계적으로 유의미한지 다양하게 검토하고 따졌다. 지난 100여 년 동안 미국의 인구 변화, 실업, 불황, 불평등 같은 사회적 변수가 어떤 상관관계를 갖는지 여러 통계와 기존의 다양한 연구 성과들을 조사했다. 그리고 이들을 비교하며 분석한 결과, 어떤 정당이 집권하느냐에 따라 자살률과 살인율 사이에 명백한 인과관계가 있다는 사실을 밝혀냈다.

이상하지 않은가? 왜 보수정당이, 그것도 '경제와 안보'를 자신들의 전유물인 양 내세우는 보수정당이 집권하면 자살과 살인의 비율이 높아진다는 말인가? 이쯤이면 당혹스러울 수밖에 없다.

미국도 보수정당인 공화당이 특허상품처럼 내세우는 게 안보와 경제다. 공화당은 주로 부자, 기업과 백인의 이익을 대변하는 정당이다. 당연히 그들이 부를 움켜쥐고 있다. 미국 사회도 보수정당이 움직이면 경제가 풀릴 것이라는 환상(반복 학습된 주입일 수도 있는)을 갖고 있다. 부자들은 공화당에 거액의 정치헌금을 기부한다. 세상에 공짜는 없다. 공화당이 집권하면 그들이 원하는 반대급부를 줘야 한다. 그것이 무엇일까?

바로 '만능 자유시장경제'의 우월성을 강조하는 부자들이 원하는, 최대한의 규제 철폐다. 거기에는 좀 더 쉽게 해고할 수 있는 자율성 혹은 노동 유연성이 포함된다. 어쩌면 그게 우선순위일 것이다. 그래서 공화당이 집권하면 대량 해고가 나타난다. 빈곤, 불평등, 실업이 증가할 수밖에 없다. 그 유탄에 맞은 사람들은 쓸모없는 사람이 되었다는 무력감과 수치심을 깊게 느낀다. 이 감정이 폭력을 부추기고 자살과 살인의 증가로 귀결된다.

결국 권위주의적 보수정당이 추구하는 사회, 경제 정책은 필연적으로 불평등을 증가시키고 사람들에게 강한 수치심과 모욕감을 준다. 보수정당은 사회의 안정을 강조하지만, 사실은 사회의 위계질서를 존중하며 불평등을 자연의 법칙이라고 강변하는 것일 뿐이다. 그래서 제임스 길리건은 이렇게 말한다. "우리가 어느 쪽에 투표하는지에 삶과 죽음이 달렸다."

물론 대한민국 정당과 정치에서 이런 결과가 그대로 적용된다고 보편화하기는 어렵다. 하지만 어느 정도 비슷한 것 또한 인정할 수밖에 없다. 얼핏 보면 보수정당이 집권해서 경제가 활성화되면 일자리가 늘어나 해고의 위험은 줄어들고 취업의 가능성은 높아지는 것 같지만, 그건 과거의 일이고 일시적 착시에 불과하다. 기업의 이익이 아무리 커져도 고용이 더 늘지는 않는다. 오히려 어떻게 하면 규제를 피하거나 줄이고, 해고를 용이하게 해서 이익을 고수할 것인지를 고민한다. 더구나 예전과는 달리 생산 구조가 바뀐 탓에 인력에 의존하는 비율이 떨어졌다.

앞으로 어떻게 될지는 더 두고 봐야 하지만(우리가 상상할 수 없는 영역에서 다양하고 수많은 새로운 직업들이 생겨나고 일자리가 만들어질 수도 있다.) 당장의 현실은 그렇다. 그런데 과거 산업화 경제에 익숙한 기성세대들은 자신들이 잘 나갔을 때가 대부분 군부독재 시절이거나 그 후계자들이 집권하던 시기, 관치官治와 정경유착의 시기라는 점을 들어 보수정당이 집권하는 게 경제와 안보 면에서 우월하다고 생각한다. 조금 덜 정의롭고 덜 민주적이더라도 말이다. 바로 이 논리가 지금 젊은 세대의 발목을 잡는다. 경계할 일이다.

그렇다 해도 여전히 뭔가 석연치 않은 앙금이 남는다. 왜 가난한 사람들이 불평등과 폭력이 늘어나는 세상으로 몰아가는 보수정당에 표를 던지는 것일까? 그들은 부자의 이익에 충실한 사람들인데 말이다. 또 늙고 병들어 고생하는 노인들은 왜 자신들의 복지에 인색한 정당에 표를 던지는 것일까?

미국의 경우와 달리 우리에게는 조금은 더 특수한 상황이 작동되는 듯하다. 하나는 기업이 활성화되고 경제가 발전해야 일자리가 생긴다는 이전의 경험이다. 이른바 낙수효과(트리클다운 이펙트)다. 이명박 전 대통령이 선거운동 때 내걸었던 개념이다. 위부터 잔이 차면 저절로 아래로 물이 떨어지게 된다는 개념이다. 그러나 현실은 어떤가? 맨 위의 잔이 대야처럼 커서 거기에만 물이 담긴다. 독점의 효과만 극소수의 사람들이 누렸을 뿐이다.

어른은 진보다

또 다른 하나는 일찍이 베블런(Thorstein Bunde Veblen, 1857~1929년)이 간파했던 문제다. 힘들고 가난한 사람들은 현재의 삶에 어느 정도 익숙해졌다. 겨우겨우 그 방식의 삶에 맞춰 살고 있는데 또 다른 변화가 주어진다면 불편하고 부담스럽기 때문에 익숙한 삶의 방식이 유지되기를 바란다. 가까스로 적응한 삶의 방식이 깨지면 다시 새로운 방식에 익숙해지기 위해 애써야 하고 그렇다고 삶이 더 나아진다는 보장도 없다면 차라리 그냥 이대로가 낫다고 여긴다. 이런 이유로 변화보다 안정을 주장하는 세력에 표를 던진다.

약자가 강자의 이익을 대변하는 정당에 표를 던지는 심리의 기저에도 그런 나름대로의 셈법이 작동한다. 가난한 사람들이 부자들의 이익을 대변하는 정당에 표를 던지고, 복지의 비용을 깎더라도 경제를 살려야 한다며 법인세와 상속세를 삭감하려는 정당을 추종하는 '계급 배반적인' 투표 행위는 그렇게 반복된다. 그리고 이 와중에 애꿎은 청년들만 해마다 4천여 명씩 스스로 목숨을 끊는다.

냉정하게 생각해 보자. 1997년 외환위기로 아예 그룹이 해체된 대우나 한보를 제외하더라도 제대로 살아남을 수 있는 기업들이 얼마나 되었는가. 그들을 살려 낸 건 국민의 피 같은 세금인 공적자금이었다. 게다가 그 기업들은 3년 동안 구조조정이라는 명목으로 대량 해고를 일삼을 수 있었고, 회복된 경제 상황에서 이전보다 훨씬 더 큰 이익을 얻게 되었다. 하지만 이익은 국민에게 돌아가지 않았다. 오로지 그들의 차지였다. 은행들도 크게 다를 것 없었다. 메카 뱅크 운운하며 거대 금융권으로 성장할 수 있게 해줬고 사업 영역도 확장할 수 있었다.

만약 공적자금이 없었다면 그들이 제대로 살아남을 수 있었을까? 물론 그들이 살아남아야 우리 경제가 초토화되지 않고 다시 일어설 희망이 있었던 터라 불가피했던 건 맞다. 그러나 사회적 도움을 받아 회생한 기업들이 사회적 기여로 이익을 돌려주었는가를 따진다면, 그건 아니다. 살아난 이후 일자리는 줄이고 자금을 꽁꽁 묶었다.

기업들은 최대한 이익을 증가시키기 위해 걸핏하면 규제를 풀어 달라고 애원하고 협박을 마다하지 않았다. 그건 기업의 숙명이다. 그러나 그게 국민들까지 감내해야 할 숙명은 아니다. 그런데도 우리는 그걸 당연한 것으로 수용했을 뿐 아니라 지금도 기업의 이익을 키워야 한다는 논리를 그대로 지지한다. 이건 스스로 노예를 자처하는 것과 다름이 아니다.

복지의 문제가 본격화되었을 때 대한민국의 기득권층이 걸핏하면 들었던 사례가 그리스였다. 그러나 그리스는 유럽에서 복지가 가장 낙후된 국가 가운데 하나다. 과연 그리스가 복지 때문에 망가졌을까? 아니다. 유럽이 단일 경제로 통합되고 유로화로 통일되면서 그리스 화폐가치가 올랐다. 국가의 경제 힘이 강해져서가 아니라 각국 통화가 1:1로 유로화로 수용되었기 때문이다.

그렇게 만들어진 가치는 어떻게 소비되었을까? 부패한 정치인들, 탐욕스러운 기업인들이 먼저 빨대를 꽂고 빨아먹기 바빴다. 결국 거품만 남은 그리스 경제의 상황은 국민의 몫이었다. 제대로 된 정치인들이었다면 뜻하지 않은 국가의 이익 중 30%는 미래가치를 위해 교육에 투자하고, 30%는 사회기간산업에 투자하며, 30%는 복지에 투자하고 나머지를 기분 내면서 만끽할 수 있도록 하자고 설득하고 유도했어야 한다. 그러나 아무도 그렇게 하지 않았다. 그렇게 하면 자기가 먹어야 할 몫이 줄어들기 때문이었다. 결국 복지도 인프라도 제대로 마련한 게 없고 교육도 마찬가지였다.

그러니 그리스 케이스에서 배워야 할 것은 청렴한 정치, 합리적인 경제,

미래에 대한 확신을 기초로 한 교육, 그리고 안정된 사회를 위한 복지 등에 고르고 합리적으로 투자하도록 하는 합의의 도출이다. 그런데 우리는 엉뚱하게 복지 때문에 그리스가 망했다며 떠들었다. 우리보다 훨씬 더 나은 복지 체제를 구가하면서도 국민소득이 더 높은 나라들은 못 본 척하면서. 한심한 일이었다. 지금이라고 크게 다른가?

가난한 사람들이 부자를 위해 일하는 정당에 표를 던지고 복지에서 소외된 사람들이 복지 비용을 줄여야 한다는 정당에 표를 던진다. 심지어 그렇지 않은 정당조차 그런 시선이 두려워 제대로 복지 정책을 내놓지도 않는다. '증세 없는 복지'라는 거짓 구호의 그럴듯한 속임수에 알면서도 속아 넘어갔다. 미래를 위한 복지 비용을 마련하려면 당당하게 증세의 당위를 설명하고 설득해야 한다. 그게 정치의 몫이다. 그러나 아무도 나서지 않는다. 표가 되지 않는 자살행위라 여기기 때문이다. 우리가 지난 20년 동안 다람쥐 쳇바퀴 도는 논쟁에서 벗어나지 못한 건, 복지는 퍼주기며 경제를 휘청거리게 만드는 주범이라는 주장으로 이익을 보는 집단의 의도에 휘말린 이유도 있을 것이다.

우리는 지금까지 살아오면서 힘겹고 어려운 일을 한두 번 겪은 게 아니다. 다행히 우리는 그 질곡을 이겨 냈다. 그렇다면 제대로 된 지혜를 마련해야 한다. 낡고 그릇된 사고가 우리를 지배하고 있다면 과감하게 깨뜨려야 한다. 그래야 우리의 자식들이 제대로 살 수 있는 환경을 마련할 수 있다.

특히 지난 20여 년 동안 우리가 겪고 견뎌야 했던 질곡의 시간은 그리 먼 과거의 일이 아니다. 우리가 촘촘하게 겪은 현실이다. 그걸 가볍게 잊거나 어리석게 판단해서는 안 될 일이다. 우리가 지적으로 깨우쳐야 하는 건 이성이 신화를 이기고, 과학이 미신을 이기며, 민주주의가 정치적 지배를 이기도록 하기 위해서다. 그릇된 신화의 미망에서 헤어나지 못하는 건 우리의 재앙일 뿐 아니라 미래 사회의 재앙을 키우는 일이다.

제임스 길리건이 말한, 경제와 안보를 내세우는 보수정당이 집권했을 때 사회가 폭력과 불안정에 노출되고(정당한 요구마저 폭력적으로 억압하는 안정은 올바른 안정이 아니다!) 일자리가 불안정해서 자살과 살인이 더 많아진다는 분석이 절대적으로 옳을 수는 없다. 그것 또한 일반화의 오류에 빠질 위험성을 내포하고 있다. 그러나 적어도 우리가 지금까지 지녔던 통념, 즉 보수는 부패하더라도 안보와 경제는 능력이 있다는 생각이 얼마나 어리석을 수 있는지, 그 속살이 어떤지는 깨닫게 하는 바가 있다.

우리는 이미 당했더라도 다음 세대까지 그런 멍청한 짓에 놀아나지 않게 해야 하지 않겠는가. 눈 똑바로 뜨고 제대로 감시하고 분석하며 비판할 수 있어야 한다. 그게 우리 어른들의 몫이다.

보수정당은 부자와 기업을 위해 봉사한다.
나는 부자고 강자인가? 내 자식들은 부자가 되고 강자가 될 것인가?
그것부터 스스로 물어야 한다.

"금지만이 금지된다(Il est interdit d'interdire)." 프랑스 68혁명에서 언급된 구호 중에 가장 기억에 남는 말이다. 금지는 억압이다. 그것을 고착화시키는 것이 금기다. 금기는 하나의 사회적 기호로 작동한다. 금기를 깨뜨리는 건 때론 무모하다. 금기에 접근하는 것 자체가 불손하고 불온하게 여겨진다. 그러면 아예 금기를 피하고 외면하게 된다. 그렇게 금기는 우리를, 우리의 의식을 지배한다.

그러나 시대가 변하고 생각이 바뀌면 불필요한 금기는 깨뜨려야 한다. 무의미한 금기가 계속해서 우리를 지배하는 건 우스꽝스러운 일이다. 금기의 지배를 받고 거기에 충실하게 순종할 때는 그게 절대적인 것처럼 여겨지지만, 일단 깨뜨리고 나면 왜 그 한심한 억압에 순응했는지 허탈하고 부끄러워진다.

흔히 두 가지 주제를 대화의 소재로 삼지 말라고 한다. 하나는 종교, 다른 하나는 정치다. 이 주제가 테이블에 올라오면 대화 상대가 같은 신념을 공유하지 않는 한, 낯이 붉어지는 상태로 대화가 끝난다. 심지어 가족끼리도 그렇다. 이 불쾌한 경험이 몇 번 쌓이면 자연스럽게 해당 주제를 기피하게 된다. 그런데 생각해 보면, 이 불편함과 불쾌함이 타당한가 싶다. 우리는 왜 종교와 정치 이야기를 불편해하는가?

먼저 종교의 경우를 보자. 솔직히 말하자면 종교가 대화의 주제로 올랐을 때 갈등의 주된 주체는 기독교, 그중에서도 개신교다. 종교적으로, 신학적으로 누가 우월한지 떠든다. 그러나 정작 누가 더 선하고, 사회적 불의를 더 비판하고 저항하며 실천에 앞서는지, 약자에 공감하는지 등에 대해서는 별로 이야기하지 않는다. 결국 결론은 "너는 그릇된 종교에 빠져 지옥에 갈 거야. 그러니 늦기 전에 얼른 이쪽으로 와야 해. 천국은 우리 종교에서만 가능하거든."이다.

누구나 자신의 종교적 신념에 따라 살 권리가 있다. 하지만 나의 신념을 타인에게 강요할 권리는 없다. 아무리 선의라고 해도, 상대의 신념에 대한 존중과 배려가 조금도 없다면 그것은 강요이고 폭력이다. 입장 바꿔 생각해 보라. 누군가 당신에게 당신이 믿는 종교는 사이비이며 그 결과는 지옥에 떨어질 뿐이니 빨리 버리고 자기 종교로 귀순하라고 한다면, 기꺼이 건너가겠는가? 상대의 신념을 배려하고 존중하지 않으니 결국 논쟁과 싸움으로 끝난다.

우리는 다행히 종교 때문에 내전을 겪거나 테러 행위가 벌어지지 않는 나라에 살고 있다. 이 점을 잘 살려야 할 계기로 마련하면 좋을 것이다. 먼저 정착한 종교가 후발 종교를 억압하거나 노골적으로 적대하지 않았기 때문

어른은 진보다

에 가능했을 것이다. 그 점을 평가할 수 있어야 한다. 서구 사회와 달리 상대의 신념을 무조건 억압하지 않는 종교적 관용을 지녔기 때문이라고 할 수도 있을 것이다.

나는 오히려 종교가 훌륭한 대화의 소재가 될 수 있다고 생각한다. 예를 들어, 기독교 신자의 경우 불교 신자에게 "우리 교회는 적어도 주일에는 꼭 예배에 참석해야 한다고, 안식일의 의무를 강조하는데 어쩌다 휴일에 불가피하게 예배에 가지 못하면 마음이 여간 불편한 게 아닙니다. 당신의 종교에서는 매주 예불에 참석하지 않아도 되는 것 같은데, 그렇게 해도 신앙생활에 문제가 없나요?"라고 물을 수 있을 것이다.

이 물음을 받은 사람은 '옳다구나!' 하면서 이참에 자기 종교로 개종하라고 설득할까? 그렇지 않다. 일단 자신이 믿는 종교를 인정해 주어 고마움을 느낄 것이다. 그리고 고민을 털어놓는 정직함에 놀랄 것이다. 당연히 상대 종교에 호의도 갖게 될 것이다. 뿐만 아니라 각자 자기 종교의 가르침을 어떻게 실천하고 있는지, 그 경우 고민과 갈등은 무엇인지 등에 대해서도 허심탄회하게 이야기를 나눌 수 있다. 그러면 관계는 훨씬 더 친밀해질 것이다.

내 종교를 배타적으로 우월하다고 윽박지르고 개종을 강요하는 등의 폭력적 언사만 삼가도 충분히 유의미한 대화를 나눌 수 있다. 그런 점은 전혀 고려하지 않고 무조건 종교는 대화의 소재로 삼지 말라는 건 그리 바람직하지 않다. 깨뜨려야 할 금기에 스스로 순응하고 있는 건 아닌지 우리 스스로에게 물어볼 일이다.

종교의 영역에서 우리가 반드시 직시해야 하는 대목이 두 가지 있다고 생각한다. 첫째, 종교가 사회적 문제에 개입하거나 발언해서는 안 된다는 통념이다. 기본적으로는 옳다. 종교인은 사회적 발언을 조심해야 한다. 그리고 높은 도덕적 삶으로 모범을 보여야 한다.

자, 그런데 왜 우리는 교육자나 종교인에게 높은 도덕 수준을 요구하는 것일까? 존경하는 것도 아니고 높은 보수를 주는 것도 아니면서 말이다. 그 이유는 그들이 덜 때 묻은 자들이기 때문이다. 한 사회가 도덕적으로 타락하고 정의가 훼손될 때, 대다수의 사회 구성원들도 함께 때 묻어 비판 의식을 잃는다. 그러면 때 묻지 않은 최후의 집단이 나서서 문제를 질타하고 비판하며 반성을 촉구할 수 있어야 한다. 그게 바로 교육자들과 성직자들이다.

세상일에는 신경 끄고 입 닥치고 네 할 일이나 하라는 분리와 차단이 핵심이 아니다. 물론 교육과 종교라는 두 영역은 세속의 일에 지나치게 관심을 가지거나 관여하는 것에선 거리를 둬야 한다. 그렇다고 무관심하고 무책임해야 한다는 건 아니다. 또한 단순히 존경받기 위해 다른 사람들보다 훨씬 더 도덕적이고 인격적이며 비리에 물들지 않을 뿐 아니라 극도로 자기 욕망을 통제해야 하는 것도 아니다. '말할 자격'을 얻기 위해, 마지막으로 그렇게 '말할 수 있는' 사람일 수 있기 위해 그래야 하는 것이다. 그들의 존재는 사회가 타락하더라도 다시 회복할 수 있는 안전장치다. 그러므로 종교인과 교육가는 늘 자신이 도덕적인지를 스스로 감시하고 사회가 타락하고 있는지를 관찰해야 한다.

백번 양보해서 정치, 경제, 사회의 문제에 거리를 둔다 치자. 그렇다면 종교 내에서 일어나는 불의에 대해서는 정의롭고 용기 있는가? 종교 밖에서 비판하면 우리 일이니 간섭하지 말라며 선을 긋고, 교회 안에서 비판하면 내부에서 총질하느냐며 압박하고 심지어 출교시키기까지 한다. 재벌 세습하듯 대형 교회를 부자가 세습하는 것을 비판하면 최고의 적임자라서 '청빙'한 것이지 세습이 아니라 강변하는 건 아예 지정곡에 가깝다. 그러면서 어떻게 북한 세습을 비판하고 재벌의 부당한 세습을 비난할 수 있겠는가. 성폭력조차 쉬쉬하고 노회에서 판결을 질질 끌면서 눈치 보는 건 어제오늘 일이 아니다. 종교를 자신들의 권력의 축으로 삼는, 세속보다 훨씬 더 세속적이고 더 저질적인 태도인데도 입 다물란다.

종교가 현실에 간섭하면 안 된다 하면서 사실은 정치적, 경제적, 사회적 불의에 대해 비판하는 걸 불편하게 여기고 그걸 차단하는 일에 골몰하고 있는 것은 아닌지 되물어야 한다. 도리어 불의에 편들거나 자신의 세력을 과시하면서 야합하려는 종교 세력 혹은 성직자들이 얼마나 많은가. 극우적 태도를 가진 종교인들 중에 사회정의나 불공정한 분배의 악순환, 청년실업 등의 고질에 대해서는 한마디의 질타도 하지 않으면서 정치적 문제나 자신들의 세력 확장 혹은 발언권 확대에는 지나치게 민첩한 자들이 너무 많다. 그런 자들이 사이비 종교인들이다.

영성적 삶에 대한 것이라는 점에서 종교는 엄연히 정치와 분리된다. 그러나 영성적인 삶이라고 사회적 삶과 분리된 게 아니다. 불의와 모순이 난무하고 그로 인해 수많은 사람들이 상처받는 현실에 복음의 사랑과 불법佛法**의 자비로 비판하고 질책해야 한다.** 일상의 삶에서 사랑과 자비가 외면되면 영혼도 상처받는다. 상처의 원인은 외면하면서 그 상처의 보상을 종교에서 약속하기만 하면 되는 게 아니다. 그러므로 성경을 읽고 불경을 읽을 때마다 나의 삶과 사회적 현실을 비춰 보고 인간의 가치와 존엄성도 성찰하면서 기도하고 절해야 하는 것 아니겠는가.

이미 종교가 사회를 걱정하는 게 아니라 사회가 종교를 걱정하는 상황이다. 이렇게 된 데는 우리 어른들의 책임이 크다. 방치하면 더 악화될 뿐이다. 스스로 정화되는 걸 기다리는 건 나무에서 물고기 찾는 것과 다르지 않다.

따끔하게 질책할 것이 있으면 물러서지 말고 용감하게 비판해야 한다. 그래야 종교의 타락을 막는다. 지금 우리가 하지 않으면 우리 자식 세대들이 그 오물을 그대로 뒤집어쓰게 된다.

그러니 종교 이야기는 가능하면 하지 말라는 걸 문자 그대로 받아들여서는 안 될 일이다. 이 문제마저도 비판하면 진보, 감싸면 보수라는 단순무식한 도식은 어처구니없다. 이런 것까지 진영의 논리로 접근할 만큼 우리는 너무 편협하고 그릇된 사고에 길들여져 있다. 종교가 타락하면 그 사회는 회복할 수 있는 최후의 안전판을 스스로 제거하는 것과 같다.

그렇다면 정치는 어떤가? 어떤 사람들은 우리나라 사람들이 지나치게 정치적 관심이 많아서 탈이라고 하지만, 그 어떤 개인도 정치의 문제에 소홀하거나 무관할 수 없다. 정치는 단순히 권력을 누가 잡느냐의 문제가 아니다. 정치의 체제와 철학 그리고 가치가 우리의 삶에 직접적으로 작용한다는 점에서 생활 그 자체다. 그래서 누군가는 숨 쉬는 것 빼고는 모든 것이 정치적이라고 말한다.

과다한 정치적 관심이나 편향적인 정치적 태도에 근거한 판단은 문제가 되겠지만 오히려 정치적 무관심과 외면은 더 큰 재앙을 불러온다. "모든 민주주의에서 국민은 그들의 수준에 맞는 정부를 가진다."는 토크빌의 명언은 여전히 유효하다. 단순히 경제적으로 윤택하다고 되는 것도 아니다. 일본의 경우를 보라. 아주 짧았던 시기를 제외하고는 정권을 교체한 적이 없다. 정치적 문제에 별 관심이 없다는 건 자랑이 아니다. 먹고살 만해서 그렇다는 건 큰 인식 오류다. 어쩌면 일본인들은 정치적 성숙을 제대로 경험한 적이 없기 때문에 체념한 것이라고 보는 게 더 옳을지 모른다. 일본의 투표율, 특히 젊은 세대의 투표율을 보면 여실히 알 수 있다.

그나저나 왜 우리는 유별나다 싶을 만큼 정치에 대한 관심이 많은 걸까? 술 마실 때도 정치 얘기는 빠지지 않는다. 그러면서 모두 다 정치평론가 찜 쩌 먹을 기세다. 정치 말고는 자신의 이야기를 할 게 없거나 깊은 사유의 결실로 담화할 수 있는 능력이 부족한 탓도 무시할 수 없다. 냉정하게 돌아보면 그런 측면이 없지 않을 것이다. '정치판'의 이야기는 겉으로 보면 '남의 이야기'다. 물론 나는 엄연히 유권자로서의 권리가 있지만 내가 직접 정치에 뛰어들어 역할을 수행하는 건 아니니까.

게다가 진영이 분명하게 갈린다. 그 진영의 눈으로 해석하는 것들을 내가 보고 읽는다. 마치 나의 판단인 것처럼. 물론 누구나 생각하고 판단할 권리가 있다. 그러나 냉정하게 말해 이미 남이 판단한 결과가 내 머릿속에 들어와 있는 것을 부인할 수 없다. 그러니 정치 이야기하면서 내 책임은 빼놓고 입 대기 쉽다. 나와 생각이 비슷하면 주거니 받거니 호응하기 딱 좋다. '이야 깃거리'로 이만한 게 없다.

'내 이야기'는 나만의 주장이 아니라 나의 생각과 감정을 표현하고 남의 이야기에 귀를 기울이는 교환 행위여야 한다. 그런데 우리는 일상사를 제외한 어떤 주제에도 심도 있는 사유와 성찰할 여유가 없이 살았다. 그런 교육을 받은 적도 거의 없다. 늘 내 생각은커녕 이미 정리된 지식을 주입식으로 무작정 외우고 반복하는 학습 일변도였다.

정치 외의 주제에 관해선 전문가나 평론가의 글을 읽을 여지도 별로 없거니와 신문이나 TV에서도 일부러 찾아보지 않으면 그냥 넘기기 일쑤다. 그에 반해 정치 이야기는 TV 뉴스에서 빼놓지 않고 다룬다. 주요 정치 사안도 알 수 있고, 전문가나 평론가의 해설도 볼 수 있다. 굳이 내가 분석하고 판단하지 않아도 내가 바라보고 싶은 방식의 것들을 취하면 정치 사안에 대해 완벽하게 이해하고 분석하고 있다고 여기게 된다. 그러니 만나서 딱히 할 말이 없으면 시사 문제 운운하면서 양념 삼아 정치 이야기를 꺼내고 함께 난도질하는 데 익숙해지는 것이다.

나이 든 사람들 가운데 상당수가 정치 히스토리를 줄줄 꿰고 있다. 유명한 정치인에 대해서도 거의 전문가 수준으로 꿰고 있다. 그래서 걸핏하면 정치인들을 비교하며 지금의 정치를 평가한다. 지식과 경험의 풍부함은 자랑할 만한 일이지만, 문제는 현재의 정치를 과거에 비교하거나 과거에 토대를 두고 판단하는 경우가 얼마나 위험하고 퇴행적인 일인지 고민하지 않는다는 데 있다.

자신이 지지하는 정당은 무조건 찬성하고 다른 정당에 대해서는 무작정 반대하면서 물고 뜯고 씹는 일에만 열중하는 일을 멈추어야 한다. 정말 정치적 발전을 원한다면 우리에게 필요한 조례가 무엇인지, 어떻게 그런 조례를 만들어서 우리가 함께 좋은 정치적 조건을 만들 수 있을지에 대해서 논의하는 것이 훨씬 더 생산적이고 건강하다. 입만 열면 편향된 정치평론 따위에 시간 낭비하며 서로 불편하기에만 몰두하는 일부터 멈추자. 어른들이 제대로 된 정치적 능력을 보여야 한다.

우리는 별별 정치적 과정을 목격하며 살았다. 정권을 잡기 위해 쿠데타를 일으키고, 심지어 민간인을 대량으로 학살하는 경우도 봤으며, 비민주적인 정치로 인권을 말살하는 것까지 겪었다. 그런 불의를 물리친 승리의 경험도 있고 무능력과 부패로 한순간에 국민을 배반하는 정치의 몰락도 목격했다. 이 모든 역사가 진정한 자산이 되기 위해서는 그걸 겪었던 세대들이 사건과 관련한 이력이 있는 인물이나 부역한 자, 아첨하면서 성장한 자들을 걸러 내는 파수꾼이 되어야 한다.

어른은 진보다

우리가 그렇게 하고 있는가? 내 지역의 발전을 위해서는 중진 의원을 키워야 한다는 되먹지도 않은 감언이설에 놀아나고 부화뇌동하며, 부패와 탐욕의 정치인들을 제대로 감시하지 못한 채 그자들에게 놀아나는 일은 없었는가? 부조리한 정치인을 제대로 걸러 내지 못하는 건 어른들이 제 몫을 하지 않았기 때문이라는 엄중한 성찰이 필요하지 않을까?

그저 막연하게 정치가, 경제가 불안하다는 식으로 단순화하고 침소봉대하며 자신의 판단을 강요하는 습성을 버려야 한다. 대신 어떤 정치인이나 정책이 민주주의와 정의에 충실한지, 투명하고 지속가능한 경제구조와 공정한 분배를 제시하고 실천할 수 있는지, 자유로운 개인의 가치에 대한 신념이 얼마나 강한지, 사회적 공동선에 대하여 어떤 의제를 창출하고 있는지, 관용과 공존의 관점과 태도가 얼마나 장착되어 있는지 등을 분석하고 토론할 수 있어야 한다. 그게 제대로 된 최소한의 정책 분석과 토론이며 우리가 갖춰야 할 정치적 태도다.

어른들은 자신이 배워 온 가치와 축적된 경험을 통해 미래지향적인 선택을 내려야 하며, 미래를 살아갈 젊은이들의 입장에서 다양한 정치적 사안을 바라봐야 한다. 그러지 못했다면 이제라도 충실히 성찰해야 한다. 그러면 정치 이야기가 더 현실적이고 생산적인 담화가 될 것이다.

중요한 건, 일단 상대의 말을 끝까지 들어 보는 것이다. 진영 논리에 빠지지 말고 일단 듣자. 우리 부모 세대가 이걸 못 해서 사회가 이리도 갈등하고 반목하며 서로 발목을 잡는 것이다. 내 자식과 손주들이 살아갈 미래가 무너지는 것도 몰랐다. 그러니 한번 해보자, 제대로.

정치든 종교든 쉽게 타협하거나 생각을 바꾸지 않으며 상대의 말을 들으려 하지 않는 건 신념의 문제가 최후의 자기 방어선이기 때문이다. 내게 높은 권력, 엄청난 부, 숭앙받는 명예는 접근하기 어려운 현실이다. 능력과 기회 혹은 운이 따르지 않은 경우 대부분 그렇다. 그런데 신념은 그런 것들과 상관없다. 내 신념은 일종의 자존심과도 같다. 하지만 신념을 무조건 옳고 그름도 따지지 않고 끝까지 고수하는 게 능사가 아니다. 입보다 귀를 열어놓자. 그리고 매의 눈으로 관찰하고 감시하자. 그것만으로도 우리의 정치적 힘은 커진다.

정치의 중요성이 제대로 가치를 가지려면
먼저 똑바로 바라보고 눈과 귀를 열어야 한다.
제대로 된 조례 하나라도 만들어 볼 수 있어야 하지 않겠는가?

경험은 중요한 자산이다. 때로는 지식으로도 얻을 수 없고, 배울 수 없는 엄청난 자산이 담겨 있기도 하다.

산업화 시대의 초기 시절, 끼니 해결이 당장의 문제였을 때 남의 집 들어가 온갖 구박과 설움 다 견디며 기술을 배웠던 건 전적으로 선임자의 경험을 전수해야 일할 수 있다는 절박감 때문이었다. 기술과 경험을 결코 쉽게 가르쳐 주지 않았다. 각자 수많은 시간과 힘을 들여 배우고 터득한 기술이었으니까. 게다가 밥줄과 직접 결부된 것이니 누군가에게 가르쳐 주면 자신의 파이가 줄어들 수도 있었다.

그래서 나이 들었다는 건 그저 시간을 많이 축냈다는 게 아니라 수많은 지식과 경험을 축적했다는 징표였고 그 자체가 하나의 자산이었다. 당연히 존중해야 했고 그래야 얻는 바도 있었다. 우리 앞 세대와 우리 세대의 일부도 그렇게 배우고 익혔다.

내 친구들만 봐도 중학교도 진학하지 못하고 운수회사에 들어가 허드렛일 하다 조수로 일하고 나중에야 운전을 배운 경우가 있었다. 어떤 친구는 중국집에서 숙식하면서(그때까지만 해도 집에서 끼니 덜어 줄 사람이 필요했다.) 양파 썰고 홀 서빙하고 배달(지금처럼 오토바이도 아닌, 철가방 들고 걸어서)하며 수년 고생한 끝에 겨우 주방일 거들다가 요리를 배웠다. 그러다 군대에 가서는 취사병으로 근무하고 제대 후 동네에서 작은 중국집 허름하게 열 수 있었다.

나의 동년배가 10대의 나이에 숱한 고생 다 견뎌 내며 기술을 배운 건 먹고살아야 했기 때문이다. 다행히 지금은 그 친구들이 정년 걱정 없이 큼지막한 자기 가게 운영하는 어엿한 사장님이 되었다. 우리 세대까지도 그렇게 살았다.

고등교육 받고 직장에 근무하는 경우도 경험을 습득해야 하는 건 크게 다르지 않았다. 다만 앞서 말한 친구들보다 덜 구박받고 조금 더 인격적인 대우를 받았을 뿐이다. '사수와 조수'의 관계는 단순한 직장 동료 이상이었다. 사수의 노하우는 조수가 전수해야 할 자산이었으니 선배는 하늘이고 하라면 뭐든 해야 했다. 권리 따위는 용납되지 않았다.

집에서도 학교에서도 권리보다는 의무에 대해서 과다하게 배우며 살았기에 그렇게 따르는 의무가 당연한 줄 알고 살았다. 선배의 경험을 전수하고, 내가 축적한 지식과 정보가 더해지고, 나만의 경험이 쌓이면서 그게 내 업무가 되고 밥벌이 자산이 되었다. 정도의 차이만 있을 뿐 업종 업무를 가리지 않고 거의 다 그렇게 살았다.

그러다 보니 윗사람이나 앞 세대가 요구하는 건 따지거나 토를 달 수 없었고 죽으라면 죽는 시늉이라도 해야 했다. 그 과정에서 복종은 자연스럽게 몸에 익었다. 후에 자신이 명령하는 자리에 올랐을 때 당연히 아랫사람은 내 명령에 복종하는 것이 마땅하다고 여겼다. 내가 움켜쥔 경험과 지식은 누군 가에게 도전받아서도 안 되고 새로운 것에 자리를 내줘서도 안 된다. 일단 내가 쥔 건 늘 유효해야 한다.

당연히 변화는 불편하고 불안하다. 나이 들면 보수적으로 된다는 건 그냥 하는 말이 아니다. 이미(旣) 얻은(得) 건 최대한 유효하고 효율적으로 존속해 야 한다. 기득권이 대단한 게 아니다. 내 경험과 지식도 하나의 기득권이다. 누구나 그걸 놓치지 않고 싶어 한다.

생각을 바꾸면 삶이 바뀌고 세상이 바뀐다. 아무리 익숙해진 삶이라 해도 적어도 배워 온 바와 충돌하는 경우 심리적으로 저항하게 된다. 그릇된 명 령, 비합리적인 결정 등 온갖 부조리와 불의에 대해 속으로(대놓고 그러다가는 모가지가 날아갈 판이니까 엄두를 내지 못하는 경우가 대부분이었다.) 저항하다 어느 한순간 동조하게 되는 가장 큰 이유는 밥벌이 때문이다. 그래서 이 악물고 따랐다. 그런 삶이 익숙해지면 거기에 비판하고 저항하는 자들이나 세력들 이 미워지고 마치 악의 무리인 것처럼 여겨진다.

인지부조화를 넘어 확증편향에 빠진 경우도 많았다. 처음에는 비겁이라 여겨 부끄러웠지만 인지부조화의 단계에 들어서면 스스로 합리화되고 그것 을 정당화할 수 있는 부조리한 논리를 끌어들인다. 이 단계를 지나면 무조건 나에게 유리한 것만 듣거나 모든 것을 그런 방식으로만 수용하고 해석한다. 확증편향의 단계다. 이때부턴 아무리 설득해도 변화가 불가능하다. 가짜 뉴 스의 확산은 그런 과정을 거치면서 악화된다.

자식 세대와 사회나 정치에 대해 이야기할 때 서로 한 걸음도 가까이 다 가설 수 없는 건 바로 확증편향이 공고해졌기 때문이다. 모두가 그런 인지

부조화나 확증편향에 빠지면 올바른 걸 지적해도 듣기는커녕 오히려 불쾌해하며 억압하려 한다. 솔직히 우리 그렇게 산 게 얼마나 오랜가. 대들고 따지다가 미운털 박히면 나만 손해다. 그렇게 순응하고 합리화하며 살았다. 적당히 비겁해지며 살았다. 미지근한 물속 개구리처럼. 서서히 익으면서, 아무 힘도 쓸 수 없는 개구리처럼.

그러나 일단 퇴직하거나 은퇴하면 눈치 볼 까닭이 없지 않은가. 몸에 밴 습성을 하루아침에 버리거나 바꿀 수는 없다지만 그 껍질을 깨야 한다. 의무의 삶을 충실히 살았다. 그 의무를 핑계로 진실과 정의를 외면한 경우도 부지기수였다. 그러나 이제 해고의 두려움을 가질 것도, 전적으로 혼자 가족을 부양해야 할 의무도 덜었다. 온전히 자신의 삶과 권리에 충실해질 시간이다.

단순히 나의 권리 때문만은 아니다. 우리가 불의와 부조리를 조금이라도 고쳐 놔야 우리 자식들이나 손녀 손자들이 한 뼘이라도 더 나은 세상에서 살 수 있다. 내가 미지근한 물에서 서서히 익어 간 삶을 살았다면 자식들은 그렇게 살지 않게 해줘야 한다. 그러니 나이 들었다고 할 일이 없어진 게 아니다. '진짜 할 일'이 남았다. 이제 진짜 용감해질 수 있는 나이이고 시기다.

나 혼자 나라 다 지킨 것처럼, 나 혼자 경제 다 키운 것처럼, 나 혼자 세상 이치 다 아는 것처럼 생각하는 게 꼰대다. 지금 젊은이들도 국방의 의무 다 하고, 힘들지만 열심히 일하고 있으며, 내가 아는 것보다 훨씬 더 많이 새로운 것을 배우고 익힌다. 그러니 혼자 애국자 우국지사인 양 나대는 일부터 접어야 한다. 우리 자랄 때도 어른들이 걸핏하면 '6.25 때', '중동에 갔을 때' 운운하는 것 들으면 지겨웠다. 그때의 절박함과 곤궁함을 전혀 모르거나 잊는 게 아니었고 귀 따갑게 들어서 공감은 하다가도 반복해서 듣다 보니 귀를 틀어막고 싶지 않았던가. 이만큼 나라 키워 놨으면(정작 내가 키운 게 아니라 나는 그저 열심히 살았을 뿐이지만) 그걸로 자랑스럽고 만족할 일이다. 과거의 기억을 반추하면서 대단한 자산인 듯 내 경험을 자식 세대에 강요하는 건 간섭을 넘어 폭력이다.

내 말 들으라고 닦달하기보다 후배와 자식 세대의 말을 한 번이라도 더 들어 보려 마음을 기울여야 한다. 그게 어른의 몫이다. 솔직히 가르칠 게 있는가? 물론 경험은 말할 것도 없고 우리가 지식도 더 많을 수 있다. 그러나 그 지식과 경험을 미래를 살아갈 청년 세대에게 강요하는 것도, 마치 그게 유일한 대안인 것처럼 떠드는 것도 어쭙잖은 일이다.

일장 설교를 하고 싶을 때마다 그저 한두 마디로 요약하고 젊은 친구들 고민이 뭔지, 힘든 일이 어떤 건지, 세상이 어떻게 개선되었으면 좋겠는지 묻는 게 중요하다는 걸 상기하면 좋겠다. 그들과 어떻게 공감할지를 먼저 생각해야 한다. 말하기보다 듣기가 먼저다. 그게 어른들의 몫이다.

청년들이 바라보는 세상의 비합리와 부조리가 과거 우리가 살았던 시대의 낡은 사고와 관습 그리고 법률 때문이라면, 우리 세대가 나서서 고치도록 소리쳐야 한다. 그런 법률을 고치고 만들 국회의원, 시의원을 뽑는 일에 신중해야 한다. 그저 좋은 대학 나오고 좋은 직업 가졌다고 뽑아 줄 게 아니다. 솔직히 고학력 고스펙 정치인 백날 천날 뽑아 줬는데, 그들이 우리 자식들이 살아갈 미래를 위한 법안을 만드는 거 보았는가? 저 잘나서 뽑힌 줄 알고 군림할 뿐이다.

이제 그런 껍데기들을 가려내고 뽑아내야 한다. 그게 우리가 해야 할 중요한 소명 가운데 하나다. 그리고 우리가 법률을 만들 수는 없지만 조례는 새로 만들거나 개정할 수 있다는 걸 보여 줘야 한다. 그러려면 세상 돌아가는 걸 제대로 읽고, 특히 청년들을 위해 우리가 무엇을 해줄 수 있는지를 고민해야 한다.

개인적 견해로는 적어도 시군 의원이나 구의원은 35세 이하의 젊은이들을 뽑아 차근차근 정치적 능력을 키울 수 있게 해야 한다고 본다. 좋은 대학 나오고 좋은 직업 있어서, 돈 많고 지역에서 어깨에 힘깨나 주는 사람이어서, 조금이라도 잘나 보여서 뽑을 일이 아니다. 제대로 의원 활동을 한 적이 있는지를 세밀하게 따져야 한다.

젊은 의원들이 의정 활동 열심히 하면서 미래지향적으로 활동하고 더 큰 정치적 능력을 키울 수 있게 만드는 것만으로도 우리는 중요한 역할을 한 것이다. 진화나 진보는 선언으로 이루어지는 게 아니라 우리의 진지한 성찰과 충실한 실천을 통해 하나하나 이루어지는 것이다. 나이 들면 저절로 보수화된다는 말 자체를 거부해야 한다. 비겁하게 살아온 날들을 속죄하기 위해서라도, 이제는 용감하게 발언하고 의연하게 세상을 바꿀 제도를 만들어야 한다. 나이 들면 진화하는 것이지 퇴행하는 게 아니라는 걸 보여 주자. 나이 들면 과거에 비해 더 진보적일 수 있어야 한다. 그게 진짜 제대로 나이 들어 가는 것이 아니겠는가.

나이 들면 더 용감해지고 생각은 의연해져야 한다.
그 진화가 아름답다.

　　　　　　　　　　　　　어른은 진보다

아침에 눈을 뜨면 습관적으로 스마트폰을 열어 본다. 밤사이 특별한
연락이 올 리 없을 걸 알지만, 그래도 메일함도 열어 보고 카카오톡도 열어
본다. 밴드도 열어 본다. 유튜브를 그대로 전달한 것들이 꽤 많다. 재미있는
것도 많고 좋은 음악도 있다. 상당수는 정치적 사안에 대한 그럴싸한 이슈들
이다.

　도대체 어떤 내용인가 싶어서 몇 개를 열어 본다. 한심하기 짝이 없는 것
들이 꽤 많다. 도대체 무슨 정신으로, 어떤 목적으로 이런 유튜브를 제작하
고 보내는 걸까?

　페이스북이나 트위터 등 SNS에도 비슷한 것들이 도배돼 있다. 대충 훑어
봐도 도대체 말이 되지 않는 억지 주장을 그럴싸한 근거를 대며 논리적으로
추정하는 척한다. 그러나 '추론'과 '추정'이 대부분이며 자의적 해석이나 노

골적 의도로 만들어진 것들이 대다수다. '들리는 소문에 따르면~'이나 '어떤 소식통에 의하면~' 따위의 내용들이다. 명확한 사실적 근거를 대면서 '분석'하는 경우는 별로 없고, 다짜고짜 '해석'하거나 대뜸 '주장'하는 것들이다.

자극적이고 직설적이어서 딱히 머리 싸매지 않고도 쉽게 일별할 수 있는 정도다. 이 정보들은 보는 사람의 견해에 가까우면 금세 그 사람의 판단의 근거를 강화하는 것으로 탈바꿈한다. 가짜 뉴스가 소비되는 전형적인 방식이다. 가짜 뉴스가 머리와 가슴에 쌓이면 다른 것들은 눈에 들어오지 않고, 그걸 제외하곤 모두 가짜고 음모인 것처럼 보인다. 그게 가짜 뉴스의 가장 심각한 문제다.

본디 SNS를 통해 자신들의 주장과 견해를 전파한 것은 젊은이들과 이른바 자칭 타칭 진보 진영에 속한다는 사람들이다. 그럴 수밖에 없는 것이 이전의 정보 제공 및 교환 방식과는 전혀 다른 '신기술(?)'의 영역이었기 때문이다. 편향되고 왜곡된 기존 언론의 환경에서는 소수의 주장과 견해가 발붙일 수 있는 여지가 거의 없었다. 그래서 정권을 쥐고 있는 쪽에서는 언론을 자기편으로 끌어들이기 위해 온갖 수단을 동원했다. 때론 협박이나 탄압도 마다하지 않았고 때론 온갖 당근으로 회유했다. 이른바 제도권 언론이 모든 정보를 독점하고 재가공하는 환경에서, 소수 개인의 지식과 정보는 아무리 좋고 옳다 해도 차단될 수밖에 없는 비대칭적 구조였다.

그런 상황에서 다양한 SNS 네트워크의 등장은 가뭄 끝의 단비 같았다. 너도나도 SNS를 출구로 여겼다. 통제도 검열도 없으며 자기 하고 싶은 말만 마음대로 할 수 있으니 통쾌하기도 했다. 은근히 자기 자랑도 할 수 있는 영토가 생겼으니 환호작약했다. 실제로 지구상의 많은 독재 세력들이 SNS의 위력에 의해 축출되었다. 이런 SNS가 선거전에서 상당한 위력을 보이자 보수 진영도 처음에는 눈엣가시로 여겼지만 나중엔 자신들의 주장을 전파할 수 있는 창구로 적극 활용하기 시작했다. 지금은 오히려 더 극성스럽게 이용하고 있는 현실이다.

그런데 여기서 냉정하게 판단해야 할 부분이 등장한다. '진보와 좌파 진영'은 그래도 어느 정도의 논리와 사실적 근거를 토대로 주장하는 경우가 많지만 '극렬 수구와 극우파 진영'의 경우는 거의 막무가내식의 주장과 선동을 쏟아내는 경우가 더 많다는 점이다. 다행히 정통 보수의 경우는 최대한 금도를 어기지 않고 기본적 사실을 근거로 논거를 세우는 점에서 확연히 다르다. 다만 그 세력이 미미하다는 게 문제다. 합리적이고 정통적 보수가 오히려 수구 세력에 점령되거나 전염된 까닭이다.

그리고 우리의 경우 '극좌' 진영은 거의 없다. 그런 점에서 극우의 존재는 돌연변이처럼 낯설고 비대칭적이다. 보수와 수구를 분별하고 분리해야 하는 것과 마찬가지로 보수와 극우를 분리하는 것도 필수적이다. 건강하고 건전한 보수, 존경받을 수 있는 보수가 되기 위해서 필수적이다. 우리가 정말 제대로 된 보수의 가치 정립을 원한다면, 그래서 실천적 대안과 미래가치를 제시할 수 있는 건강한 진보와 맞서고 논쟁하면서 더 나은 가치를 지향할 수 있기를 원한다면 반드시 해야 할 일이다. 극좌는 없고 극우는 묵인되는 현실부터 개선해야 한다.

누구나 듣고 싶은 말만 듣고, 보고 싶은 것만 보려 한다. 그것이 퇴행과 무의미한 대립과 대결의 씨앗이다. 분별할 수 있는 힘이 필요하다.

이미 정보가 넘치는 세상이다. 예전에는 정보를 많이 갖고 있다는 것 자체가 성공과 생존에 절대적으로 유리했고 그 자체로 권력이었다. 정보를 독점하고 있는 사람과 세력이 권력을 쥐었다. 그러나 이제는 정보의 통제와 독점은 원천적으로 불가능한 세상이다.

문제는 쓰레기 정보까지 범람한다는 점이다. '정크포메이션(junk-formation: 쓰레기 같은 정보)'이라는 신조어까지 나온 지 오래다. 정보(information)라는 말은 '밖에서 안으로(in)' 들어와 내 안에 무언가를 '형성하는(form)' 것이라는 뜻을 담고 있다. 하지만 이제는 쓰레기 정보를 가려내 '밖으로(ex)' 꺼내어 쓰레기통에 버려야 하는 분별력이 필요하다. 그래서 미국의 탁월한 역사학자 폴 케네디(Paul Michael Kennedy)와 여러 미래학자들은 '익스포메이션(exformation)'이라는 새로운 용어를 만들었다.

온갖 가짜 뉴스가 바로 쓰레기 정보에 불과하다. 가짜 뉴스는 보고 싶은 것, 듣고 싶은 것만 원하는 이들에게 딱 맞는 입맛의 정보를 가공하여 악의적인 목적으로 퍼뜨린다. 거기에 오염되는 건 결국 진실을 외면하거나 왜곡하게 만드는 일에 가담하는 일이다.

진영에 상관없이, 나이에 관계없이 쓰레기 정보에 시달린다. 아직 지식과 경험이 부족한 사람들에게는 쓰레기 정보를 가려내는 일이 쉽지 않다. 하지만 지식과 경험의 기반을 지니고 있는 사람들은 조금만 주의를 기울이고 분별의 힘을 키우면 가려낼 수 있다. 그런 기반을 상대적으로 많이 갖고 있는 사람들이 바로 기성세대다.

그런데 기성세대가 쓰레기 정보와 가짜 뉴스를 거르고 퇴치하는 일에 앞장서기는커녕 오히려 전파하는 일에 이용된다는 건 부끄럽다. 또한 우리의 미래에 위협이 된다. 이제 스마트폰과 SNS를 통해 무수히 쏟아지는 오염된 정보를 세심하게 분석하고 가려내 가짜 뉴스와 왜곡되고 오염된 정보라면 차단하자. 내 입맛과 진영의 관점에 매몰되지 말고 냉정하고 객관적으로 접근하고 판단하는 것이 바로 어른들이 마땅히 해야 할 몫이다. 우리가 제대로 공부해야 하는 또 다른 중요한 이유가 바로 그 때문이다.

우리는 살아오면서 너무 바빠서 세상을 제대로, 넓게 바라보지 못했다. 여러 책을 읽지도 못한 채 가끔 일에 필요한 책이나 몇 권 읽으면서 여기까지 왔다. 신문도 별로 읽지 않거니와 편향적이고 악의적으로 왜곡한 일부 언론사의 일방적 정보에만 의존했다. 신문의 다양한 섹션을 균형적으로 읽지도 않았다. 특히 지면 자체도 상대적으로 빈약한 국제 뉴스는 거의 읽지 않았다. 정기적으로 주간지나 월간지 읽는 일도 없었다.

바빠서 그랬다 치자. 학교생활을 통해 교과서와 참고서 이외에 다양한 책을 읽을 수 있는 독서 훈련이 거의 없었기 때문에 책 읽는 습관이 생기지 않았기 때문이라 치자. 이제는 어떤가? 퇴직하여 일에서 벗어나면 주체하지 못하는 게 시간이다. 시간이 남아돈다. 일하는 시간에는 익숙하지만 남는 시간에는 익숙하지 않다. 쉬는 것도 일하는 중에 얻는 휴식과 주말이 달콤하고 알뜰한 것이지 할 일이 딱히 없어 남아도는 시간은 쉬는 것도 아니다. 어정쩡한 시간이고 난감한 시간들이다. 노는 것도 하루 이틀이지 매일 반복되는 건 죽을 맛이다.

이제 생각을 조금 바꿔 보면 그 시간을 다르게 쓸 수 있다. 다 알고 있지만 막상 실천하지 못했던 것을 이제라도 해보자. 하루에 몇 시간, 아니 몇십 분이라도 책을 읽어 보는 것이다. 오랫동안 책을 읽지 않아서 처음에는 지루하고 딱딱할지 모르지만 어느 정도 익숙해지면 의외로 재미있고 유익하다. 전혀 몰랐던 걸 아는 즐거움도 있고, 이미 알고 있던 것들을 보다 심층적으로 이해하면서 얻는 즐거움 또한 크다. 후자의 즐거움은 초보자나 지식이 얕은 어린 친구들보다 어른들에게 훨씬 더 크게 온다.

수입이 예전만 못하니 주머니 사정이 여의치 않다면 가까운 동네 도서관에 가면 된다. 마음껏 골라 읽을 수 있다. 특히 도서관이 좋은 건 어떤 책을 읽어야 할지 막막할 때 도서관 사서에게 상담하면 좋은 책을 추천받을 수 있어서다. 여러 책을 읽으면서 정보의 깊이와 너비를 확장하고, 기존의 지식과 정보의 속내를 읽어 내며, 저자와 대화하고 토론할 수 있는 즐거움을 누리는 건 어른들의 특권이자 혜택이다. 책은 한 분야의 전문가가 오랜 세월을 바쳐 연구하고 궁리한 내용을 가장 논리적이고 체계적으로 정리한 지식의 알갱이들이다. 그걸 외면하며 살았다. 이제라도 독서의 기쁨을 누릴 수 있으면 얼마나 좋겠는가.

독서를 통해 분별력과 판단력이 견고해지면 저절로 가짜 뉴스도 가려내고 쓰레기 정보도 걸러 내며, 보다 건설적인 미래를 구상할 수 있다. 그 미래를 내가 누릴 가능성은 없더라도 우리 자식과 손녀 손자들이 누릴 수 있다면 그것만으로도 뿌듯한 일이다.

세상에서 가장 위험한 사람은 책을 한 권도 읽지 않은 사람이 아니라 단한 권의 책만 읽은 사람이다. 그는 모든 것을 책 한 권을 통해 판단하고 행동한다. 편협과 아집의 통 속에 갇혀 세상과 삶과 다른 사람들을 재단한다. 그위험을 늘 경계해야 한다.

다양한 책을 통해 지금의 젊은 세대들이 어떤 세상을 살아가고 있는지, 그들의 고민과 난관이 무엇인지를 읽어 내는 멋진 어른이 되자. 젊은 작가들의 소설도 읽어 보면서 그들이 사는 시대적 고민과 삶의 애환을 공감하는 것은 무의미하게 드라마나 가짜 뉴스를 보면서는 얻을 수 없는 혜택이다. 여러 책을 읽으면서 깨지기도 하고 새로운 지식과 식견의 즐거움을 만끽하기도 하면서 균형감각을 갖춘 어른이 되는 것, 가짜 뉴스나 퍼 나르는 일을 멈추고 미래가치를 함께 고민하는 어른이 되는 것, 그것만큼 멋진 일도 흔치 않

다. 공부해야 한다. 시간도 많지 않은가!

가짜 뉴스에 휘둘리면 인생도 인격도 가짜가 된다.

신문에 실린 한 장의 사진에 울컥했다. 아이들이 손 팻말을 들고 파업하는 학교 비정규직 노동자들을 응원하는 사진이었다. 어른들은 파업하면 비난부터 하는데, 아이들이 어른들보다 훨씬 더 낫다. 이런 아이들이 있으니 미래가 두렵지 않다. 이들에게 내가 어른이라는 게 미안하며 부끄러웠다.

엄마들의 입장에서는 발을 동동 구를 수밖에 없는 당혹스러운 일이다. 다행히 학교 현장에서 급식, 돌봄 등 서비스를 제공하는 교육공무직 노조인 전국학교비정규직연대회의(연대회의) 총파업은 사흘로 끝났다. 이들은 노동의 강도는 센데 급여는 낮고 조건은 열악한 비정규직 노동자들이다.

파업이 반갑다는 사람은 없다. 파업하면 일단 불편하고 손실을 겪어야 한다. 버스와 지하철이 파업하면 당장 출퇴근 등하교가 고역이다. 그래서 화가 나고 욕이 튀어나온다. 그러나 정작 왜 그들이 파업하는지, 그들의 요구조건이 무엇인지, 왜 파업해야만 했는지 등의 배경이나 절차는 알려고도 하지 않는다. 내가 파업할 수밖에 없는 사람들의 입장이 된다면 그때는 어찌할까? 누구에게나 그런 일은 생길 수 있다.

파업하는 사람들의 급여가 상대적으로 높은 편이면 비판과 욕설은 더 거칠어진다. 나보다 더 많은 돈을 받는데 파업한다니, 좋은 말이 안 나갈 것이다. 그러나 급여가 조금 높다고 파업하지 말아야 한다는 법 조항은 없다. 우리는 의무만 가르치고 강조했지 정작 권리에 대해서는 제대로 가르친 적이 없으니 그렇다. 심심해서 파업하는 것 아니다. 절박해서, 다른 절차 다 해봐도 자신들의 권리가 제대로 수용되지 못할 때 최후의 수단으로 선택하는 게 파업이다. 보수언론들은 파업 '대란' 혹은 학생 '볼모' 급식 '대란' 운운하며 그것 때문에 불편할 시민들을 선동한다. 그런데 학생들은 의연하게 그 불편을 감수하겠다며 약자를 응원했다.

학교 급식이 멈추면 학부모들이 불편하지만 그건 학생들도 마찬가지다. 하지만 당사자인 학생들이 비정규직 급식 노동자를 응원하고 자신들은 불편을 감수할 수 있다고 의연하게 행동한다. 우리는 바로 이 상황을 좀 더 면밀하게 분석해야 한다. 선생님이 학생들에게 그런 행동해야 한다고 가르쳤을까? 그런 교사들 그리 많지 않다. 속으로야 지지하더라도 학생들에게 내색하기는 어렵다. 그렇다면 왜 학생들은 파업노동자를, 그것도 당장 자신들이 불편한 상황에서 지지하고 응원한 것일까?

지금 대한민국에서 정규직 일자리 얻는 건 하늘의 별 따기만큼이나 어렵다. 오죽하면 초등학생 아이들의 꿈이 '정규직'일까. 학교에도 비정규직 노동자들이 많다. 따로 명찰을 달고 있지 않을 뿐이다. 학생들도 그걸 안다. 그리고 자신들의 미래의 삶도 어쩌면 그와 같을지 모른다는 사실도 안다. 바로 이 유대와 공감이 학생들로 하여금 약자인 학교 비정규직 노동자들에게 응원을 던지는 일로 나타났을 것이다. 학생들이 연대와 공감을 드러내는 건 고맙지만, 그 동기가 사뭇 두렵다.

얼마 전 버스와 지하철 일부가 함께 파업하는 바람에 시민들 이동이 매우 불편했다. 승객들 몇몇은 파업에 대해 연신 불평을 쏟기도 했다. 파업이 불편하지 않을 시민들이 어디 있을까. 그래도 다행히 예전에 비해 파업하는 이들에게 쏟아내는 불평이 줄었고, 그 강도도 덜 거칠어졌다. 걸핏하면 욕하는 '귀족 노조의 배부른 파업'이 아니었기 때문일까?

파업은 노동 조건에 합의를 이루지 못했을 때 최후의 수단으로 선택하는 것이다. 파업은 노동자가 결의하는 것이지 고용주가 하는 경우는 거의 없다.(직장 폐쇄의 경우가 없는 건 아니다.) 파업은 약자가 최후의 수단으로 선택하는 것이지 누구 말처럼 습관처럼, 혹은 배불러서 몽니 부리는 게 아니다.

노사가 만날 때는 서로 합리적으로 생각하여 양보할 것은 기꺼이 양보하며 더 나은 발전을 위해 협력 관계를 더 강화하는 것이 목적이다. 하지만 단칼에 합의에 도달하기 쉽지가 않다. 수차례 만나고 결과에 실망하며, 때론 윽박지르기도 하다가 도저히 합의에 이르지 못할 때 약자인 노동자가 최후에 뽑는 칼이 파업이다. 칼자루 쥔 것도 아니고 칼날을 쥐는 경우가 더 많다. 그럼에도 왜 파업했는지 알려 하지 않고, 파업 동안 일하지 않았으니 임금도 주면 안 된다는 '무노동 무임금'을 마치 원칙인 듯 여기는 게 우리다. 비합리적이다. 일하지 않고 임금은 받으려는 뻔뻔함이 노동자들의 파업 동기나 목적도 아니다.

철도 사고가 날 때마다 정비원 부족이 원인 가운데 하나라는 지적이 나온다. 그런데 경영 실적만 내세운 사람들은 정작 정비원 보충에 대해서는 손사래를 친다. 정비원을 늘려 달라는 게 해당 노동자들의 특정한 세력화인가? 아무리 흑자가 난다 해도, 그 흑자가 정비원을 착취해서 나온 것이라면 비난받아 마땅하다. 사기업도 아닌 공기업이!

제발 파업 때문에 경제가 망가진다는 따위의 말부터 꺼내는 못된 습관을 버리자. 우리 모두 약자다. 약자의 말에 귀를 기울여야 한다. 욕부터 하는 부끄러운 언행을 버리고, 파업을 분배의 정의를 실현하고 노동의 정당한 가치를 생각하는 기회로 바라보자. 파업을 사회적 비용으로 먼저 생각하는 사회가 정의로운 사회다. 나는 파업하는 노동자들의 절박한 상황이 이해된다면 기꺼이 불편을 감내할 생각이다. 정당한 주장을 가진 노동자의 요구와 파업이라면 며칠 불편쯤 나는 참을 수 있다! 옥석은 가려야 하는 법이지만 무조건 일방적으로 도매금으로 매도하는 야만적이고 이기적 언행은 삼가야 한다. 정당한 파업이라면 불편을 감수하더라도 기꺼이 지지하고 응원하는 게 '동료 시민'으로서의 의무이고 품격이다. 물론 부당하고 과욕만 내세운 파업이라면 따갑게 질책하고 비판해야 한다. 습관처럼 걸핏하면 파업으로 수많은 사람들에게 불편함을 강요하는 것도 폭력이기에.

수전 손택은 『타인의 고통』에서 타인의 고통에 연민을 보내는 것만으로는 부족하다며, 조작된 이미지와 해석에 휘둘리지 말고 주체적이고 능동적으로 그 고통의 원인을 분석 비판할 수 있어야 한다고 지적했다. 그게 올바른 공감이다. 우리는 타인의 고통을 어떤 시선으로 바라봐야 하고 어떻게 받아들여야 하는가? 말로는 공감을 떠들지만 언제나 타인의 고통을 '들여다볼' 뿐 나의 고통으로 내재화하지 않는다. 그것은 허위의식에 불과하다. 손택은 연민의 한계와 양심의 명령까지 진실하게 생각해 보라고 요구한다. 타인의 고통을 내 것으로 아파할 수 있는 통각을 날카롭게 벼려야 올바른 세상, 올바른 삶을 누릴 수 있다.

정규직, 비정규직으로 삶이 구획되고 한번 그 올무에 갇히면 끝내 벗어날 수 없는 사회는 비참하고 끔찍하다. 그걸 조금이라도 허물고 개선해야 하는 건 우리 모두의 책무다. 아이들이 학교를 떠났을 때, 불합리한 여건 속에서 부당한 처우를 받으며 일하도록 강요되는 세상에 살게 하는 건 범죄행위다. 학생들이 파업한 비정규직 노동자들을 응원했다는 것만으로도 나는 우리에게 희망이 있다고 본다. 그 이상의 진짜 교육이 어디 있는가.

유럽의 여러 나라 시민들이 밥 먹듯이 하는 파업에 짜증 내고 욕하는 일이 흔치 않은 건, 그게 남의 일이 아니라 모두의 일이며 자신에게도 일어날 수 있는 일임을 공감하고 있기 때문이다. 그래서 더욱 지지하고 함께 고통을 감내하려 한다. 성숙한 시민의식이다.

파업 소식에 욕부터 하고 짜증 내며 언론의 선동적이고 편파적인 제목에 휩쓸리지 말자. 아이들에게 부끄럽다. 학생 '볼모'가 아니라 미래를 위한 투자라는 학부모, 불편하지만 이해할 수 있고 그들의 현실을 알고 나니 꼭 승리하기를 바란다는 학생의 말이 과연 불순한 세뇌를 받았기 때문일까? 공감이 먼저다. 그래야 나도 동료 시민의 공감과 이해와 지지를 얻을 수 있다.

제1차 세계대전 때에는 U보트의 함장이었지만 훗날 루터파 목사가 되어 나치의 종교정책에 반대했던 마르틴 니묄러(Martin Niemöller, 1892~1984년)의 '그들이 왔다'라는 시를 기억하자.

처음에 그들은 공산주의자를 잡으러 왔다.
나는 아무 말도 하지 않았다.
나는 공산주의자가 아니었으므로.

어른은 진보다

그들은 유대인을 잡으러 왔다.

나는 아무 말도 하지 않았다.

나는 유대인이 아니었으므로.

그들은 노동조합원을 잡으러 왔다.

나는 아무 말도 하지 않았다.

나는 노동조합원이 아니었으므로.

그들은 가톨릭신자를 잡으러 왔다.

나는 아무 말도 하지 않았다.

나는 개신교인이었으므로.

그들은 나를 잡으러 왔다.

그런데 이제 말해 줄 사람은

아무도 남아 있지 않았다.

역지사지易地思之, 입장 바꿔 생각하면 저절로 공감이 가능해진다.

아무리 좋은 세상이더라도 내 나라 조국이 없다면, 내 존재는 헌신짝 신세로 전락한다. 월남 패망 후 보트피플의 비참한 상황은 그걸 생생하게 보여 줬다. 우리는 이미 일본에게 41년 동안 나라를 빼앗겼던(36년이 아니라 41년이다. 을사늑약-우리 세대는 을사'보호'조약이라고 배웠다. 누가 누구를 보호한다는 것인가?-으로 외교권을 상실한 것은 이미 주권을 상실한 것이고 현실적 지배가 있었으니 41년 동안 나라를 빼앗긴 것이다.) 아픈 상처가 있다. 왕조가 바뀌어도 국가는 존속했지만 일제강점기는 나라 자체가 없어졌으니, 그 단절은 국가의 정체성과 국력에서 엄청난 손실이었다. 그 기간 동안 우리 민족은 온갖 수모와 박해를 견뎌야 했고 와중에 친일 매국노들은 득세했다. 그자들을 처단하지 못한 실수가 지금까지 이어진다.

1950년 한국전쟁은 해방의 기쁨을 미처 누리기도 전에 우리를 더 험난한 위협으로 내몰았다. 남부여대男負女戴하며 식솔 이끌고 절박하게 피난 가야 했던 우리 부모님 세대의 고생은 짐작조차 할 수 없다. 다시는 나라를 잃어서도 안 되고 전쟁을 겪어서도 안 된다.

그 어떤 가치도 나라를 대체할 수는 없다. 이 말을 부인할 국민은 없을 것이다. 당장 일본은 우리의 주권을 다시 빼앗을 제1차적 주적은 아니다. 여전히 대한민국의 안위를 위협하는 건 북한이다. 한국전쟁이라는 골육상쟁의 상처를 안겼을 뿐 아니라 항상 틈만 나면 우리를 적화통일하려는 당사자다. 당연히 모든 힘을 모아 그 위협을 막아 내야 한다. 이건 절대적 당위다. 시비할 국민은 없을 것이다. 다만 과연 북한의 적화 야욕이 가능할 것인가에 대한 진지한 성찰은 필수다.

문제는 이 문제를 자신의 정치적 안위를 위해 악용한 정치 세력을 가려내지 못했거나, 가려내지 않았다는 점이다.

초대 대통령이라는 이유로 일부에서는 '국부'로 추앙하기도 하는 이승만 전 대통령은 친일 세력을 청산해야 하는 반민특위를 강제로 해산시켜 아직도 친일 후손들이 떵떵거리며 살게 만들었다. 이승만은 심지어 자신의 정적들을 암살하도록 그들에게 사주하기도 했다. 한국전쟁 때는 어땠나. 서울 시민들을 속이고 자신만 피난하면서 한강 다리마저 폭파시켜 시민들을 고립시켰다. 그랬으면서 정작 유엔군의 참전으로 수복한 뒤에는 그 시민들을 부역자로 모는 일을 마다하지 않았다. 전쟁을 대비하고 준비하지 못한 책임은 커녕 오히려 자신 덕분에 유엔군이 참전했다고 왜곡하면서 권력을 강화했다. 여순사건과 제주 4.3 사건은 오랫동안 상처로 남았다. 3선을 꿈꾸며 부정 선거를 획책하다 끝내 4.19 의거의 피로 실권했다. 이승만이 자신의 정권을 유지할 수 있었던 가장 큰 힘은 공산주의 퇴치였다. 심지어 자신의 정적

조봉암을 이적행위자로 몰아 사형시켰다. '반공'은 그만큼 어마어마한 힘을 발휘했다.

남로당 활동으로 군법회의에 넘어갈 위기까지 몰렸다가 군사 쿠데타로 집권한 박정희 전 대통령은 자신의 콤플렉스 때문에 더 강력하게 반공제일 주의를 내세웠다. 쿠데타를 지지했던 동지들과 군인들을 권력의 요직에 앉히면서 강권 통치를 통해 마음대로 민주주의를 유린했다. 3선개헌을 넘어서 유신 독재까지, 그는 죽는 날까지 권력을 포기하지 않았다. 박정희가 권력을 유지한 힘은 경제발전과 더불어 반공주의였다. 그의 시대에 '자유로운 개인' 이라는 가장 기본적 가치는 가볍게 무시되고 말살되었다. 민주주의를 위한 비판과 저항은 공산주의자로 몰면 간단히 해결되었다. 심지어 필요에 따라 간첩을 조작하기도 했고 인혁당 사건으로 재판 다음 날 사형시키는 잔인무도함까지 벌였어도 우리는 그것을 반공주의의 진정한 실천으로 인식하도록 강요받았다.

권력은 자신들에게 스스로 권위를 부여했고, 그 왜곡된 권위와 굴절된 반공주의의 결합은 우리를 오랫동안 좁은 올무에 가둬 놓았다. 누가 권력을 잡건 반공주의를 확고하게 하면 나라를 지킨다고 여겼고 경제성장까지 따르면 무조건 인정해 주겠다고 여겼다.

이런 시대에 살았으니 우리에게 반공주의는 그 어떤 것으로도 대체될 수 없는 절대적인 국가의 덕목이었다. 이제는 고인이 된 대구의 국회의원 유성환은 대한민국의 국시國是가 반공이 아니라 통일이라고 했다가 구속되기까지 했었다. 하물며 일반 시민들이야 말할 것도 없었다. 불법 편법의 구금, 구속, 납치 등이 반공이라는 허울로 마음껏 자행되었다. 이 문제에 대한 냉정한 평가와 처벌이 이루어지지 않은 채 넘어간 까닭에, 여전히 그때의 의식이

어른은 진보다

주입되어 살아온 기성세대는 반공을 결코 타협할 수 없는 절대적 국가 가치로 인식한다.

물론 엄연히 북한이 존재하고 있으며 북한의 공산당 일당독재와 무자비한 숙청과 탄압이 실재한다. 그뿐 아니라 끊임없이 도발하고 이제는 핵무기까지 개발하고 있으니 결코 가볍게 여길 수 없다. 적어도 우리에게 공산주의는 결코 같은 하늘을 이고 살 수 없는 적이고 악마다. 여기까지는 누구나 크게 이의를 달지 않는다.

그러나 이제는 냉정하게 구별해야 한다. 걸핏하면 "공산주의냐, 민주주의냐?"며 윽박지르는 뻘짓은 멈춰야 한다. 민주주의와 공산주의가 대립하던 냉전의 시대 20세기에도 마찬가지였지만 21세기에 민주주의의 적은 독재다! 공산주의의 시대는 이미 끝났다.

소련이 해체되었고 중국은 자본주의화되었다. 물론 두 강대국은 여전히 공산당 혹은 그 후계자들이 지배하고 있다. 하지만 냉정하게 말해서, 현실적으로 공산주의 국가가 민주주의 국가를 상대로 전쟁해서 승리할 수 있는 가능성은 거의 없다.(물론 자신들의 정치권력을 유지할 수 있기 위해 끝까지 쉽게 포기하지는 않겠지만.) 오히려 자신들의 체제와 권력마저 위험해질 뿐이라는 걸 스스로 잘 안다. 우리는 공산주의자들과 전쟁을 직접 겪었기에, 오랜 학습 효과 때문에, 그리고 여전히 북한 공산주의 정권이 우리를 위협하고 있기 때문에 예민할 수밖에 없지만 과유불급이라고 과민한 것도 지나치게 무감한 것도 위험하다. 공산주의를 이겨 내는 가장 확실한 방법은 자유와 평등, 정의와 공정이라는 민주주의적 가치를 완전하게 실현하는 일이다.

대한민국의 안위가 북한 공산주의자들의 손아귀에 놀아날 수 있다며 과대 포장하거나 과민하게 반응하면서, 이를 이유로 민주주의를 망가뜨리고 개인 자유와 정의 체제를 무너뜨리려는 자들의 책략과 의도에 기성세대가 휘둘려선 안 된다. 지금보다 훨씬 위험하고 민감한 시대에도 우리는 살아남 았고 국가와 사회를 발전시켰으며 당당한 국제적 위상을 차지하고 있지 않 은가.

우리 자식들이 전쟁의 공포에서 벗어나기 위해서는 대한민국이 더 강성 하고 자주적이어야 하는 건 당연하다. 지구상 몇 남지 않은 이데올로기 대립 을 겪고 있는 나라다. 민주주의를 성장하고 발전시키며 그 본질의 가치로 승 리한 걸 경험한 선배 세대가 더 건강한 민주주의와 정의의 토대를 만들어야 한다. 그렇게 공산주의자들과의 대결 양상에서 완벽하게 스스로 승리할 수 있다는 희망을 보여 줘야 한다.

나는 한국전쟁을 겪지 않았다. 그런데도 자주 피난 가거나 참전하는 악몽 을 꾼다. 내 나이 60이 넘었는데도 전쟁의 공포를 처절하게 느끼나 보다. 공 산주의자들에게 잡혀서 고문당하는 꿈을 꿀 때는 끔찍하다. 어렸을 때부터 수많은 반공 행사를 지켜보며 자란 학습 효과 때문만은 아닐 것이다. 그만큼 내 나라를 지켜야 한다는 결의의 표현이기도 할 것이다. 그러니 전쟁을 겪은 세대들은 얼마나 더 할까.

하지만 우리는 예전보다 북한을 덜 두려워한다. 김일성, 김정일 인형을 만 들어서 화형식을 벌여서라거나, 관제데모의 형식으로 북한 정권을 규탄해 그들이 몰락해서 덜 두려워하게 된 것은 아니다. 우리의 국력과 국격이 완전 하게 우월하기 때문이며 모든 국민들이 자부심과 애국심을 갖고 어떠한 경 우에도 국가가 흔들리는 걸 용납하지 않는 결의와 신념이 있기 때문이다. 그 걸 어른들이 훼방 놓고 북한 정권의 야만성과 적화 야욕을 고래고래 소리쳐 강조하는 건 시대착오로 보일 뿐이다.

이제 그 어리석음과 작별해야 한다. 그 고삐를 쥔 게 우리 기성세대다. 그러니 우리가 정신 바짝 차리고 권모술수를 부리는 자들의 엉덩이를 걷어찰 때다. 구습과 구악을 걷어내지 않고는 좋은 미래를 맞을 수 없다. 북한의 위협을 과소평가하자는 게 아니다. 우리가 경제적으로 올바르게 더 성장하며 제대로 된 민주주의를 구현하면 그것이 진짜 국가안보의 핵심이 되기 때문이다.

아직도 걸핏하면 '빨갱이', '종북좌파' 운운하는 못된 버릇부터 버려야 한다. 지금까지 그 프레임이 통했고 덕도 많이 봤다. 그러니 미련을 버리지 못한다. 하지만 거기에 매달리는 순간 다음 세대로부터 외면받는다는 사실을 잊지 말아야 한다. 나와 생각이 다르고 가치의 우선순위가 다르다는 이유로 너무나 쉽게 빨갱이 낙인찍는 악습은 가장 못된 습관이다. 이제 그만 우려먹자.

이데올로기로 인한 갈등과 분열, 지겹지도 않은가?
비겁하고 썩은 방패로 무엇을 막을 수 있을까?

어릴 때부터 여기저기서 많이 들어 본 말들이 있다. 이북 사람은 어떻고 전라도 사람은 어떠며 경상도 사람은 어찌어찌하고 충청도 사람은 어떻다는 따위의 말들. 어릴 때 들었던 말은 한 사람의 삶에 오래 각인되어 작동한다. 그래서 자라면서 들었던 각 출신지에 따른 평가가 대부분 맞는다는 착각을 하게 된다.

하지만 그건 일종의 바넘효과다. 바넘효과란 보편적으로 적용되는 성격 특성을 자신의 성격과 일치한다고 믿으려는 현상이다. 일반화의 오류라고도 할 수 있다. 혈액형에 따른 성격의 분류도 여기에 해당된다. 어떤 특징이나 특성을 일정한 분류의 틀에 넣고 공정하게 분배하는 게 아니라 자신이 믿고 싶은 것만 골라서 분배한다. 그러면서 "그것 봐라! 얼마나 절묘하게 맞는가!"라고 떠든다. 다른 특징과 특성은 제외해 버린다.

지역감정도 이렇게 형성된다. 그러나 그게 오작동되는 걸 알면서도 쉽게 바꾸지 못한다. 지금까지 내가 잘못 판단한 것을 인정하는 용기도 부족하고 또다시 그런 케이스에 해당되는 사례를 만나면 금세 원상태로 회귀하여 비난할 여지를 마련하려 하기 때문이다.

　중학교부터 대학을 다닐 때까지 여러 지역에서 올라온 친구들을 만났다. 그들을 판단할 때 늘 어른들을 통해 들어왔던, 각 지역에 대한 판단을 기본으로 깔고 봤다. 이 유형 분류에 친구들은 신기하게도 딱딱 들어맞았다. 그렇게 보였다. 그러나 조금 더 지켜보니, 그리고 조금 더 객관적으로 바라보니 매우 편향된 사고라는 걸 깨달았다. 사람마다 다르고 상황에 따라 다르지만, 부모 세대로부터 들었던 지역감정과 판단의 논거 따위를 제외하면 객관적이거나 타당한 근거가 아님을 알았다.

　그래서 최대한 그런 사유의 틀에 갇히지 않으려 애썼다. 가끔은 도대체 지방색이 아니고서는 이해할 수 없는 경우도 있는 듯할 때가 있었다. 그러면 어김없이 '역시 어느 도 출신은 어쩔 수 없구나' 싶은 생각이 들기도 했다. 하지만 그건 아주 부분적인 일이고 누구에게나 있을 수 있는 것인데, 내 편한 대로 침소봉대한 것일 뿐이다.

　어느 나라건 지역감정은 있다고 한다. 누구든 자기 고향을 사랑하니까. 평소에는 그렇지 않다가도 타지에 나가면 자기 출신 지역에 대한 애착이 강해진다. 외롭고 낯설수록 같은 지역 출신이 살갑고 의지가 된다. 군대에서 같은 지역 출신의 병사를 만나면 더 정이 가고 배려하게 되었던 경험도 있을 것이다. 지역감정이 무조건 나쁜 건 아니다. 자연스러운 감정이다. 자신의 지역을 사랑하는 애향심의 발로라는 점에서는 그렇다. 그런 지역감정은 탓할 게 아니다.

그러나 지역감정이 정치적으로 혹은 경제적, 사회적으로 차별과 억압의 수단으로 사용된다면, 그리고 그것이 미래 발전에 걸림돌이 된다면 더 이상 외면하고 방치할 문제가 아니다. 통상적으로 말하는 지역감정은 일정한 지역에 살고 있거나 그 지역 출신의 사람들에게 가지는 좋지 않은 생각이나 편견을 의미한다. 지역감정이라는 것 자체가 일종의 집단적 폭력이다. 이것이 악용되는 사례가 반복되면 우리 사회와 국가가 발전하는 데 큰 장애로 작동한다.

'망국병'이라고 늘 떠들지만 정작 이 고질병은 고쳐질 기미도 별로 보이지 않고 내심 고치고 싶어 하지도 않는 듯하다. 왜 그럴까? 누가 그러는 것일까? 정치적으로 지역감정이 유리하다고 여기는 자들이 주범이다. 진영 논리가 유리하다고 여기는 자들이 끝까지 진영 논리를 버리지 못하고 전가傳家의 보도寶刀처럼, 혹은 조자룡 헌 칼 휘두르듯 집착하는 것이다.

이제 모든 시민들은 지역감정을 저들 유리하게 사용하는 짓들을 더 이상 방치해선 안 된다. 만약 지역감정에 기반한, 늘 자기 지역이 지지해 왔던 정당에 '묻지 마 투표'를 하는 습성을 방치하거나 오히려 편승해 악화시킨다면 그건 역사에, 자식들의 미래에 죄를 짓는 일이다.

지역감정이 생긴 까닭이 삼국시대의 분열과 대립에서 기인한다거나, 통일신라가 백제인들에게 엄청난 차별을 가한 데서 왔다거나 혹은 고려 왕건의 훈요십조에 그런 조항이 들어 있다는 등 그럴싸한 원인 분석이 난무한다. 하지만 설령 지역감정에 기원이 있다 하더라도 그건 모두 과거의 일이다. 과거의 일이라고 해서 완전히 사라지거나 지워지지 않겠지만.

그런데 생각해 보자. 일제강점기에도 지역 갈등과 차별이 있었을까? 여전히 존재하긴 했겠지만 이전에 비해서 급감했다. 까닭은 무엇일까? 이미 사

어른은 진보다

라진 권력과 부에 대해 가르고 나누고 고수하는 일이 무의미했기 때문이다. 나눠 갖고 나눠 먹어야 할 파이 자체가 없었다. 똑같은 식민지의 피지배층이 된 신세가 아닌가. 같은 조선인끼리 미워할 일이 없었다.

해방 이후 이승만 정권과 박정희 정권 초기까지도 지역감정이 고름으로 악화되지는 않았다. 해방의 기쁨과 희망을 공유했고 한국전쟁의 아픔을 함께 겪었기 때문이다. 쿠데타로 집권한 박정희가 대통령으로 출마했을 때 호남에서 거둔 득표율은 윤보선보다 많았을 때도 있었고 대등한 정도이기도 했다. 적어도 그때까지만 해도 '정치적으로' 지역감정은 없었다고 할 수 있다.

그러나 경제개발이 영남 지역으로 편중되면서 호남은 상대적으로 소외감을 느낄 수밖에 없었다. 20세기의 지역감정은 그렇게 발아되었다. 당시 박정희가 2차 산업을 육성해 대외교역을 늘릴 때 그 상대국으로 일본이 가장 큰 비율을 차지했기 때문에 지리적으로 유리한 영남에 공업 투자가 집중되었다. 이 외에도 다양한 이유들이 있었다. 하지만 그래도 이때는 지역감정이 경제적 홀대에 대한 섭섭함 정도에 그쳤을 뿐이다.

그 문제를 해결하기는커녕 오히려 정치적으로 악용한 것은 1971년 선거에서였다. 당시 국회의장이었던 이효상이 지역감정을 정치적으로 악용한 효시라 할 수 있다. "경상도 대통령을 뽑지 않으면 우리 영남인은 개밥의 도토리가 된다."면서 "이 고장은 신라 천년의 찬란한 문화를 자랑하는 고장이지만 그 긍지를 잇는 이 고장의 임금은 여태껏 한 사람도 없었다. 박 후보는 신라 임금의 자랑스러운 후손이다. 이제 그를 대통령으로 뽑아 이 고장 사람을 천년만년 임금으로 모시자."며 표를 몰아 줄 것을 호소했다. 영남의 인구가 호남의 인구보다 압도적으로 많다는 걸 계산하면 결코 손해 볼 일은 아니었다. 정치적 지역감정은 그렇게 악의적으로 사용되었고 지금까지 깨지지 않는 '선거의 철밥통'이 되었다.

1980년 5월, 12.12 쿠데타로 집권한 자들이 정권을 장악하기 위해 광주에서 대학살을 저질렀다. 정적 김대중을 함께 몰아넣었다. 광주에서의 항거는 '빨갱이 소행'이며 나라를 지키기 위해서는 그들을 소탕해야 한다는 조작된 명분의 뿌리도 결국은 지역감정이었다.

어떤 이들은 호남에서 특정 정당이 90% 이상 득표하는 현상을 지적한다. 물론 그건 작은 문제가 아니다. 그러나 입장을 바꿔 보자. 만약 대구에서 민간인을 대량 학살하고 집권하면서 그 '소요 사태'가 빨갱이 때문이고 그 지역 출신의 어떤 정치인이 선동했기 때문이라고 몰아세웠다면 동의할 것인가? 이후 투표에서 다른 정당의 정치인에게 표를 던질 것인가? 호남인들에게 왜 몰표를 주느냐고 먼저 몰아세우기 전에 영남에서 그 카르텔을 깨뜨리는 모습을 보이는 게 우선이다.

다행히 그런 조짐이 보인다. 그 '아이스 브레이크'를 놓치지 않아야 하는 게 지금 우리의 몫이다. **더 냉정하게 따지자면 호남의 인구가 영남에 비해 현저히 적은 까닭에 지역감정을 이용한 정치적 분열의 조장이 누구에게 유리한지를 냉정하게 주시해야 한다. 악습을 유지하려고 하는 건 그게 유리하다고 여기는 자들의 악행이라는 점을 지적해야 한다.**

나는 영남이나 호남에 어떠한 지역적 연고도 없다. 그래서 각 지역이 상대 지역에게 갖는 감정을 온전하게 혹은 완벽하게 이해하거나 공감하는 데는 한계가 있음을 인정한다. 나 또한 알게 모르게 축적된 각 지역에 대한 편견과 선입견 그리고 왜곡된 사고도 있을 것이다. 그러나 어느 쪽에도 속하지 않는 까닭에 어쩌면 조금은 객관적으로 이 문제를 바라볼 수 있을 것이다.

어른은 진보다

밖에서 보면 지역감정이라는 못된 사고가 얼마나 어처구니없고 폭력적인지 알 수 있다.

오래된 사고가 쉽게 바뀌지는 않을 것이다. 그렇다면 상대적으로 그 시간의 띠가 짧은 편견, 즉 정치적 지역감정부터 뜯어고쳐야 하지 않을까? 이걸 뜯어고치지 않고 후대에 물려주면 그 자체로 이미 범죄행위에 가담한 것과 같다. 우리 세대에서 끝내야 한다.

수많은 정치인들이 지역감정을 해결해야 한다고 외친다. 그러나 선거 때가 되면 결국 거기에 매달릴 수밖에 없다. 지역감정에 기대는 표가 가장 확실하고 든든하기 때문이다. 어떤 정책이나 정치적 비전도 지역감정 앞에서는 속수무책이고 추풍낙엽이다. 이렇게 지역감정을 정치인들이 조장하면 유권자들이 부응하고 더 악화시킨다. 그러니 우리는 모두 죄인이다. 다음 세대에도 그 악행을 넘겨준다면 말이다.

노골적으로 지역감정을 부추기는 정치인은 없다. 그건 자살행위라는 걸 알기 때문이다. 그래서 교묘한 방식으로 지역감정을 부추긴다. 자신부터 바꿀 생각보다 다른 곳에서는 여전히 지역감정에 기반한 정당을 뽑는다며, 우리도 그래야 한다고 꽹과리를 두들긴다. 처음에는 냉정하려 했던 유권자들도 결국은 꾐에 넘어간다. 그러면서 최대한 공정하게 선거하려 했지만 상대가 도발하니 어쩔 수 없었다고 변명한다. 결국 우리는 모두 공범이 되어 같은 잘못을 선거 때마다 반복한다. 형태가 조금씩 더 교묘해지고 교활해질 뿐 본질은 같다. 그러니 어떠한 정책도 끼어들 틈이 없다.

살다 보면 누군가 내 뒤통수를 때리기도 하고, 종국에는 자기에게 유리한 방식으로만 우격다짐으로 끌어가는 사람도 만난다. 사실 그런 건 각자의 인격 문제이지 특정한 지역 출신이라서 그런 건 아니다.

물론 특정 지역이 오랫동안 불이익을 당했고 여전히 왜곡과 편견으로 따돌림 당하고 있는 것도 현실이다. 입장을 바꿔 내가 그런 대우를 당한다면 어떻겠는가? 단지 그곳에서 태어나고 자랐다는 이유 하나만으로 평생을 따돌림 당하고 곡해받는다면 당신은 그걸 인정할 수 있겠는가? 그건 교묘한 폭력이다. 고작해야 부분에 불과한, 혹은 특정한 사례에 불과한 일을 침소봉대하여 일반화시키는 비겁한 폭력이자 무책임한 작태다.

　지금 끊어 내지 않으면 망국의 고질병이 된다. 그리고 이 조그만 땅덩이에서 사는 우리 자식들을 멍들게 한다. 이익을 보는 쪽이든 불이익을 당하는 쪽이든 그렇게 된다. 결국 대한민국 전체와 미래에 한 움큼도 도움이 될 게 없다. 그렇다면 이 망국적 지역감정을 이제라도 발로 뻥! 차버려야 한다. 더 늦기 전에.

지역감정, 부끄럽지 않은가?
그걸 악용해서 이익을 얻으려는 자들의 꾐을 물리치면 된다.

존경할 인물이 있다는 건 좋은 일이다. 사람마다 존경하고 흠숭하는 대상이 다르다. 그 대상이 히틀러나 스탈린 같은 인물이 아니라면 시비하고 탓할 일 없다.

하지만 절대적 존재나 완벽한 인격으로 인식하는 건 문제가 될 수 있다. 때로는 그의 허물을 객관적으로 알면서도 스스로 인지부조화로 자신을 유도하고 급기야 확증편향에 빠져 거의 교주처럼 받드는 경우도 있다. 그쯤이면 우상숭배. 북한의 김일성 우상화와 다를 바 없다.

특별한 경우를 제외하곤 오로지 선이나 악의 측면만 지닌 사람은 없다. 어떤 면을 주로 바라보느냐에 따라 그 사람에 대한 평이 다른 건 이 때문이다. 부하들 잘 건사하고 의리를 지키는 조폭 두목이라면 조직원들에게는 존경의 대상이다. 반면 그의 폭력에 시달리는 사람들에게는 저승사자와 같다.

공인이라면 더더욱 그렇다. 공과 과가 혼재한다. 공이 더 큰지 허물이 더 무거운지는 당대와 후대의 평가가 일관될 수도 있고 달라질 수도 있다. 그게 세상이고 삶이며 사람이다.

우리의 현대사에서 박정희 전 대통령만큼 공과 과가 뚜렷한 인물을 찾기도 어려울 것이다. 쿠데타로 집권했고 철권통치를 휘둘렀으며 삼선개헌도 모자라 종신집권을 꿈꾼 그는, 유신 쿠데타 과정에서 민주주의를 억압하고 정의를 짓밟으며 인권을 유린했다. 검찰은 아예 권력의 주구 노릇을 하도록 길들였고 사법부까지 농락하는 것을 마다하지 않았다.

우리가 당면한 검찰 개혁과 사법 농단 청산의 뿌리가 그에게 있다는 걸 부인하지 못한다. 박정희는 조금이라도 불편한 보도에 대해서는 거리낌 없이 언론에 재갈을 물려 응징했다. 「동아일보」 광고 탄압은 그 극치였다. 저항한 기자들은 모두 쫓겨났다. 그리고 그 신문은 지금 보수언론의 대표주자가 되었다.

10월 유신으로도 모자라 긴급조치를 마구 쏟아냈다. 지금이라면 상상도 할 수 없고 도무지 이해할 수도 없다. 긴급조치라는 게 얼마나 황당했던가? 유신헌법에 대해 옳다는 말도, 비판적인 말도 해서는 안 된다는 게 긴급조치 1호의 포고 내용이었다. 말로는 찬성하는 말도 할 수 없다지만 그건 허언에 불과할 뿐 비판적인 말을 아예 하지 못하게 하는 초헌법적이고 반민주적인 발상이었다. 그런 걸 실제로 했다, 그것도 아주 서슬 퍼렇게. 긴급조치 1호에 걸려 구금되고 옥고를 치른 이들도 엄청나게 많았다.

박정희는 입도 뻥긋하지 못하게 철권을 휘둘렀다. 어떤 이들은 그게 당시의 불가피한 상황 때문이라거나 박정희가 어느 정도 경제발전과 자주국방을 이루면 스스로 하야할 계획이었다는 등으로 변호하기도 하지만 그건 말

어른은 진보다

도 안 된다. 종신 통치를 꿈꿨던 사람이다. 그의 예기치 않은 죽음이 없었다면 어디까지 갔을까? 그는 지울 수 없는 허물을 지닌 인물이다.

그러나 그런 허물만 있다면 여전히 그에 대한 향수를 지닌 사람들이 제법 많다는 걸 설명할 수 없다. 박정희는 대한민국 산업화를 이끈 주인공이다. 그가 없었어도 산업화는 저절로 이루어졌을 거라는 푸념은 무능한 자들의 변명으로 들린다. 그게 현실이다. 그 엄연한 현실은 인정해야 한다. 굶주림과 가난의 질곡에서 벗어나 잘살 수 있다는 희망을 보여 준 것만으로도 뛰어난 성공이다. 물론 높은 교육 수준이 만들어 낸 질 좋은 노동력과 저렴한 인건비가 큰 경쟁력을 발휘한 것도 사실이지만, 박정희의 강력한 통치력(정치가 아니라)과 경제개발의 청사진은 분명 대한민국이 산업국가로 전환하는 데 큰 역할을 했다. 1963년 개인소득 100달러도 채 되지 않던 최빈국 대한민국이 30년 만에 OECD에 가입한 기적의 토대가 그의 시대에 만들어진 건 부인할 수 없다. 단호한 결정뿐 아니라 담대한 상상력은 높이 사야 할 일이다.

특히 중공업으로의 대전환은 엄청난 도박이었다. 우리 경제가 빈약한 내수 기반을 벗어나기 위해서는 수출만이 살길이라는 판단도 마찬가지였다. 가발공장이 속속 들어서고 다양한 보세가공업이 성행했다. 그러나 경공업으로는 더 큰 이익을 창출하지도 못할 뿐 아니라 우리보다 더 싼 가격의 경쟁국이 나서면 그마저도 보장되지 못한다. 여러 가지 이유와 목적을 따져 중공업으로의 전환을 선택한 것은 필연적이었지만 엄청난 도박이었다.

간단하게 한 가지 사례를 보자. 내 아이가 결혼하게 되어 선물로 소형 자동차를 선물하려 한다고 치자. 막상 대리점에 갔더니 가격이 만만치 않다. 그런데 얼마 전에 생긴, 이름도 아주 낯설고 발음하기도 어려운 어떤 자동차의 대리점에 들렀더니 가격이 절반쯤 되었다. 그 차를 살까? 장치산업은 거

대한 자본과 축적된 기술 그리고 브랜드에 대한 신뢰가 필요하다. 꼭 차가 필요하고 내 지갑 사정에 한계가 있으면 사겠지만 아마 대부분 주저하게 될 것이다. 그만큼 중공업은 일반 소비재와 달리 선택과 구매가 결코 쉽지 않다. 다행히 방위산업(우리는 당시에 방위세를 냈다.)을 통해 어느 정도 판로를 확보할 수 있었으며(예를 들어 탱크를 생산하는 곳에서 축적된 기술로 포크레인을 만들고, 해군은 함정 구매를 통해 초기 조선산업의 소비자가 되었다.) 그것을 토대로 중공업으로의 전환에 도움이 되었다.

결과론적으로 운이 좋았다고 할 수도 있겠지만 가장 중요한 것은 담대하고 상상력이 뛰어난 최종 결정이었다. 지금 우리가 이만큼 성장한 것은 경공업에 의한 것이 아니라 중공업 발전이란 토대와 그 발전의 성과물 덕이다. 그런 점에서 박정희의 대담한 선택은 축복이었다.

흔히 박정희 전 대통령의 공을 평가할 때 거론하는 대표적 사례가 고속도로 건설이다. 자동차도 별로 없는 나라에서 대담한 발상이었다. 독일 방문에서 얻은 영감이라지만 그것을 실행하는 건 결코 쉬운 일은 아니다. 그는 해냈고 국토의 활용이 크게 달라졌다.

물론 당시 고속도로 건설에 반대한 야당의 비판에도 나름대로 타당성과 합리성이 있었다.(정략적인 반대도 분명히 있었다.) 그건 언제나 어디서나 있는 일이다. 야당의 주장은 고속도로의 건설 자체를 반대한 것이 아니라 시급성과 예산의 문제였다. 야당을 설득하고 절차적 공론으로 이끌지 못한 건지 안한 건지는 따지지 않는다. 야당은 끝내 발목을 잡았을 것이니 설득이 불가능하다고 비판만 할 일은 아니다.

고속도로의 건설, 포항제철의 건립 등은 박정희 전 대통령의 대담한 상상력과 판단력 그리고 추진력이 아니면 불가능했거나 많이 늦춰져서 정작 필

어른은 진보다

요한 때에 제 역할을 하지 못했을 것이다. 이제는 누구나 그 문제에 관해서만은 동의한다. 그러나 오직 그 두 가지 사례를 반복적으로 거론하면서 그의 모든 정책과 정치가 거의 절대적으로 옳았다고 강변하는 것도 그리 바람직한 일은 아니다.

박정희의 공이 경제였기에 경제가 조금만 흔들려도 그를 추억하고 소환하는 사람들이 많다. 그럴 만도 하다. 매년 10% 전후의 엄청난 성장률을 보인 시대를 살았으니까. 지금은 고작 2~3%도 겨우 깔딱거리니 평면적으로 비교하면 그의 시대가 기억날 만하다.

그러나 초고속 경제발전 시대가 무한히 지속되는 게 아니다. 저성장은 선진국의 보편적 현상이다. 지속가능성이 문제다. 그런데도 걸핏하면 "그때는 말이지……" 운운하며 지금의 미지근한 성장을 불평한다. 그럴수록 그의 소환은 더 강해진다. 일종의 더 잘살고 싶다는 욕망이다.

그 욕망의 투사projection가 박정희의 딸을 대통령이 되게 했다. 단지 그의 딸이라는 포장된 이미지만으로. 그러나 그녀는 아버지가 아니었다. 결국 박근혜는 무능과 무공감의 속살을 고스란히 드러내고 쫓겨났다. 그래도 아직 아버지의 후광이 그녀를 지키고 있다.

박정희 전 대통령은 철저하게 20세기의 인물이었고 게다가 독재적 정치인이었다. 지금도 박정희의 향수에 깊이 빠진 사람들이 많다. 나이가 많은 사람일수록 더 그렇다. 그러나 향수는 과거의 앨범에 저장해야 한다. 박정희가 부활하여 재림한다면 우리 경제가 화산 폭발하듯 다시 초고속 성장을 할 것인가? 천만의 말씀이다. 그건 시대착오이며 퇴행이다. 지금은 오히려 그런 사고와 언행, 판단이 걸림돌이 되는 세상이다. 한 개인의 강력한 철권적 리더십은 조직 전체를 망친다. 그에 대한 향수는 위험하다.

이제 박정희와 작별해야 한다. 존경하는 마음이 있어도 떠나보내야 한다. 그와 함께 과거를 살면 미래는 재앙이다. 그의 정치력이 통했던 시대도 끝났다. 그의 결단력이 경제를 이끌었던 시대도 끝났다. 그런데도 박정희에 대한 미련과 향수를 지니고 있어선 안 된다.

정치인들부터 박정희를 소환하려는 꼼수를 과감하게 포기해야 한다. 과거가 아니라 미래가 우리의 몫이다. 박정희에 대한 향수를 이미지로 포장해서 이용하려는 정치인들도 제법 있었다. 심지어 갑자기 외모와 스타일을 그와 비슷하게 바꾸고 대통령 선거에 출마했던 정치인도 있었다. 그러나 진짜 필요한 건 그를 닮은 외모가 아니다. 박정희의 (정치적 허물과는 별개로) 담대한 상상력과 냉정한 판단력, 미래 설계 방식을 닮아야 한다. 그걸 따라서 비전과 의제를 제시해야 했다. 그러나 전혀 그렇지 못했다. 지금 박정희 향수를 자극하는 정치인들 가운데 그렇게 하는 사람들이 있는가? 대부분 흉내를 내거나 그의 지역 정치적 자산을 이용하는 데만 급급하다.

대구·경북(TK)에서 박정희에 대한 믿음은 거의 절대적이다. 이해할 수 있는 일이다. 그러나 그게 그 지역의 정치뿐 아니라 경제발전에도 걸림돌이 될 수 있다는 점을 냉정하게 직시해야 한다. 시대가 바뀌었고 세상이 변했다. TK조차도 박정희와 이제 작별해야 한다. 어리석게 소환한 박정희는 디딤돌이 아니라 걸림돌이다. 정말 박정희를 사랑한다면 이제 마음속으로만 존경하고 입 밖으로는 꺼내지 말아야 한다. 향수는 향수에 그쳐야 한다.

박정희와 작별하지 않으면 과거에 갇힐 뿐 아니라
정치적 부채만 늘어날 뿐이다.

스스로 낡은 생각이나 과거에 발목 잡히는 판단을 하는 것이 아니라 성숙하고 관대한 사고와 삶을 선택하는 것이 우리의 몫이다. 그러므로 우리는 늘 진화해야 한다. 그래야 멋지게 나이 들어 간다. 이왕 사는 거, 조금이라도 그렇게 살아가야 하지 않겠는가.

2부

그게 우리 어른들의
몫이다

누구나 나이 든다. 당연한 말이다. O.K. 저항할 수 없다. 문득 주변을 돌아보니, 학교를 졸업하고 사회생활을 시작한 게 엊그제 같은데 은퇴가 코앞이다. 지인 중엔 이미 은퇴한 이들도 많다. 청춘이 어제 같은데 이미 장년을 지나 노년의 초입으로 들어선다. 억지로 저항하고 부인해 보는 것도 잠깐, 곧 순응하게 되는 게 삶이다. 아이들이 장성해서 각자 제 앞가림만 하면 된다는 게 그나마 다행이다.

세월이 언제 이리 흘렀을까 의문이 들면서, 동시에 그리 많이 남지 않은 시간조차 만만하지도 녹록지도 않아 보인다. 나름대로 최선을 다해 살았건만 막상 이루어 놓은 일은 딱히 없는 듯하여 아쉽고 안타깝다.

그러나 어찌 회한만 있는 삶이겠는가. 길고 힘겨웠던 '생계의 삶'을 온전하게 마감할 수는 없어도 일단 기본적 의무는 거의 마쳤다.

어른은 진보다

그렇다고 예전처럼 나이 든 몸을 자식들에게 의존해서 살 수는 없는 시대다. 뭔가는 해야 한다. 적당한 노동과 어느 정도 수입의 균형이 맞는다면 최상이겠지만 쉽지는 않다. 은퇴 후 다른 일자리 얻는 건 대부분 무망하다. 아직 몸은 거뜬히 일할 수 있고 쌓은 경험과 축적된 지식도 쓸 만한데 부르는 곳이 없다. 망연하다. 알량한 퇴직금으로 사업에 나서기는 두렵다. 그동안 준비한 것도 없다. 마음으로는 준비해야지 하면서 정작 마땅히 뭘 해야 할지도 모른 채 은퇴 직전의 몇 년을 허송했다는 느낌이다.

내 인생이 이렇게 마감되다니. 물론 생물학적으로 아직 살아갈 시간은 많이 남았다. 평균수명이 여든쯤 된단다. 그런데 우리가 할 일은 없고 사회적 환경도 따라 주지 않는다. 앞서 은퇴한 선배들의 삶을 보니 더 답답해진다. 직장 생활 함께하며 상사로 모셨을 때는 그렇게도 유능하고 멋져 보이던 선배들인데 은퇴 이후 그들의 삶은 아주 빠르게 초라해졌다. 그들을 보며 안타깝고 두렵기까지 한 느낌을 받았다. 예전의 카리스마도, 여유도 없다. 나도 곧 그렇게 되겠구나 하는 두려움이 앞선다. 그분들이 노후의 삶을 재설계하고 멋지게 살아가는 모습을 보여 주었다면 덜할 텐데, 그냥 속수무책으로 나이만 들어 가는 모습뿐이다. 망연자실할 일이다.

물론 알고 있다. 가족을 먹여 살려야 한다는 일념으로 무작정 앞만 바라보고 달린 것을. 꼬박꼬박 월급 받아서 저축도 했다. 또 어느 정도 빚도 얻으면서 집을 마련했고 그 빚 갚느라 후반의 생활도 만만치 않았다. 치열하게 살았는데, 생각과 달리 은퇴 후 삶은 막연하고 막막하기만 하다. 생각의 여유도 없고 너그러움도 줄어든다.

그러니 과거에 매달려 향수에 젖는 일이 잦아진다. '요즘 젊은것들은 고생을 모르고 자라서 세상 무서운 줄 모르고 검약할 줄 모르며, 이기적이고 개인적인 쾌락에 탐닉하며, 의지는 박약하다'고 혀를 찬다. 그렇게라도 해야 자신들의 삶에 자부심이 생기고 스스로 존재 의미가 있다고 생각하는 듯싶다.

그러면서 정작 지금의 젊은이들이 얼마나 힘든 삶을 사는지, 왜 그들에게 그런 삶이 강요되는지 등에 대해서는 무관심하다. 과연 우리 세대는 새로운 모범을 보여 줄 수 있을까?

남은 것이라곤 추억밖에 없는 삶은 무기력하고 비참하다. 솔직히 그 추억이라는 것도 기쁘고 행복했던 일보다는 힘들고 어렵거나 심지어 끔찍한, 그래서 되돌아보기 싫고 다시 그 시절로 돌아가라면 차라리 목숨을 포기하고 싶은 기억들이 많다. 이미 겪은 일이고 지나간 일이니 관대해질 수는 있을지 몰라도 미화하기는 어렵다.

그런데 자식들이나 후배들에게 존재감을 드러낼 수 있는 자산이라곤 그 것뿐이다. 현실은 마뜩지 않다. 해서 걸핏하면 "나 때는 말이지~"를 후렴처럼 달고 산다. 현재를 살고 미래를 바라보는 게 아니라 과거에 묶여 판단한다. 나 자신에게는 그게 자부심일 수 있을지 모르지만 다른 이들에게는 도저히 소통 불능한 걸림돌이 될 뿐이다.

현재의 세상을 이해하고 자식들과 후배들의 미래에 대해 공감할 수 있는 생각과 감성의 여유를 마련하는 것이 나이 들어 가면서 노력해야 할 대목이다. 나를 포함해서 지금 나이 든 세대에게 가장 부족한 부분 가운데 하나가 바로 다음 세대들에 대한 이해와 공감 그리고 연대와 지지다. 그게 없으니 옹색해지고 잔소리만 늘며 기필코 '꼰대' 소리를 면하지 못한다.

눈부셨던 경제적 성장은 부모 세대와 선배들의 헌신에 지금 어른 세대의 노력이 더해져 이루어졌다. 물론 그 과정에서 비인격적이고 반민주적인 일

어른은 진보다

이 없지는 않았지만, 적어도 경제적 측면에서는 그렇다. 이에 대한 자부는 마땅하다. 그러나 이 경제적 성장과 업적이 우리나라를 계속해서 진화할 수 있게 했느냐는 별개의 문제다. 어른 세대는 모두 20세기에 태어나 20세기의 교육을 받았고 20세기를 살아왔다. 그런데 21세기에도 여전히 그 사고와 습성에서 벗어나지 못하는 경우가 허다하다. 아직 사회적 영향력을 쥐고 있기 때문에 그 관성으로 살아가고 있을 뿐이다. 그러면서 말로는 '제4차 산업혁명' 운운하며 산다.

나이 들어 가는 건 그냥 서글프고 슬프기만 한 것도 아니다. 의무의 부담에서 비로소 벗어나, 권리의 삶을 누리며 마음의 여유를 갖고 살 수 있게도 한다. 나이 들어 가는 건 생물학적으로 노쇠한 것이지 정신과 마음은 성숙하게 진화할 수 있다는 뜻이기도 하다. 그러니 생각을 바꾸면 삶이 바뀔 수 있다. 스스로 낡은 생각이나 과거에 발목 잡히는 판단을 하는 것이 아니라 성숙하고 관대한 사고와 삶이 우리의 몫이다.

그러므로 우리는 늘 진화해야 한다. 그래야 멋지게 나이 들어 간다. 이왕사는 거 조금이라도 그렇게 살아야 하지 않겠는가. 그냥 저무는 해가 되지는 말아야겠다. 몸은 바꿀 수 없어도 생각은, 마음은 바꿀 수 있다. 그것마저 놓치면 추하게 늙어 갈 일만 남지 않을까 두려워해야 한다.

나이 드는 것, 두렵고 슬픈 일만은 아니다.
멋지게, 제대로 나잇값 하면서 살 일부터 고민해 보자.

언젠가 동창들과 카페에서 차를 마시며 담소하고 있었다. 한 친구가 말없이 스마트폰을 들여다보았다. 예사로운 일이다. 딱히 할 일 없으면 우리는 늘 스마트폰을 보니까. 그런데 친구의 표정을 보니 뭘 검색하는 게 아니었다. 너무나 행복한 표정이었다. 그 친구가 그렇게 자애롭고 행복한 표정을 짓는 걸 거의 본 적이 없었다. 우리는 직관적으로 알았다. 그 친구가 스마트폰에서 무엇을 보고 있는지를.

손녀 손자 사진을 보고 있는 거였다. 우리 나이에 그것 말고, 보고만 있어도 저절로 웃음이 피어오르는 건 드물다. 친구에게 물었다.

"그렇게 좋니?"

그가 대답했다.

"나는 애들, 사진만 보고 있어도 행복해. 정말 말 그대로 눈에 넣어도 아프지 않을 만큼 예쁘다.”

그렇기도 할 것이다. 꼬물대는 손가락 발가락이며, 보석처럼 반짝이는 눈만 봐도 환희를 느낀다. 자식 키울 때와는 전혀 다른 느낌이다. 우리는 그렇게 모두 손주 바보가 된다. 왜 그리도 미치도록 녀석들이 예쁠까? 나이 들어서 손녀 손자와 함께 살 시간이 많이 남지 않아서 그럴까? 아니면, 대를 이어 줄 아이들이라서?

물론 그런 점도 없지는 않으나, 가장 큰 이유는 ‘의무’라는 부담이 없기 때문일 것이다. 자식 예쁘지 않은 부모 없다. 그러나 제 자식 키울 때는 기르고 가르쳐야 하는 의무가 따른다. 내 아이가 행복하게 살 수 있도록 충분히 가르치고 보육해야 한다. 하지만 양육과 교육을 사회와 국가가 전적으로 책임지거나 지원하지 않는 현실에서 아이를 키우고 가르치는 건 비용과 노력이 든다. 그러니 열심히 벌고 보살펴야 한다. 때문에 자정慈情만 흠뻑 쏟지 못한다.

그런데 손주들은 아니다. 할아버지 할머니가 손녀 손자를 아예 돌볼 의무가 없는 건 아니겠으나, 제 부모보단 훨씬 덜하다. 게다가 자식 키울 때 미뤘던 자정까지 쉬이 얹힌다. 이러니 보고만 있어도 예쁘다. 사진만 봐도 행복하다.

나는 다시 친구에게 물었다.

“이런 말해서 미안하고, 상상조차 끔찍한 일이지만 만약에 20년 뒤에 네 손녀 손자가 자살한다면 어떨 거 같으냐?”

그렇게 묻는 게 얼마나 잔인한지 모르는 것 아니다. 아니나 다를까, 옆에서 친구들이 반사적으로 따졌다.

“저놈은 꼭 말을 해도 저렇게 해? 그런 말은 입 밖에 꺼내서도 안 되는 거야. 좌우간 너무 까칠해서 탈이야."

그 타박 천만번 옳다. 그러나 나라고 그런 말 하고 싶겠는가? 그래도 해야 할 말이다.

"대한민국에서 해마다 4천여 명의 청년들이 자살하고 있어. 감사하게도 내 자식이나 지인의 가족이 아니니 남의 일처럼 느껴질 뿐이지. 우리 손녀 손자는 거기에서 벗어날 수 있다고 확신할 수 없어. 다행히 그 아이들이 잘 자라서 행복하게 산다고 치자. 고마운 일이지. 그러나 같은 시대를 사는 사람들이 대부분 불행한데, 내 자식들만 잘산다면 진정 행복한 걸까? 나는 아니라고 봐. 아직 우리에게 남은 시간과 몫이 있어. 그리고 아직은 힘도 조금 남아 있어. 그러니 이제는 우리 아이들이 더 나은 세상에서 살 수 있도록, 우리가 한 뼘이라도 더 나은 사회를 만드는 데 힘을 쏟아야 하지 않을까?"

스스로 목숨을 끊는 요즘 청년들을 보고 의지가 약해서 그랬다거나 나 때는 더 힘들었다는 따위의 말을 해서는 안 된다. 동냥은 못 줄망정 쪽박까지 깨는 일은 하지 말아야 한다.

솔직히 우리 세대는 취업 걱정하지 않았다. 앞 세대가 마련해 준 고도성장으로 수많은 일자리를 만들었다. 그래서 70~80년대만 해도 기업들은 부족한 인력을 수급하기 위해 봄부터 여러 대학을 돌아다니며 취업설명회를 했다. 이른바 '입도선매立稻先賣'의 시대였다. 여름방학 즈음이면 입사 시즌이 시작되었다. 졸업예정증명서와 성적증명서를 제출하면 취업이 결정되었다. 그러면 4학년 2학기에는 등교가 아니라 회사로 출근하는 친구들이 속출했다.

결혼도 때가 되면 저절로 할 수 있는 것이라고 당연하게 여겼다. 지금보다 훨씬 빈곤하고 여유도 없었지만 졸업하면 취업해서 한 가정 꾸리고 살 수는 있었다.

그런데 지금은 취업은커녕 대학등록금 마련하느라 대출했던 돈이 쌓여 졸업과 동시에 채무자 신세가 된다. 취업이 안 되면 결혼 자체를 꿈도 꾸지 못하는 현실이다. 취업을 걱정하지 않았던 사람들이 지금 청년들의 현실을 제대로 알기는 할까?

우리의 부모 세대는 자식을 위해 정말 뼈빠지게 일했다. 먹을 거 안 먹고, 입을 거 안 입으며 모든 고통 이겨 내면서 오직 자식들 미래를 위해 헌신했다. 어려운 일은 당신들이 모두 도맡으면서 우리에게는 공부해서 좋은 미래를 만들라고 독려했다. 그 덕에 우리는 이만큼 살게 되었다.

역사는 그런 것이다. 내가 누린 세상보다 더 나은 세상을 자식들이 누리게 하는 것이다. 그게 발전이고 진보다. 우리도 자식들 위해 열심히 살았다. 그러나 솔직히 우리의 부모 세대가 보여 준 일방적 헌신과는 다르다. 우리는 그래도 적당히 누리고 즐겼다. 그건 다행스러운 일이다. 그게 발전이다. 그런데 거기에만 머물러 다음 세대의 삶에 대해서는 상대적으로 관심과 노력이 부족했다는 걸 부인하기 어렵다.

우리가 열심히 일해 가족을 부양하면서 겪은 세상은 결코 완벽하게 정상적이고 인격적이지 않았다. 세상에 완벽한 건 없다지만, 우리 세대가 살아온 세상은 권력과 돈이 무소불위의 힘을 과시한 사회였다. 온갖 비리와 불합리, 부조리와 비인격성 등이 짙게 배었다. 그 사회에서 우리가 겪은 고통은 결코 가볍지 않다.

그래도 우리는 생계 때문에 적당히 그런 사회와 비겁하게 타협하며 살았다. 나의 이상이나 내가 배운 것과는 다른, 그 비겁과 타락의 조건에서 우리 세대가 얼마나 절망하고 분노했는지, 억울해했는지 기억하는가? 물론 그 분노와 절망도 살아가면서 닳고 헤지며 너덜너덜해졌다. 타협으로 얻은 적당한 보상이 주는 편안함으로 그것을 잊으며 살았다. 그 시절을 무용담처럼 떠들어 댈 게 아니라 그때의 야만과 비인격성을 되돌아보며 다음 세대가 그걸 반복하지 않게 해야 한다. 그게 우리의 의무이고 권리다.

비합리적 사회가 계속해서 작동하도록 방치할 것인가? 이제 끈도 떨어지고 갓도 헤진 형편에 무슨 힘이 있어서 그걸 막을 수 있냐고 반문해서는 안 된다. 우리가 적당히 타협하고 묵인하며 살았던 건 모난 돌이 정 맞는다고, 굳이 나서면 나만 손해이고 그러다 내 가족을 부양하기 곤란해질 것을 알았기에 참았던 거다. 나의 권리보다 가족을 부양해야 하는 의무가 더 중요했던 시기를 살았기에 그랬다.

그런데 이제는 그런 일이 내가 부딪히는 일이 아니라서, 이미 그 자리에 있지 않아서, 능력이 없어서, 혹은 주제넘는 일이라 여겨서 외면하고 있는 건 아닌지 스스로 물어야 한다. 솔직히 더 이상 해고에 대한 두려움을 가질 나이가 아니지 않은가. 그런데도 비겁에 순치되어 현실을 방치하는 건 옳은 일이 아니다. 그런 사회에서 내 사랑하는 손녀와 손자가 살기를 바라는가? 내 아이만 아니면 그런 불행한 현실은 그냥 눈감는 게 좋다고 여길 사람은 많지 않을 것이다. 결정적 순간에는 그런 선택을 할지 모르겠지만 보편적 가치에 비춰 보자면 절대 옹호할 수 없는 일이다.

그러니 그런 현실을 방치 방조하면 안 된다. 설령 내 손녀와 손자가 본인이 노력하고 조건도 지원되어 좋은 결과를 얻게 되었다 치자. 같은 세상을 살아가는, 수많은 동년배가 고통받고 신음하며 사는 걸 바라보며 내 손녀 손자가 '상대적 우월감'으로 행복해한다면 과연 그게 바람직한가? 더 이상 '내 아이'에만 집착할 게 아니다. '우리 아이들'이 모두 함께 행복하게 살 수 있

어른은 진보다

는, 더 나은 미래가 될 수 있게 해야 한다. 그게 우리 어른들의 몫이다.

우리에게 삶의 배터리가 조금은 남아 있다. 그냥 조금씩 소멸하며 무기력하게 방치하는 건 옳지 않다. 알고 있다. 예전의 권력, 재력, 에너지는 없다는 걸. 솔직히 내 코가 석 자다. 하지만 우리가 조금만 제대로 인식하고 관심을 가지며 세상에서 좋은 역할을 한다면, 좀 더 나은 세상에 한 뼘이라도 더 가깝게 다가갈 수 있다.

더 나은 세상을 만들 수 있는 건, 과거의 인식과 습성과 작별하고 가족 부양의 의무와 밥벌이의 사슬에서 벗어난 지금의 어른 세대의 몫이다. 이 얼마나 위대한 일인가! 그게 우리의 아름다운 의무이다. 뭔가 할 일이 있다는 것만으로도 우리는 무릎을 다시 곧추세울 수 있다. 이 기회를 놓치면 역사에 죄를 짓는 것이라는 비장한 각오가 필요하다. 그 힘이 우리에게 아직은 있지 않은가.

과거를 돌아보며 살 게 아니라
내 손녀 손자가 살 세상을 바라보며 생각하고 판단해야 한다.

다음 세대도 자부심을 느낄 수 있게

가끔 서울 북촌에 간다. 사람들은 아직 옛 모습을 간직한 그 동네의 '낯선 추억'을 더듬는다. 나는 북촌에서 골목을 본다. 중학교 3년 동안 아침저녁 오르내렸던 '계동골목'이다.

지금의 현대 본사에 있던 휘문중·고등학교에서 시작해서 계동 36번지에 대동중·상업고등학교, 1번지에 중앙중·고등학교까지 여러 학교가 밀집해 있었다. 그 옆 가회동에는 창덕여자고등학교, 안국동에는 풍문여자중·고등학교, 덕성여자중·고등학교, 경기고등학교 등이 있었고 건너편 수송동에는 중동중·고등학교, 수송중학교와 수송전기공업고등학교, 숙명여자고등학교 등이 있었다. 운니동에는 덕성여자대학과 가톨릭의과대학이 있었다. 찻길을 제외하곤 모두 골목길이었다. 그 골목집들 상당수는 하숙집이었다.

개학 때가 되면 하숙집을 옮기느라 골목마다 손수레(리어카)가 들락거렸

어른은 진보다

다. 학생들만 그랬던 건 아니다. '한 지붕 세 가족'의 풍경이 예사로운 시절이었다. 손수레 이삿짐이 흔했다. 이제는 모두 포장이사로 해결한다. 불과 40년도 걸리지 않았는데 그렇게 변했다.

골목길도 많이 사라졌다. 내가 북촌에서 만나는 즐거움은 중학교 때 등굣길의 회상도 있으나 골목이 여전히 살아 있다는 점 때문이다. 물론 그 골목에서 뛰노는 아이들은 없지만.

당시는 아파트가 아직 흔하지 않던 시절이었다. 되려 낯설고 특별한 주거 공간에 불과했다. 아파트가 우리나라 주거 문화로서 본격화된 것은 '아파트 단지'가 세워지면서였다. 1961년 대한주택공사가 서울 마포지구에 도화아파트(지금의 도화동 삼성아파트 자리)를 건설해 근대식 아파트가 처음 도입되면서 아파트 시대의 막을 열었다. 그러다가 70년대 들어 중산층용으로 최초의 중앙식 중온수 공급 보일러를 설치한 한강맨션아파트가 건설되면서 본격적인 붐이 일어났다.(그때 동부이촌동에 사는 애들은 자기네들이 '맨션'에 산다고 자랑했던 기억이 또렷하다. '양옥집'에 살지 않으면서 잘사는 가정이라는 새로운 유형이 생겼던 게 신기했다.) 서울의 도심 집중 문제를 분산하기 위해 사대문 안에 있던 여러 학교들을 이주시키고 강남에 대규모 아파트 단지를 조성하면서 아파트는 보편적 주거 환경으로 자리 잡았으며, 그 후 재산 증식의 역할을 톡톡히 해내면서 우리의 삶뿐 아니라 사회의 방식까지 바꿨다.

지금의 70대들은 청년기에 그 사회를 처음 만났고, 60대는 청소년기에, 그리고 50대는 어린 시절에 보편적으로 만났다. 한 세대가 그 빠른 변화를 겪었다. 경제적으로나 사회적으로 이 세대들만큼 가파른 변화를 겪은 세대도 별로 없을 것이다. 한 사람의 일생이, 가난의 질곡을 겪거나 목격했던 생활에서 시작하여 사회에 나가자마자 빠르게 상승하는 급여와 부동산 투자

등으로 부를 축적하고 자가용이 일상의 도구처럼 된 세상을 모두 담게 되었다. 얼마나 놀랍고 신기한 일인가!

후진국 혹은 개발도상국에서 시작하여 선진국 대열에 들어서는 게 한 사람의 생애 내에서 가능한 건 결코 흔한 일이 아니다. 유럽의 산업혁명기 변화에 버금갈 정도이니까. 일반적으로 그런 변화와 성장을 겪으려면 적어도 서너 세대에 걸쳐 이루어진다. 엄청난 변화다. 그런데도 우리는 그 변화를 마치 일상인 것처럼 받아 냈고 누렸다.

돌아보면 대부분 참 가난하고 힘든 어린 시절들이었다. 다 그렇게 살아서 상대적 박탈감도 그다지 들지 않았다. 졸업식 때 중국집에서 짜장면 먹는 게 호사였고 외식이라는 건 생각도 못 하고 살았던 사람들이 더 많았다. 그러나 성장하면서 외식은 가족의 일상이 되었다. 의衣도, 식食도, 모든 면에서 엄청난 변화를 겪었다. 이 빠른 경제성장 속에 대부분은 물질적으로 나아지는 삶을 누렸다. 다만, 상대적 박탈감은 더 커질 수밖에 없었다.

정신없이 살았다. 눈 뜨면 새로운 일이 기다리고 있었고 한 해가 지나면 도시의 모습이 변했다. 죽어라 일했다. 일할 수 있었다. 그래서 마음에 드는 상대가 있으면 사귀자고 대시했고 나이가 차면 주변에서 이런저런 소개로 혼사를 주선했다. 가난했으나 직업은 보장되었으니 월급 받아서 한 가정 꾸려갈 수 있었다. 그게 당연한 일이라고 여겼다.

지금이야 상상하기 어렵겠지만 사과 궤짝 두어 개 마련해서 찬장으로 쓰기도 했고 나보다 나이 많은 세대는 월세방에서 신혼살림 시작하는 게 드물지 않았다. 우리 또래들도 그런 친구들 많았다. 열심히 일해서 차곡차곡 저축도 하고 적당히 부동산 투자도 해서 월세에서 전세로, 전세에서 내 집으로 점점 나아졌다.

살림살이도 풍족해졌다. 흑백 TV조차 집집마다 있는 게 아니어서 TV가 없는 집 아이들은 중요한 경기를 보기 위해 동네 만화가게에서 10원씩 내고 봤다. 그런데 1980년에 시작된 컬러 TV 시대에 그 비싼 가격(당시 사립대학 등록금이 30만 원쯤 할 때 17인치 컬러 TV 한 대가 34만 원이었다.)에도 불구하고 금세 모든 가정마다 마련되었다.

그즈음 전화도 획기적으로 확장해서 예전 같으면 대기 번호 받고도 한참 기다렸던 전화가 당일 설치되는 일이 일상이 되었다. 이미 냉장고 없는 집은 없었다. 불과 10~20년 전만 해도 우물에 담가 먹던 과일을 냉장고에서 쉽게 꺼내 먹을 수 있었다.

절정은 자가용이었다. 우리 어렸을 때 자가용은 언감생심이었다. 그건 그저 서양의 잘사는 나라 전유물이고 그림의 떡일 뿐이었다. 자가용이 있는 집은 그 자체만으로도 부자 중의 부자라는 평가를 받았다. 그러나 1988년 서울올림픽이 끝나고 1990년대 들어서면서 하나둘 자가용을 가진 세대가 늘기 시작했고, 이제는 거의 전 가정이 자가용을 소유한 나라가 되었다. 이게 고작 30~40년 사이에 일어난 일들이다. 한 사람의 생애에서 그 모든 일들이 차례로, 아무 일도 아니라는 듯이 일어났다. 운도 따랐겠지만 정말 열심히 일해서 거둔 성과다.

그리고 급변하는 삶 속에서 '사람'도 변했다. 삶의 변화는 단순히 경제적인 것에 그치지 않는다. 생각까지 변하게 한다.

내 잇속 챙기는 것에 몰두하지 않으면 나만 손해라는 생각이 뿌리내리기 시작했다. 예전에는 동네에 아무리 재능이 뛰어난 사람이 있어도 성격이 못됐거나 인품에 문제가 있으면 경원했다. 그래서 누구나 타인의 눈길을 의식하지 않을 수 없었다. 그러나 변화한 세상은 그런 눈치 볼 필요도 없었고 내가 밟지 않으면 밟힌다는 생각이 굳어졌다. 서로 한 뼘이라도 더 넓은 평수 얻으려고, 한 단계라도 더 높은 자리 올라가려고, 더 크고 멋진 자동차 타려고 아귀다툼으로 살게 되었다. 그건 어쩔 수 없는 변화다. 우리만 그런 게 아니라 전 세계 모두 그렇게 변했다.

다 치열하게 살았고 열심히 일했다. 그리고 이만큼 발전했다. 그것만으로도 우리는 자부심을 가질 만하다. 그러나 정말 그게 전부일까? 지금 우리 삶은 우리가 꿈꾸던 삶일까?

1960년대 초반 고작해야 100달러도 되지 않던 국민소득이 이제는 3만 달러가 넘었다. 정전 후 불과 40여 년 만에 OECD에 가입했다. 역사상 처음이고 앞으로도 거의 불가능할 일을 대한민국과 국민이 해냈다. 하지만 그 성취에 취해서 성취를 위해 치른 값은 돌아보지 않는 건 아닌지 두렵다. 공동체의 가치와 물질적, 정신적 삶의 균형 그리고 더불어 사는 복지가(물론 예전에 비하면 비교할 수 없이 나아졌지만) 얼마나 성숙해졌는지, 인격적인 삶에 가까워졌는지 크게 고민하지 않는다. "옛날 우리가 어떻게 살았는데……" 따위의 꼰대 같은 말을 하자는 게 아니다. 그 시절을 살아온 사람들이라면 그 물질적 풍요를 얻기 위해 버린 것과 잃은 것이 무엇인지 돌아보고, 같은 허물을 반복하지 않도록 실천적 역할을 하자는 것이다. 그게 나이 든 사람들의 몫이다.

북촌 골목길을 갈 때마다 그곳을 가득 메웠던 아이들이 떠오른다. 이제 아이들도 줄어들었고 설령 아이들이 있어도 죄다 학원에 묶여 산다. 이건 아니다 싶으면 어른들이 나서서 한 귀퉁이라도 허물어야 한다. 북촌, 서촌 골목길 돌아다니면서 옛 골목 추억을 되살리며 예쁜 카페에서 차 마시는 것도 좋지만 어른들의 몫은 그 골목에 더 이상 아이들이 뛰어다니지 않는 모습을

어른은 진보다

안타까워하고 그것을 어떻게 살려 낼지 고민하는 데 있다. 어설픈 낭만이나 감상적 추억에 젖을 일이 아니다.

참고로 2019년 7월 23일자 「한국일보」 칼럼 '김경집의 통찰력 강의'의 '애를 낳아 달라고?'에서 일부를 인용해 본다.

산아제한 캠페인 덕도 있지만 인구 감소의 가장 결정적 전환점은 바로 '1997년 체제'였다. 직장에 충성하면 그래도 한 가정 꾸리며 살아갈 수 있다는 믿음이 있었다. 그런데 게으름이나 낭비 때문이 아니라 세계의 흐름은 외면한 채 계속 잘나가던 것만 믿고 경영을 잘 못 하고 정책을 제대로 마련하지 않아서 경제뿐 아니라 사회 전체가 흔들렸고 그 몫은 고스란히 노동자 서민에게 돌아갔다. 대량 해고의 날벼락이 예사였다. 살아남았어도 불안하기는 마찬가지였다.

그 상황에서 애를 낳는다? 사랑하는 부부가 아이를 원하지 않는 게 아니다. 도대체 아이를 키울 상황이 아닌 거다. 그 불안정한 상황에서 엄청난 육아비와 교육비는 누가 감당하고? 사회와 국가는 책임지지 않는다. 각자도생의 몫이다. 그렇게 부모들은 출산을 포기했다. 삼포세대의 시작이었다. 그래도 낳으라고? 왜?

내가 살아온 세상이 힘들어도 희망이 보이면 버틴다. 그런데 아무리 봐도 별 희망이 보이지 않는다면? 내 자식도 그렇게 살 텐데? 그래도 낳으라고? 비정규직의 고달픈 삶만 강요하면서 그 말이 나오는가? 죽어라 공부해도 살인적 경쟁을 뚫고 살아남아 좋은 대학 졸업하고 좋은 직장 얻어서 공무원처럼 정년 보장된 직업 아니면 앞으로는 대부분 10년의 직장 생활만 보장되는 세상이다. 역전의 삶은커녕 당장 호구지책도 막막하다. 그런데 애를 낳으라고? 왜?

출산을 하려면 사랑하고 혼인해야(필수적인 건 아니지만) 한다. 그런데 막막하고 희망이 보이지 않는다. 나 혼자 사는 것도 버겁다. 그런데 누군가와 함께 살자고? 가난했던 시절, 지금의 기성세대는 가진 것 없어도 마음에 드는 사람과 결혼하자고 할 수 있었다. 직장이 있으면 한 가족 부양할 수는 있었으니까. 그거 하나 믿고 청혼했다. 사랑만 먹고 사는 게 아니다. 사랑하는데 막상 청혼하지 못하는 청춘들이 얼마나 많은가. 자신감이 없어서가 아니다. 희망이 없기 때문이다. 결혼을 포기했다. 삼포세대의 두 번째 양상이었다.

아무리 발버둥 쳐도 취업은 난망하다. 남은 건 비정규직 일자리뿐이고 심지어 '제로 아워' 계약도 다반사다. 결혼은커녕 연애조차 포기한다. 삼포세대의 마지막은 이렇게 연애를 포기하는 것으로 이어진다. 청춘이 사랑을 포기하는 건 자신의 미래를 포기하는 것과 다르지 않다. 그런데 애를 낳으라고? 하늘을 봐야 별을 따지. 내가 그 세대라면 무슨 생각이 들까. 그런데 애를 낳으라고? 과연 아이의 삶은 나보다 더 나을까? 나도 포기할 것 같다. 우리 세대는 운이 좋아서 연애하고, 결혼하고, 아이를 낳으며 살았던 셈이다.

이런 상황은 조금도 고치지 않으면서, 걸핏하면 경제가 어려운데 무슨 정규직 전환 운운하냐며 타박하면서 애를 낳으라고? 당신들은 열심히 일해 줄 노동력, 제품을 소비해 줄 소비자, 나라를 지켜 줄(그 잘난 사람들은 자식들 군대에 보내지도 않으면서) 군인이 필요한 것 아닌가? 국회는 이들을 위한 입법도 외면하면서 무슨 애 타령인가. 출산율을 높이려면 그 환경부터 만들고 나서 '부탁'해야 하는 것 아닌가? 낳기 싫어서 안 낳는 게 아니다!

왜 안 낳느냐고 따질 게 아니라 왜 안 낳으려 하는지를 먼저 물어
야 한다. 그걸 고쳐야 사랑스러운 아이를 낳고 싶어진다.

　　　　　　　　　　　　　　　　　　　어른은 진보다

나의 아버지는 가부장적 권위를 전혀 드러내신 적이 없었다. 종손이 셨기에 제사 때면 숙부와 당숙들이 오셨는데 그때도 의식적으로라도 그러신 적이 없었다. 지금이야 당연하고 흔한 일이지만 당시만 해도 드문 모습이었다. 아버지는 우리에게도 무엇을 하라고 명령한 적이 없으셨다. 무엇을 하고 싶은지, 그걸 왜 해야 하는지 묻고 듣고 충고했다. 나는 그게 당연한 줄 알며 자랐다.

그런 아버지 영향 때문인지, 강한 의지를 지니신 어머니도 우리에게 그 어떤 것도 강요하지 않으셨다. 전공과 진로를 정하는 것도 모두 자식들에게 일임하셨고 우리를 물심양면으로 돕는 일에만 당신을 헌신하셨다. 아버지는 내가 10대에 작별한 까닭에 그 이전까지의 일로만 기억한다. 그러나 어머니는 내가 50대 초반일 무렵 돌아가셨는데, 늘 나에 대한 믿음과 헌신으로 일관하신 것만이 기억난다. 당신이 떠나신 뒤에 더 사무치는 건 어쩌면 그 때 문일 것이다.

친구들 이야기를 듣다 보면 다른 세상일 같을 때가 가끔 있다. 무서운 아 버지, 권위와 명령의 아버지, 소리치고 술주정하는 아버지 등의 모습들이 낯 설었다. 전형적인 가부장적 아버지의 모습들이었다. '가부장'의 사전적 의미 는 '봉건사회에서' 가장권家長權의 주체가 되는 사람 혹은 가족에 대하여 절 대적인 권력을 가진 사람이다.

우리 세대는 가부장적 사회에서 자랐고 성장했기에 그런 데에 익숙하다. 부담스러워하고 싫어하면서도 '흉보면서 닮는다'고 알게 모르게 우리에게 스며들었다. 그래서 한 가정을 꾸리면 저도 모르게 가부장적인 태도를 취하 게 되는 것 같다. 물론 예전 아버지 세대의 가부장적인 모습에 비하면 훨씬 부드럽기 때문에 자신은 가부장적이지 않다거나 덜 가부장적이라고 애써 항변한다. 하지만 우리 세대는 분명 가부장적이다.

가부장의 사전적 정의를 언급할 때 '봉건사회에서'라는 표현에 주목할 필 요가 있다. 우리는 알게 모르게 그 구습의 잔재 속에서 자랐다. 집에서는 아 버지, 학교에서는 선생님, 사회에서는 상사, 국가에서는 대통령에게 절대복 종하는 게 미덕이었다. 사회가 그렇게 가르쳤고 연마시켰다. 때로는 폭력마 저 정당화되었다. 물리적 폭력은 말할 것도 없고 언어폭력 등 심리적 폭력도 예사였다.

'교육과 개정'의 목적으로 매를 드는 건 '사랑의 매'라며 미화도 했다. 말 도 안 된다. 폭력은 이해와 공감이 부족할 때, 그리고 기다리고 참아 주지 못 할 때, 철저하게 자기중심적일 때 드러나는 악행이다. 매를 들어서 가르치는 건 결국 폭력이 무서워서 따르게 하는 것일 뿐이다. 그러고 보면 우리 세대

어른은 진보다

에 매를 들지 않는 선생님을 찾는 게 쉽지 않았다. 어느 학교에나 '미친개'나 '마귀할멈' 등의 별명을 가진 교사들이 있었다. 그 교사들은 자신의 '헌신' 덕분에 학생들이 일탈하지 않고 무사히 졸업할 수 있었다고 강변하기도 하지만, 그 과정에서 학생들이 겪은 비인격성과 폭력은 누군가에게는 트라우마로 작동되고 있다는 건 부인할 수 없다.

대통령 또한 국가의 아버지로서 숭배하고 명령에 따라야 할 대상이라는 학습을 강요받았다. 자식이 부모에게 따질 수 없는 것처럼 독재해도, 부패해도 무조건 따르고 복종해야 할 대상으로 각인시켰다. 회사에서도 회장이나 사장은 나의 생사여탈을 좌우할 수 있는 사람일 뿐 아니라 내가 충성해야 할 숭배의 대상이었다. 논리적이고 합리적인 분석과 이해 그리고 상호교환은 허용되지 않았다. 일방적인 지배와 복종의 프레임은 부정적 의미의 가부장제가 만든 사생아다. 그런 환경 속에서 성장한 기성세대는 알게 모르게 그런 습속에 젖어 있음을 인식해야 한다.

가끔 아이들이 내게 대들고 따질 때 당혹스러울 때가 있었고 지금도 가끔 있다. 기분이 나쁘기도 하다. 그래서 아이의 말에 귀를 기울이기보다 먼저 벌컥 화를 내는 경우도 있다. 하지만 가만히 생각해 보면 내가 잘못 생각하거나 판단한 경우도 있고, 그릇된 언행으로 아이들에게 실망을 안겨 준 적도 분명히 있다. 나의 과오를 아이가 인식하고 언급할 수 있다는 건 그만큼 아이가 컸다는 방증이다. 당연히 기특하고 상찬해야 할 일이다. 그런데 왜 나는 섭섭하고 화가 났을까? 가장인 아버지의 권위가 손상되는 것이라는 착각 때문이다. 어리석은 일이다.

가장은 한 가정을 책임지는 사람이다. 경제적으로 가족을 부양해야 하는 의무를 전담하고 자녀를 올바르게 훈육하며 더 나은 삶의 조건을 마련해야 하는 책임자다. 그렇다고 해서 가족에게 절대적인 복종을 요구할 권리를 갖는 건 아니다. 그런데도 가부장제하에서 성장한 사람들은 모든 것을 책임지고 대신 전권을 행사할 수 있는 권리를 가진 것으로 착각한다. 그것을 일종의 권위라고 여긴다. 하지만 진정한 권위는 존경과 사랑 그리고 자발적으로 따르려는 의도에서 나오는 것이지, 억압하고 모든 결정을 혼자 내리며 강요하는 데서 나오는 게 아니다. 그런 점에서 가부장제의 권위는 왜곡된 방식으로 나타나는 경우가 너무 많다.

사실 억압되고 왜곡된 가부장제에서 누린 혜택이라는 게 따지고 보면 딱히 없다. 집에서 군림하는 존재? 그게 가정을 지키는 품격일까? 내가 열심히 일해 돈 벌어서 가족이 먹고사니까 내 말에 복종해야 한다는 논리처럼 격 떨어지고 정떨어지는 것도 없다. 나 혼자 벌어서 원하는 만큼 쓸 수 있는 세상도 아니다. 혼자 벌었다고 하지만 아내가 집안 살림을 도와주지 않았다면 저축과 건강을 챙길 수 있었을까? 아이들 자라는 모습에서 누린 행복의 혜택이 가능했을까?

물론 그래도 혼자 돈 버는 건 힘들었다. 그건 사실이다. 돈 벌기가 좀 힘든 일인가. 아니꼽고 더러운 꼴도 견디며 번 돈이다. 일하면서 성취감이 없는 건 아니지만 근본은 돈이다. 돈 벌어서 나 혼자 하고 싶은 것 마음껏 하며 살지 않았고 오직 가족을 위해 헌신했다. 그런데 가장으로서의 권위마저 인정하지 않는다면 억울하기도 할 것이다. 하지만 그건 어쩌면 자초한 고난이다. 가장도 가정의 구성원이다. 모든 걸 다 떠안아야 할 것도 아니다. 그러나 우리 세대는, 적어도 가장은 가정의 모든 일을 책임지고 문제를 해결하며 모든 일을 결정해야 하는 존재라는 낡은 생각에서 벗어나지 못했다.

대한민국의 가장은 용감하고 처절하게 살았다. 자식 위해서라면 섶을 지고 불에도 뛰어들고자 했다. 자식 아프면 제 팔 하나 떨어져 나간 듯 애통해했고, 자식 성적 떨어지면 자신도 구렁텅이에 떨어진 듯 안타까워했다. 부모는 원래 자식에게 모든 걸 다 해주고 싶다. 마음은 슈퍼맨인데 현실은 그렇지 못해서 늘 미안하고 답답하다. 그래서 더 열심히 일만 했다.

문제는 일만 하느라 가족과 이야기하고 삶을 나눌 여유를 못 가졌다는 점이다. 그러다 자식들은 제 스스로 큰 줄 알고 아버지와는 겉돌기만 한다. 우리는 그 모습에 망연해하면서도 정작 어떻게 봉합해야 하는지 모른다. 그럴 때쯤이면 가장의 일자리도 거의 끝자락에 와 있다. 자신의 후반부 삶에 대해서는 별다른 준비도, 연습도 하지 못했다. 그러니 달랑 남은 거라곤 가장으로서의 권위뿐이다. 이미 법적으로도 가장이 아비여야 할 근거조차 없는데 머리에 남은 관습은 여전히 가장이어야 한다는 의무와 채무가 남았다. 채권이라곤 별로 없으면서.

대한민국의 가장은 눈물도 흘리면 안 되었다. 그렇게 배웠고 살았다. 슬픈 영화를 보면서까지 눈물을 꾹 참았다. 그래야 강해 보이는 줄 알고. 밖에 나가서 명령하면서 사는 사람은 그리 많지 않다. 대부분이 그 반대 입장이다. 종일 죽어라 일하고 나면 파김치가 된다. 늦은 퇴근 후 동료들과 술 한잔하고 돌아가는 길의 발걸음은 못내 무겁다. 그러나 집 근처 과일 가게에서 사과 한 봉지 사거나 동네 슈퍼에서 과자 한 봉지 사고는 다시 씩씩하게 집으로 갔다. 허세를 부리려 그런 게 아니다. 가장이 불안하고 지친 표정을 보이면 가족 모두가 불안해할까 봐, 짐은 혼자 떠안아야 한다는 의무감이 더 앞섰기 때문이었다.

그러던 이들이 IMF 체제에서 고용 자체가 불안정해지고 매사 살얼음판을 걷는 상황이 되니 슬프고 억울한 심정이 치솟았다. 위로도 받고 싶고 격려도 받고 싶어졌다. 드라마 보다가 별것도 아닌데 찔끔 눈물이 나기 시작했다. 심지어 다큐멘터리 보면서도 그런 경우가 있었다. 감성적으로 변해서, 호르몬 체계가 바뀌어서가 아니었다. 가장의 권위 때문에 억눌렸던 감정들이 힘들고 지친 상황이 되자 스멀스멀 고개를 들었을 뿐이다. 그렇게 해서 우리는 한 10년쯤 '위로와 힐링'을 사고팔았다.

돌아보면 봉건적 가부장제 인식을 갖고 사는 사람들은 이제는 거의 사라진 듯하다. 그럼에도 여전히 관성은 남아 있다. 알맹이도 실속도 없는 권위 하나에 매달려 사느라 치른 값도 만만치 않다. 그 잔재를 많이 버리고 털기도 했다. 하지만 아직 갈 길이 멀다. 가장의 의무를 포기하자는 게 아니다. 의무와 권리 모두 가족들이 함께 나누고 누려야 하는 것이다. 무엇보다 내 안에 남은 봉건적 잔재가 자식들에게 유전될 수 있다는 걸 명심해야 한다. 21세기를 살아갈 아이들에게 고작해야 그런 유산을 남겨 준다는 건 시대착오다.

아직 살아갈 날이 제법 남았다. 지금은 살아온 시간에서는 가장 늙은 나이지만 살아갈 시간에서는 가장 젊은 나이다. 그러니 망명정부의 지폐만도 못한 봉건적 가부장제의 잔재는 훌훌 털고 자유로워지면 좋겠다.

가부장의 왜곡된 권위를 성찰하는 순간
멋진 할배 할매로 탈바꿈할 수 있다.

어른은 진보다

누구나 자신의 조국에 자부심을 갖는다. 특히 외국에 나가면 누구나 애국자가 된다. 지금의 대한민국이 있기까지 수많은 노력을 기울여 온 기성세대들로서는 더더욱 그렇다.

그런데 '헬조선'이라니! 우선 그 낱말 자체에 대해 거부감을 갖는 어른들이 많다. 그럴 만도 하다. 우리보다 훨씬 좋은 세상에 살고 있는데 뭐가 부족해서 투덜거리고 절망하느냐 말이다. 그러나 왜 젊은이들이 지금의 대한민국을 헬조선이라 부르고 '이생망(이번 생은 망했어)'이라며 불평하는지에 대해서는 구체적으로 알지도 못하고 알고 싶어 하지도 않는다.

1963년 개인소득이 고작 87달러에 불과했던 대한민국은 30년 만에 OECD에 가입했다. 역사상 전무하고 거의 후무할 일이다. 개인소득은 3만 달러를 넘었고 세계에서 열 손가락에 드는 경제 대국이 되었다. 배고픔에 신음하던 사람들과 그 자식들은 이제 집집마다 자가용을 몰 정도로 삶이 나아졌다. 대한민국 여권passport은 세계에서 두 번째의 가치를 지닌 것으로 평가될 만큼 국력도 커졌다. 평균수명도 미국보다 길다. 이 정도면 능히 자부심을 가질 만하다. 그런데 헬조선이라니!

그러나 다른 통계를 보면 그 자부심의 이면에 있는 어두운 그림자를 볼 수 있다. OECD 가입 국가 중에서 불명예스러운 1등을 독차지하고 있으니까. 자살률이 2003년 헝가리를 밀어낸 이후 20년 가까이 부동의 1위다. 특히 주목할 것은 노인 자살률이 1위이고 청년 자살률도 마찬가지라는 점이다. 노인의 빈곤율 또한 1위다. 정년 이후의 삶이 불안정하여 경제적으로 피폐해졌고, 노후 대접은커녕 폐지를 수집해서 간신히 끼니를 이어 가는 노인들이 많다. 노동의 질은 나쁘고 무엇보다 예측 가능한 삶이 어려워졌다. 고용은 불안정하고 근속 연수는 최하위이고 반면에 단기 근속자 비율은 1위다. 그뿐인가. 저임금 계층 비율과 풀타임 노동자의 평균 임금 대비 최저임금 비율도 최하위다. 가계부채 증가율도 2007년 이후 1위다.

전체 GDP(국내총생산) 등으로 따지면 제법 멋진 나라가 되었지만 국민 개개인의 삶은 여전히 고단하다. 무엇보다 안정적 삶, 예측하고 준비하며 단계적으로 진화하는 삶을 꾸려 가는 것이 어렵다. 따라서 삶이 늘 불안하고 고민은 깊어진다. 양극화 또한 OECD 가입국 가운데 가장 심하다.

건강보험을 제외한 사회안전망도 여전히 허술하다. 예전에 비해 복지가 많이 나아진 듯 보일지 모르지만 GDP 대비 공공 사회복지 지출 비율은 최하위다. 정부의 재정 지출이 적으니 정부 지원은 적고 임금도 낮다. 다행히 21세기 들어 복지에 대한 생각이 변하여 예산 배분이 상대적으로 늘기는 했지만, 여전히 복지 비율은 형편없다.

그런데도 여전히 복지비용에 대한 지출을 꺼린다. 걸핏하면 '퍼주기'니 '노동 기피'니 몰아세우며 빨갱이나 종북좌파의 그릇된 정책이라고 비판한다. 그 점에서 수구 언론의 프레임은 여전히 작동 중이다. 복지와 노동의 그릇된 구조를 개선해야 한다고 주장하거나 정부나 시민단체에서 그 문제를 손대려 하면 경제계는 늘 실물경제가 불안한데 쓸데없는 짓에 몰두한다고 비판한다. 그러나 그들의 논리대로라면 대한민국은 단 한 번도 실물경제가 안정적인 때는 없었다. 그들은 언제나 앓는 소리를 하거나 노골적인 협박으로 자기 이익만 주장한다.

자, 이런 상태에서 사회에 첫발을 내딛는 젊은이들은 어떨까? 짧은 인생의 황금기였던 4~7세 이후 늘 공부에 시달리며 제대로 된 사춘기조차 겪지 못하고 공부하는 기계로 사육되다가, 다행히 대학에 진학했어도 부모 세대들이 누렸던 낭만 따위는 구경도 못 한다. 대학은 취업을 위한 곳일 뿐이다. 입시학원에서 입사入社학원으로 환승했을 뿐이다. 취업은 바늘구멍이다. 게다가 '안정적인' 일자리는 갈수록 줄어든다. 대기업 등에 취업했다 처도 보장된 기간은 고작해야 10년쯤이다. 그래도 그들은 선망의 대상이다. 취업이라도 해봐야 해고라도 당해 볼 것 아닌가.

우리 때처럼, 힘들고 어려워도 허리띠 졸라매고 함께 고통을 이겨 내면 숨통이 트이는 상황이 도래해서 점차 좋은 삶이 가능했던 것과는 완전히 다르다. 예전에 비해 대학 진학률이 월등히 높아진 까닭도 있는 데다 갈수록 인력에 의존하는 노동시장이 아니기 때문에 젊은이들에게 희망찬 미래가 올 가능성이 희박하다.

정규직과 비정규직의 결정이 한 사람의 인생 전체를 좌지우지하는 상황이다. 그런 상황에서 출산은커녕 결혼은 꿈도 못 꾼다. 아예 연애 자체를 포기한 젊은이도 속출한다. 우리 세대는 그런 빛 한 줄기 없는 삶을 경험하지 않았다. 그러니 공감하지 못한다. 경험적 공감은 어렵더라도 인식과 감정의 공감 노력은 기울여야 한다.

대학을 졸업하는 순간 많은 수의 졸업생들은 수천만 원 되는 큰돈을 빚진 빚쟁이가 된다. 취업해서 꼬박꼬박 수십만 원에서 수백만 원쯤 갚는 경우는 차라리 감사하다. 취업하지 못했거나 비정규직 혹은 단기 아르바이트를 하는 경우에는 도무지 빚이 줄어들지 않는다. 이들에게 무슨 희망이 있겠는가. 이럴 때 엄청나게 큰돈을 번 기업이나 개인이 가난한 대학생들을 위해서 장학금을 쾌척하는 일도 흔치 않다. 대학은 겉으로는 면학을 강조하면서 실제로는 행정적 편의 때문에 성적으로 장학금을 주고 심지어 그 수혜자들의 상당수는 등록금을 걱정하지 않아도 되는 부자 집안의 학생일 확률이 크다. 가난한 학생들은 하루에 몇 시간씩 아르바이트를 하느라 공부할 시간이 부족해서 좋은 성적을 거두는 게 상대적으로 어렵기 때문이다. 취업만 보장된다면 그나마 참을 만하겠지만 그렇지 않은 경우 무슨 희망을 가질 것인가.

나는 지금도 몇 년 전의 충격적인 경험을 잊지 못한다. 지방의 어느 지자체에서 초청받아 강연을 했는데 강의가 늦은 밤에 끝나서 그 지역 바닷가 전망 좋은 곳 펜션에서 묵었다. 아침에 일찍 일어나 풍광을 즐기며 산책을 마치고 돌아오는데 구급차 두 대가 경광등을 번쩍이고 사이렌을 울리며 다가오는 게 아닌가. 누군가 난간에서 놀다가 떨어져 다리가 부러졌나 보다 했다. 그런데 구급차가 한 대가 아니고 두 대인 게 이상했다. 숙소에 가니 하얀 시트에 덮인 채 세 사람이 실려 나왔다. 밤새 누군가 죽은 것이다. 나는 그것도 모르고 피곤한 몸을 뉘고 깊은 잠에 빠졌다. 가슴이 뜨끔했다.

그런데 더 놀라운 건 숙소 주인의 태도였다. 정상적이라면 당황하거나 왜

하필 자기네 펜션에서 그런 극단적인 선택을 하느냐고 펄펄 뛸 텐데 너무나 차분한 모습에 오히려 내가 당황했다. 구급차가 떠난 뒤에도 벌렁거리는 가슴은 가라앉지 않았고 밥 생각도 사라졌다. 주인 내외와 커피 한잔하는 걸로 아침을 대신했다.

내가 물었다. 어쩌면 그리 침착하실 수 있느냐고. 그랬더니 덤덤한 답이 돌아왔다.

"가끔 있는 일입니다. 이젠 놀라지도 않아요. 그저 젊은 사람들이 아까운 목숨을 스스로 포기하는 게 안타까울 뿐입니다."

그러니까 그런 일이 처음이 아니라는 말이다. 다반사는 아니어도 익숙해질 만큼의 일이라는 뜻이다.

내 자식이 아니고 내 지인들의 자식이 아니라서 실감하지 못하고 살았을 뿐이었다. 해마다 4천여 명의 청년들이 그렇게 스스로 목숨을 버린다. 어른들은 죽을 의지로 살면 되지 않느냐고 혀를 찬다. 그건 해서는 안 될 말이다. 그들을 비난해선 안 된다. 얼마나 희망이 없으면 아까운 목숨을 포기하겠는가.

요즘 군대에서 자살하는 병사들이 증가하고 있다고 한다. 그럴 가능성이 엿보이는 병사는 '관심 병사'로 지명해서 특별 관리도 한다. 얼마 전까지만 해도 신임 병사들이 가혹행위 때문에 자살하는 경우가 일반적이었다. 그러나 요즘은 오히려 제대를 앞둔 병사들이 자살하는 경우가 증가하고 있다고 한다. 육군 상병 셋이 휴가 나왔다가 동반 자살하는 경우도 있었고 말년 병장이 총기를 난사하여 동료 병사들의 아까운 목숨을 빼앗는 충격적인 사건도 있었다. 물론 각자의 사정과 각 부대의 상황이 다르겠지만 쉽게 이해하기 어렵다.

예전 3년 내외의 긴 복무 기간에 열악한 환경, 고약한 관행 등으로 힘겨운 군대 생활을 할 때도 사고사는 있었어도 자살하는 경우는 지금처럼 많지 않았다. 흔히 하는 말처럼 '거꾸로 매달아도 국방부 시계는 돌아간다'며 버텼다. 국방 의무만 마치면 사회에 돌아가 하고 싶은 것 마음껏 할 수 있다는 희망이 있었기에 버텼다.

그러나 지금의 청년들은 어떤가. 군대 가기 전에는 아직 완전히 어른으로 대하지 않지만, 군대를 다녀오면 완벽히 성인의 몫을 해야 한다는 유형무형의 인식과 압력에 당면한다. 책임은 더 커졌는데 자신이 해낼 수 있는 일은 없다. 그렇다고 그게 잠깐 버티면 넘어갈 문제도 아닌 것처럼 보인다. 그런 삶을 꾸역꾸역 살아가야 할까? 생각이 여기까지 미치면 절망하고 체념하여 스스로 삶을 포기하게 되는 것이다. 과거 어른들의 청년기와 결코 비슷하지 않다.

공감은 그냥 마음으로 동의하고 동정하는 것이 아니다. 왜 그런 일이 일어나는지 정확하게 인식하고 안타까워하며 상대의 짐을 나눠 질 수 있는 기꺼운 행동이 따를 때 비로소 제대로 된 공감이 가능하다.

나는 청년들만 보면 죄책감이 든다. 대학 강단에 섰던 25년 중, 뒤의 절반쯤의 기간에는 교실에서 학생들을 보는 게 부담스러웠다. 우리는 누렸던 청춘의 낭만과 치기를 누리지 못하고 취업에만 매달리는 학생들, 미팅조차 사라지고 모꼬지(MT)에도 참여하지 않으며, 수강 과목도 거의 현실적으로 도움이 되는 과목만 골라서 수강하는 학생들을 보면서 안타까웠다. 자신의 학점을 위해 고분고분하다. 대들고 따지며 묻는 일도 점점 줄어드는 대학의 수업. 과연 어떤 미래가 저들에게 주어질 것인가. 우리는 누렸지만 자식 세대는 누리지 못하는 이 퇴행을 날마다 목격하는 것이 너무 괴로웠다. 연구실에서 강의실에 가는 길이 더 이상 설레지 않는 순간이 왔다. 내가 학교를 떠난 이유 가운데 하나는 그 설렘이 사라지고 안쓰러움과 죄책감만 커지는 개인적 사정이 한몫했다.

세상이 그런 걸 어쩌느냐고 체념할 게 아니다. 당사자인 청년들이 그 문제를 해결할 수는 없다. 세상이 뒤집어지기 전에는. 그런 일 당하지 않으려면 어른들이 나서서 젊은이들을 껴안고 더 많은 기회를 제공할 수 있는 조건과 환경을 만들어야 한다. 그들에게 더 많은 역할을 줘야 한다. 젊은 정치인이나 청년들을 대변하고 그들을 위한 입법 의지가 있는 정치인을 뽑아야 한다.

그러니 어른들이 할 일이 여전히 많다. 초등학생까지 '헬조선' 운운하는 일이 더는 일반적 현상이어서는 안 된다. 우리 손녀 손자들이 그런 말을 입에 달고 살아서야 안 될 일이다. '아프니까 청춘'이 아니다. 아프면 환자다. **왜 아픈지, 얼마나 아픈지, 어디가 아픈지를 먼저 물어야 한다. 그리고 그 통증을 대신할 수는 없어도 빨리 고칠 수 있도록 도와야 한다. 그게 어른들의 몫이다.** 우리 모두 헬조선에서 빨리 탈출해야 한다. 스스로 폭발해서 아무도 제어하지 못하는 상황이 오기 전에. 지금 비상상황이다!

우리 자식들이 헬조선에 살게 할 수는 없다.
한 뼘이라도 나은 세상을 만들어 줘야 한다.

몇 해 전 가을, 친구 몇 명과 대학로의 한 카페 야외 테라스에서 커피를 마시며 담소를 나누고 있었다. 살아가는 이런저런 이야기들이 오가며 즐거웠다. 40여 년 전쯤, 그 불안하고 팔팔했던 청춘들이 환갑을 넘기며 중년의 고개를 넘어서는 걸 보고 있으려니 만감이 교차했다. 쓸쓸했다. 그래도 대학로에서는 청춘의 열기를 느낄 수 있어 좋았다.

젊은이들이 많이 찾는 곳이어서 자연스럽게 그들이 눈에 들어왔다. 한 친구가 말했다.

"야, 부럽다. 내가 저 나이라면 지금까지 이룬 것 절반이 사라져도 좋아. 아니, 저 나이로 딱 10년만 살고 끝나도 좋아."

부럽기도 하겠지. 부럽지 않으면 그게 비정상이다. 그때 한 친구가 말했다.

"난 저 나이라면 자살할 거야. 그 불안과 폭력의 시대를 다시 돌아가서 살라고? 난 그렇게 못 해. 그냥 지금이 좋아. 여기까지 오는 데 얼마나 많은 일을 겪고 살았는데."

우리는 둘을 번갈아 바라보며 어느 장단에 춤을 춰야 할지 헷갈렸다.

지금 대한민국에서 인생의 황금기는 '4~7세'라고 한다. 믿어지지 않겠지만 사실에 가깝다. 100세 시대의 아이들이다. 태어나서 인지 이해력이 어느 정도 갖춰지고 사고 판단력이 생기기 이전인 3세까지를 제외하면, 그 나이가 거의 유일하게 인생에서 별 고민 없이 행복을 만끽할 수 있는 시기다.

초등학교에 들어가면 무자비한 입시 레이스가 시작된다. 모두가 교육에 매달린다. 우리가 살아온 대한민국 사회는 철저하게 고학력 엘리트의 사회, 그것도 그들의 카르텔이 지배하는 사회라는 걸 알아서 그렇다. 계층 이동의 수단은 교육이 거의 유일하다는 생각이 짙게 깔려 있다. 공부만 잘하면 그래도 살 길이 열린다. 그 열악한 상황에서도 교육을 통해 이만큼 성장한 걸 우리 자신이 경험하고 역설하고 있다. 딱히 물려줄 재산이 없으면 더욱 그렇다. 그러니 모두 교육에 매달린다. 하지만 그 프레임은 더 이상 유효하지 않다.

예전에도 80:20의 사회였으나, 80에 속한 이들이 열심히 노력하고 공부하면 20으로 넘어갈 수 있었다. 말 그대로 '개천에서 용 나는' 사회였다. 가난한 소작인 아들도 열심히 공부해서 최고의 대학에 진학하고 좋은 직장과 직업을 가지면 인생 역전이 이뤄졌다. 우리 선배 세대에게서 보았고 우리도 어느 정도 누린 일이다.

그러나 이제는 그런 기적이 불가능에 가깝다. 개천에서 '용' 대신 '욕' 나오는 사회다. 교육은 계층 이동의 통로가 아니라 계층 고착의 폐쇄적인 '바늘귀'가 되었다. '할아버지의 재력, 아빠의 적당한 무관심, 엄마의 정보력'이 아이의 진학을 결정한다는 우스갯말이 그저 웃어넘길 말이 아닌 세상이 된 것이다. 대도시의 부잣집 아이들이 좋은 대학을 우선적으로 차지한다. 과거엔 공부 열심히 해 좋은 대학 가서 좋은 직장 얻는 가능성이 25%였다면 지금은 3%쯤으로 줄었다.

아마 내 나이 또래들은 이 말이 실감 나지 않을 것이다. 그 아래 세대, 그러니까 지금 어린아이들의 부모 세대도 쉽게 믿어지지 않을 것이다. 그러나 믿고 싶지 않을 뿐, 다들 어렴풋하게 진실을 알고 있다.

좋은 대학 가려면 고등학교 때 내신 성적이 2등급쯤은 되어야 한다. 2등급은 한 반에서 11% 안에 들어야 한다는 뜻이다. 요즘 한 반에 30명쯤 된다고 하면 3등 안에 들어야 한다는 말이다. 그게 쉬운가? 게다가 좋은 대학 가서 졸업한 후에 좋은 직장을 얻을 가능성은 대략 50%가 되지 않는다. 고등학교 한 반에서 5%도 되지 않는 셈이다.

예전에는 상위권 대학을 졸업하면 기업에서 서로 모셔갔지만 이제는 좋은 대학 졸업해도 취업에서 낙방하는 일이 예사다. 그러다가 9급 공무원 시험이라도 보겠다며 몰려들어서 고시 경쟁률이 어마어마하다. 예전에는 상상도 하지 못할 일이다.

좋은 대학, 좋은 직장 얻는 확률은 일차적으로 특목고, 자사고, 그리고 광역 대도시의 이른바 '교육특구(강남 8학군처럼)'에서 사교육을 받는 학생들 순서로 이어진다. 그러므로 이들을 제외한 나머지 학생들에게 합격의 기회가 돌아갈 확률은 대략 2~3%쯤이다.

부모 세대는 이력서 몇 통 내면 서너 곳에서 합격 통지를 받고 어디로 갈까 고민했다. 그러나 자식 세대는 이력서 수백 통만 내고 좌절을 반복한다. 믿기지 않을지 모르지만, 2015년 연세대학교 졸업생들 가운데 졸업할 때 좋은 일자리는 차치하고 정규직 일자리를 얻은 비율이 28%에 불과하다는 충격적인 통계가 나왔다. 물론 졸업할 때가 기준이라서 요즘처럼 졸업 이후에도 계속해서 취업을 시도하고 성공하는 경우는 제외된 수치다. 그러나 추산하건대 최대 60%를 넘지 않을 것이다. 그나마 공무원이나 교사처럼 정년이 상대적으로 보장된 직종이 아니고서는 대략 10년만 안정된 일자리가 보장된다. 어른들은 상상도 못 할 치열한 경쟁이고 생존의 전쟁이다.

한 사람이 태어나서 꿈꾸는 게 기껏 '안정적인 일자리와 삶'이라면 안타까운 일이다. 이런 상황에서 미래가 보일까? 요즘 청년 세대는 취업이 급선무이고 그것도 바늘귀 지날 만큼 힘드니 결혼은 아예 꿈도 꾸지 않는다. 그게 우리 손녀 손자 세대의 현실이다. 이를 어른들이 냉혹하게 인식해야 한다. 최소한 공감할 수 있어야 한다. 미래는 암울하고 빛은 보이지 않는다. 만약 입장 바꿔 우리에게 그걸 견뎌 내고 참으라고, 왜 그렇게 의지가 없냐고 어른들이 타박한다면 어떤 느낌이 들겠는가. 아무리 버티고 견뎌도 미래에 대한 희망이 더 이상 보이지 않을 때 스스로 삶을 마감하는 끔찍한 일이 생긴다. 이 현실을 그대로 방치하는 건 어른들의 직무유기다.

좀 더 현실적인 문제로 접근해 보자. 지금의 어른들이 살았던 시대는 '보편적 가난'의 사회였다. 그 질곡에서 벗어나는 유일한 길은 교육을 통해 더 나은 계층으로 이동하는 것이었다. 다행히 지금처럼 과다한 경쟁이 아니었고 교육에 많은 돈이 들어가는 것도 아니었다. 가난한 집 아이도 열심히 공부하면 상급 학교에 진학해서 좋은 직장을 얻을 수 있는 기회가 열려 있었다.

그러나 이제는 교육이 계층 이동을 막는 골짜기다. 요즘은 예전에 비해 대학 진학률도 매우 높다. 최고 정점이던 85%의 비율은 깨졌지만 여전히 많은 학생들이 대학에 진학한다. 솔직히 내 손녀 손자가 대학에 진학하지 않을 것이라고는 생각도 하지 않는다. 대학 졸업하면 멋진 삶이 열리는 것은 아니지만, 그래도 모두 대학에 진학하니 대학을 졸업하지 않으면 어디 가서 명함도 내밀지 못하기 때문이다. 심지어 소개팅이나 중매도 들어오지 않는다. 그러니 대학은 졸업해야 한다고 믿는다. 그 비용도 만만치 않다.

우리 사회에서 '역전'의 삶은 쉽게 보장되지 않는다. 아주 예외적인 경우를 제외하면 첫 직업과 직종이 삶 전체를 관통한다. 그나마도 완벽하게 보장되는 게 아니라 10년쯤 보장될 뿐이다. 그리고 부자 아빠를 두지 않았다면 대학 졸업생은 절반 이상이 채무자(학자금 융자로 인한)다. 희망을 가질 수 있겠는가?

이 책의 독자 가운데 상당수는 이미 자식들이 그런 현실을 겪는 모습을 목격했을지도 모른다. 이러니 헬조선은 자식들에게만 해당되는 게 아니라 가난한 부모에게도 똑같이 적용된다.

우리는 공부해야 성공한다는 시대적 상황에 살았다. 가진 것 없는 현실에서 탈피할 수 있는 거의 유일한 방법이 공부뿐이었다. 그래도 비슷하게 가난했고 경쟁은 지금보다 상대적으로 덜 치열했다. 공부라는 것도 묻고 따지고 캐는 주체적이고 창의적 학습보단 오직 주입식 교육이었다. 미분을 배우면서도 정작 누가 미분을 만들었으며 미분의 도입이 수학을 어떻게 발전시켰는지, 그게 어디에 적용되는지 따위는 배우지 않았다. 그저 미분 풀이 방법을 학습하고 반복했을 뿐이다. 시대가 요구하는 노동력이 주어진 일의 수행자operator였기 때문에 어쩔 수 없었다. 대학을 진학하지 않아도 일자리를 얻을 수 있었다. 저마다 열심히 일했고 가정을 꾸렸으며 자녀를 양육했다. 그 '일상성'은 우리 대에서 끝났다.

그런데 지금 우리 아이들은 죽어라 공부만 해야 하고(21세기에 태어나 변화무쌍한 미래를 준비할 아이들도 우리와 똑같이 주입식 교육의 큰 틀에서 벗어나지 않았다.) 힘겹게 대학에 들어가도 미래는 암울하다. 기존의 교육 방식과 학제를 벗어난 다른 대안도 없다. 어른들이 문제다. 자신들이 살아온 방식으로 재단한 제도와 틀에서 좀처럼 벗어나지 못하기 때문이다. 교육은 어떠한 개혁도 어렵다. 언제나 그 혜택과 불이익을 겪어야 할 당사자인 수험생과 가족들이 반발하니까. 그러니 걸핏하면 대입 제도 때문에 백약이 무효라며 내뺀다.

이제 그 철옹성을 깨뜨려야 한다. 손녀와 손자를 생각한다면(이미 자식들은 그 연령에서 거의 다 벗어났으니) 적어도 그 아이들이 가장 행복하고 즐거우며 다양한 잠재력을 키우고 누릴 수 있게 해야 한다. 그리고 무엇보다 살아가면서 10년 단위로 변화하게 될 삶의 전환점들을 어떻게 준비하고, 어떤 시점에서 자신이 가장 원하는 삶을 실현해 볼 것인지를 가늠할 수 있는 교육으로 나아가야 한다. 과연 그게 불가능한 이상일까?

좀 더 솔직해 보자. 내 자식들이나 손녀 손자들에게 입시제도에 맞추어 공부해야 산다고, 지금의 공부에만 매진해야 한다고 자신 있게 말할 수 있는가? 우리 교육은 전적으로 인지 이해력과 끈기 등으로 학습 능력을 입증하는 방식이다. 어떤 아이는 그 능력이 일찍 발현되고 어떤 아이는 늦게 발현된다. 운 좋게 혹은 부모의 열성적인 조기교육 덕에 그게 일찍 발현되는 경우도 있겠지만, 늦게 발현되는 아이에게는 역전의 삶조차 허용되지 않는다. 그 프레임을 깨뜨려야 한다. 어떻게 인생의 8할이 10대에, 그것도 20세기 방식의 낡은 교육제도에 순치된 방식으로 결정되는가.

그렇다면 우리가 해줄 것은 무엇인가. 공부시키지 말라거나 공부하지 말라고 부추기자는 게 아니다. 어차피 공부 잘하는 아이는 닦달하지 않아도 알아서 한다. 노골적으로 말하자면, 2등급 아래에 해당하는 대다수의 아이들에게 어떻게 삶을 설계하고 로드맵을 짜 한 단계씩 실행하며 더 나은 삶으로 진화할 수 있는지를 알려 주고 진짜 하고 싶은 걸 할 수 있게 도와야 한다. 그게 가장 핵심적인 교육 철학이고 가치관이어야 한다. 어른들이 자신이 살아온 방식에 대한 반성이 없이, 그걸 그대로 다음 세대에게 요구하거나 방치하는 건 도리가 아니다. 교육을 학부모들만의 몫으로 떠넘길 일이 아니다.

10대 청소년기에는 행복을 배우고 연습해야 한다. 그러나 불행히도 우리 아이들의 10대는 가장 끔찍하거나 고달프다. 그걸 어른들이 어떻게 깨뜨릴지 고민해야 한다. 단순히 지금의 행복만을 위해서도 아니다. 미래는 우리가 수행했던 교육의 방식으로는 대응할 수 없다. 먼저 변화하는 사람이 살아남는다는 절박감이 필요하다.

과거에 얽매여 살 일이 아니다. 향수가 아니라 비전을 마련해 주는 게 우리 몫이다. 과연 어떻게 해야 아이들이 행복할 수 있을까? 헬조선 운운한다고 혀만 찰 게 아니다. 헬조선은 현실이다. 거기에서 구원할 방법을 마련해야 한다. 그 헬조선을 만든 게 우리 어른들이다. 그 죄책감을 씻기 위해서라도, 우리가 겪은 교육의 무모함을 반복하지 않게 하기 위해서라도 머뭇거려선 안 된다. 그냥 내 손녀 손자 예쁘다고 안아 주고 용돈 주는 게 할머니 할아버지의 일이 아니다.

내 손주들이 행복하게 살려면
먼저 청소년기를 행복하게 보내야 한다.

어른은 진보다

386의 시대다. 정치, 경제, 언론, 사회, 문화, 종교 가릴 것 없이 그 세대들이 대한민국을 쥐락펴락한다. 한때는 젊은 피였다. 그런데 이제는 낡은 피가 되고 있다. 그런데도 느낌으로는 자신들이 여전히 젊다고 여긴다. 386세대 스스로도 그렇다. 하기야 모든 세대가 전성기 때 젊다고 여기는 건 크게 다르지 않다. 하지만 386세대는 좀 더하다는 느낌이다. 그들에게 이제 물러나라는 요구가 고개를 들고 있다.

야속하기도 할 것이다. 아닌 밤중에 홍두깨라더니 갑자기 물러나란다. 그것도 특정 인물이 아니라 한 세대 전체에게 말이다. 자기네가 봐도 비난받아 마땅한 사람들 있을 것이다. 그래서 속으로는 그들은 당연히 물러나야 한다고, 그래야 나머지 386까지 도매금으로 넘겨지지 않을 거라고 여긴다.

그러나 물러나라는 요구는 386세대 전체가 반성하란 의미다. 외면할 문제가 아니다. 이미 조금 늦었다. 세대교체는 어느 시대에나 등장하는 주제다. 타이밍을 놓치면 그다음 세대가 고스란히 멍든다. 사회 전체가 정체되거나 퇴행할 수밖에 없다.

한때 '40대 기수론'이 뜨거웠다. 박정희 정권 시절이던 1969년 11월, 그러니까 1971년의 제7대 대통령 선거를 앞두고, 당시 야당이던 신민당의 대통령 후보 지명전에 나선 원내총무 김영삼 의원이 야당의 대통령 후보의 조건과 자격에 관해 주장했던 논리였다. 그는 40대 기수론의 근거로, 5.16 군사쿠데타로 집권 세력이 된 공화당의 평균연령이 야당인 신민당보다 훨씬 젊다는 사실을 지적했다. 또한 이승만 독재정권을 무너뜨리려 했을 때도 야당지도자들의 노쇠에서 온 신체상의 장애로 두 차례나 평화적 정권교체라는 과업을 직전에서 좌절했던 사실을 상기시켰다. 그러면서 정권교체를 위해 젊은 지도자가 필요하다고 역설했다.

김영삼이 주도한 40대 기수론에 김대중 의원과 외부에서 영입된 이철승 의원이 대통령 후보 지명대회에 출마하면서 호응했다. 이철승이 48세, 김대중이 45세, 김영삼이 44세였다. 당시 신민당 총재였던 유진산 의원은 40대 기수론을 일축하며 '정치적 미성년'이라며 '구상유취(口尙乳臭, 입에서 아직 젖비린내가 난다는 뜻으로 아직 어리다는 의미)'로 폄훼했다. 그러나 이미 40대 기수론은 도도한 대세가 되어 있었다. 결국 김영삼, 김대중, 이철승이 후보로 출마했다.

젊은 후보들이 과열 양상으로 치닫는 양상을 보이자 유진산 총재는 자신에게 후보지명권을 달라고 요구했다. 그러나 김대중 의원이 강력하게 반대했다. 사실 유진산의 요구 자체가 시대착오적이며 비민주적인 것이었지만 당시 40대의 발호(?)를 못마땅하게 여기던 원로들은 무언의 지지를 보냈다.

어른은 진보다

결국 김대중의 반대로 지명권이 무산되자 유진산은 1970년 9월 28일 중앙 상임위원회 회의에서 김영삼 후보 지지를 표명했다. 그러나 그다음 날 지명 대회에서 과반수 득표자가 없어서 오후에 제2차 투표가 행해졌고, 유진산의 노골적 김영삼 지지에 분개한 이철승이 자신의 지지자들에게 김대중 의원에게 투표하라고 권함으로써 김대중이 대통령 후보로 지명되었다. 그게 벌써 50년쯤 과거의 일이다. 현재, 우리는 40대 대통령 후보를 목격하고 있는가?

한때 386세대가 그 역할을 맡을 것이라 예상했다. 그러나 이미 그들도 50대로 접어들었다. 물론 과거의 수명과 다르기 때문에 단순히 산술적으로 연령을 따지는 건 무리이고, 40대 기수론을 외쳤던 김영삼과 김대중이 70대에 대통령 자리를 차지했으니 40대 기수론의 본질이 흐려지기도 했지만, 그 세대가 대통령 후보를 이끌어 내지 못했다는 점은 부인할 수 없다. 그러면서 권력 의지는 결코 약하지 않다.

요즘도 젊은 대통령이 되겠다며 과감하게 나서는 정치인이 드물고, 그들을 선택할 유권자들을 설득하며 외연을 넓히려는 노력도 크지 않다. 현재의 권력에 안주하고 있기 때문이다. 핀란드에서는 30대 여성이 수상으로 선출되는 세상이다. 물론 미국에서는 70대 대통령이 나서고 있기는 하나, 그 70대 정치인은 장사꾼의 논리로 국제정치를 마구 휘젓기만 할 뿐 세계평화 따위는 관심조차 없다. 환경 문제에서는 거의 무감각, 무책임 수준이다. 젊은 정치인이라면 과연 그럴 수 있을까? 그래서 젊은 정치인들을 키워야 한다.

잠깐, 그런데 여전히 팔팔한 386세대에게 물러나라니? 모순되는 주장이 아닌가 싶을 것이다.

반은 그렇고 반은 그렇지 않다. 앞서 언급한 것처럼 지금 우리 사회는 이른바 386세대가 가장 큰 힘을 갖고 있다. 386이라 불리던 세대, 즉 30대의 나이, 80년대 학번, 60년대 출생의 황금세대를 지칭하던 그 세대들, 이제는 50대의 나이라서 586이라고도 불리는 이들은 냉정하게 말하면 축복을 독점한 세대였다. 경제적인 측면에서 보자면 취업 걱정을 별로 하지 않은 마지막 세대였다. 386세대가 입사한 직후 1997년 금융위기가 닥쳤고 대량 해고가 남발됐다. 그러나 신입사원을 해고하는 경우는 거의 없었고 대부분 간부급을 비롯해서 그 아래까지였다. 그러니 그들에게는 섬겨야 할 상사들이 확 줄었다. 그리고 오랫동안 신입사원 충원도 덜했다. 위도 아래도 채워지지 않은 상태에서 이들이 누린 혜택은 결코 작지 않다. 물론 부족한 인원으로 일하느라 조금 힘들었는지는 모르지만.

기업이 정상화되고 빠르게 성장하면서 386세대에게는 수많은 기회와 혜택이 주어졌다. 그들은 온전한 정규직 일자리를 지키면서 아랫자리는 상당수 비정규직으로 채웠고 더 많은 분배를 독점했다. 안정적인 자리를 차지하고서는 이른바 고용의 유연성을 위해 모든 수단을 강구했다. 그러나 그만큼 노조의 저항도 거셌다. 그들은 노조를 무력화시키기 위해 수단 방법을 가리지 않았지만, 아웃소싱과 정리해고가 노조의 저항에 막히게 되자(이 노조의 중심 세력들도 386이었다.) 노조가 힘을 얻게 되었다. 그래서 비용이 많이 드는 정규직 대신 비정규직을 양산하는 방식에 암묵적으로 동의했다. 그렇게 얻은 386의 안정적인 직업과 직위는 자산 증식을 위해서는 큰 기회였다. 세대 양극화의 시작이었다.

시대 상황도 386세대에게 전적으로 유리했다. 산업화 세대들은 IMF 체제 속에서 퇴조했다. 이어 디지털과 IT 시대가 열리면서 그것들을 본격적으로 배우고 다루기 시작한 첫 세대인 386은 수많은 기회와 혜택을 선점했다.

세계화와 시장주의 시대 네트워크의 응집력을 가졌던 선배 세대가 없었다는 점도 무시할 수 없었다. 386세대는 거대한 세대 네트워크 블록을 형성했다. 그렇게 그들은 1997년 금융위기를 통해 경제 권력을 강화할 수 있었다. IT 시대의 모든 혜택을 거의 독점한 이들은 엄청난 기회를 누렸으면서 동시에 그 거품이 빠질 때는 거의 무책임하게 빠져나갔다. 단물은 모두 빨았다.

정치적으로도 많은 기회와 혜택을 누렸다. 물론 87민주항쟁이라는 도도한 정치적 저항과 성취라는 결실은 386세대의 자부심이었고 사람들도 그 점을 긍정적으로 평가했다. 그 덕분에 이들은 일찌감치 정치권력에도 접근할 수 있었다. 30~40대에 국회의원이 될 수 있었고 수많은 시민단체에서도 중심적 역할을 수행했다.(시민단체에 속한 이들 중 상당수는 나중에 정치권력으로 진입했다.)

산업화 시대의 선배들은 이미 한풀 꺾였고 세계화와 디지털 환경을 거치면서 거의 도태의 지경에 이르렀으니 386세대를 통제할 수 있는 세대는 없었다. 그러나 386세대가 정치적으로 21세기의 가치와 비전을 제시하며 시대를 이끌었는지를 묻는다면 그리 긍정적인 답은 나오지 않는다. 그들이 누린 정치권력과 혜택은 진보적 가치를 지닌 경우마저 쉽게 보수적 스탠스로 바뀌게 만들었다. 그러니 시대를 통찰하고 미래 의제를 제시하며 정치적 리더십을 발휘하는 일에는 무기력했다.

21세기의 역동성에서 386세대의 역할과 노력을 깎아내릴 수는 없지만, 이러한 독점적 지위는 위도 아래도 신경 쓰지 않는 독선의 성향을 잉태했다. 아무리 부정하고 싶어도 그건 엄연한 현실이다. 의도했건 아니건 그들은 정치, 경제, 사회, 문화 등 거의 전 분야의 권력을 독점 혹은 과점했으며 강고한 카르텔과 네트워크로 강화했다. 이른바 운동권 출신들도 90년대 소련의 몰락을 목격하면서 집단적으로 자본주의에 재빠르게 개종했을 뿐 아니라 심지어 열성적인 전도사로 변신했다. 마치 블랙홀을 가진 것처럼 386세대는 거대한 이익의 병영에 집합했다.

그러면서 다음 세대에 권력과 기회를 나눠 줄 생각은 없어 보인다. 그들이 공천권을 행사하면서 정작 청년 세대를 후보로 뽑지 않는 건 시대에 대한 배신이며 그들이 독점적으로 누린 혜택에 대한 집착일 뿐이다. 이건 시대정신을 역행한 것이다. 시민들이 대놓고 386세대의 퇴진을 요구하는 건 갑자기 정치적 신념이 바뀌었기 때문이 아니다. 시민들은 그 세대의 뻔뻔함과 아집 그리고 절제하고 양보하지 못하는 욕망에 대해 실망했다. 그런 모습에 분노했던 것이다.

이 점을 겸허하게 성찰해야 한다. 386의 선배 세대인 우리는 더 이상 정치권력을 기웃거리지 말아야 한다. 동시에 386의 나태함과 타락 혹은 비겁을 질타할 수 있는 권리마저 포기해서도 안 된다. 그들을 획기적으로 바꿀 수는 없을 것이다. 다만 그들의 욕망을 비판하고 그다음 세대에게 문을 열어 주도록 요구는 해야 한다.

이미 50여 년 전에 신선한 40대 기수론을 받아들였던 대한민국이다. 그러나 이후 정치의 역동성은 퇴행하고 늙은 정치로 변질했다. 그걸 지금의 386세대가 활기차게 대체하는 듯했으나 오히려 독점할 생각만 하며 누렸을 뿐이지 자신들의 다음 세대를 키우지 못했으니 안타까운 일이다. 이제 우리는 다시 의연하게 새로운 40대 기수론을 요구하며 30대와 20대에게도 정치적 기회를 줄 수 있는 정치 환경을 만들어야 한다. 젊은 세대를 후보로 내세울 수 있도록 압력을 가하고 그 후보들을 뽑아 줄 열린 마음을 가져야 한다. 언제까지 낡은 생각의 갑옷을 입은 자들에게 우리의 미래를 맡길 것인가? 2030에게 기회를 주지 않은 것만으로도 386세대는 비난받아 마땅하다.

386세대가 스스로 변화하지 못한다면 이제 국민이 그들을 변화시켜야 한다. 국회의원은 몰라도 지방의회의원은 젊은 정치인을 뽑으면 어떤가. 유능한 정치인이 없다고 푸념할 게 아니다. 제대로 젊은 정치인을 키우지는 못하면서, 태어나기만 한 고향으로 돌아와 표를 요구하는 사람들에게 표를 퍼주는 어리석은 선택을 반복해선 안 된다.

우리 손으로 젊은 정치인을 키우자. 지방의회의원부터 시작해 차근차근 정치적 능력을 키우면서 더 큰 정치인, 더 올바른 정치인이 되도록 키우는 게 우리의 몫이다. 미국과 유럽에서는 20대 대학생이 시장으로 뽑히기도 하고 20~30대 젊은 국회의원도 수두룩하다. 혼자 잘난 게 아니라 시민들이 현명하게 선택했기 때문이다.

꽃도 열흘을 피지 못한다. 386은 이미 그 시간을 훌쩍 넘었다. 자기희생의 모습을 보여야 한다. 그래야 그 세대가 산다. 시작은 후배 세대들에게 더 많은 기회를 주는 것이다. 3040을, 더 나아가 20대를 과감하게 공천하라! 그래야 지금까지 그들이 보여 준 민주화 투쟁과 새로운 경제 환경을 조성하는 데 들인 공도 인정받는다. 독점하려는 관성을 포기하지 않으면 한 방에 훅 갈 수 있다. 관성을 깨뜨리고 다음 세대에게 기회를 만들어 주는 것이 바로 우리 어른 세대의 몫이다. 중진 국회의원을 가진 지역구를 자랑할 게 아니라 가장 젊은 국회의원, 시의원을 뽑은 것을 자랑해야 한다.

성공해 돌아온 연어를 뽑을 게 아니라
젊은 정치인을 키워야 한다. 지방의회부터 젊은이들로 채우자.

그게 우리 어른들의 몫이다

갈수록 노령인구가 증가한다. 당연히 유권자다. 그 당당한 권리를 다음 세대를 위해 충실하게 행사해야 한다. 적어도 수구화된 어른들이 미래의 재앙이 되는 건 피해야 한다.

3부

지금의 어른들,
무엇이 다른가?

일
자
리,
어
떤
일
자
리
?

우리 젊었을 때, 취직하면 선배나 친구들이 "좋은 시절 다 갔네. 이제 너 고생문이 훤하구나."라며 농반진반 축하와 아쉬움을 표했다. 그러나 이제는 취업했다는 것 자체를 최고의 성취라 부르고, 주변에서 부러워하며 온갖 축하를 아끼지 않는다. 모두가 취업에 목매단다.

일자리 마련이 지금 우리 사회의 가장 중요한 과제다. 너 나 가릴 것 없이 모두 일자리 창출을 위해 머리를 싸맨다. 실업률은 갈수록 증가한다. 있던 일자리도 점점 줄고 있는 현실이다. 정부도 일자리 창출을 정책의 최우선 순위로 삼는다. 그러나 정작 원하는 만큼의 일자리는 만들어지지 않는다.

이 와중에 이른바 제4차 산업혁명이 도래하면서 기존의 일자리가 머지않아 절반 이상 사라질 것이라고 한다. 설상가상이다. 제4차 산업혁명은 갈수록 가속될 것이다. 그 혁명은 지금의 일자리 가운데 80% 이상을 없앨 것이라는 전망이 우세하다. 물론 산업혁명 시기에도 아주 많은 일자리가 사라졌지만, 반면에 새로운 일자리도 많이 만들어졌다. 예를 들어, 마부와 마구 제작자는 일자리를 잃었지만 운전사와 정비사라는 직업이 생겨났다. 이들은 마부와 마구 제작자보다 급여도 더 높았다. 하지만 제4차 산업혁명은 다르다. 완전히 새로운, 지금까지 상상도 하지 못했던 일자리가 '혁명적으로' 생겨나지 않는다면 갈수록 고용은 위축될 것이다. 이쯤 되면 더 이상 인간이 할 수 있는 일이 별로 없을 듯하다.

로봇이나 AI를 도입하면 열 명이 일하는 곳에 두 명의 인력만 있어도 충분하고, 심지어 생산은 두 배로 증가한다고 한다. 공상이 아니라 누구나 예측할 수 있는 현실이다. 그러면 우리는 본능적으로 판단한다. 여덟 명은 해고될 수밖에 없다고. 피할 수 없는, 냉혹한 현실이다.

주변에 사업하는 친구들은 자동화 기계가 아무리 비싸더라도 제대로 작동만 된다면 기꺼이 도입하겠다고 오래전부터 말했다. 휴가 주지 않아도 되고, 야근수당 줄 필요도 없으며, 노동조합 만들지도 않을 것이며, 매년 임금을 인상해 주지 않아도 된다. 그리고 균질한 품질의 제품을 생산한다. 자동화 기계의 초기 도입 비용이 만만치 않겠지만 멀리 보면 그게 더 효율적이다. 그러나 과연 그럴까? 그렇게 받아들여야만 할까?

우리는 지금까지 주어진 일을 충실하게 수행하는 노동을 해왔다. 몸을 쓰건 머리를 쓰건, 크게 다르지 않았다. 미래는 완전히 새로운 콘텐츠가 지배하는 세상이 된다고 한다. 그렇다면 어떤 콘텐츠를 어떻게 만들어 낼 것인가? 우선 지금 우리의 경제와 노동 현실을 짚어 보자.

주 52시간 노동 조건조차 지키지 못하겠다고 아우성이다. 그걸 지키면 경제가 망가진다고 불평이다. 어떤 국회의원은 노동자가 스스로 52시간 넘게

노동할 자유와 권리를 제한해서는 안 된다는 궤변까지 서슴지 않는다. 그 궤변에 호응하는 시민들도 있다. 생각은 자유지만 그게 얼마나 위험하고 어처구니없는 주장인지 쉽게 드러난다. 노동시간을 정해야 노동의 착취를 막고 인간다운 삶을 보장해야 더 나은 경제적 재생산이 가능하다. 만약 그마저 지키지 않는다면 아무런 법적 제재 없이 강자가 마음껏 노동을 착취할 것은 뻔하다. 그런데도 아직도 우리에게는 시기상조란다.

자, 과감하게 생각을 바꿔야 한다. 혁명의 시대라면 사고도 혁명적으로 전환해야 한다. 앞에서 말한 사례를 보자. 열 명이 일하던 상황에서 로봇이나 AI가 도입되어 두 사람이면 족하다? 그렇다면 우리는 어떤 반응을 할까? '불필요한' 여덟 명을 해고하는 것부터 떠올린다. 물론 나는 거기에 해당하지 않기를 바란다. 그래서 나를 고용해 줄 사람의 발바닥을 핥아서라도 버티고 살아남으려 한다. 그런데 나만 그러는 게 아니다. 모두가 다 그런다. 그렇다면 남을 밟아 짓뭉개서라도 내가 살아남아야 한다. 당신은 그걸 원하는가? 혹 당신이 해고 통보를 받는 상황이 와도 순순히 받아들이고 감수할 수 있을까? 하지만 또 입장 바꿔 내가 고용주라면 그건 필연이다. 불필요한 여덟 명에게 높은 급여를 줘야 할 까닭이 없다. 내가 자선사업가는 아니니까. 난감한 일이다.

그렇다면 어떻게 생각을 바꿔야 할까? 미래 산업의 가치는 콘텐츠에서 나온다. 쉽게 이해하기 위해 예를 들어 보자. 안드로이드라는 운용체계와 스마트폰이라는 하드웨어 상품 가운데 어느 것이 더 많은 이익을 만들고 미래에도 지속적 가치를 생산할 것인가? 대한민국의 반도체와 스마트폰이 막대한 이익을 발생시키는 건 고맙고 가상한 일이지만, 이쪽은 언제든 가격과 기술의 경쟁력을 가진 라이벌이 등장할 수 있고 한번 판이 바뀌면 금세 추락할 수 있다. 그러나 한번 자리 잡은 운용체계는 쉽게 바뀌지 않는다. 그게 콘텐츠의 힘이다.

콘텐츠는 기존의 산업사회에서처럼 노동의 시간과 강도에서 나오는 게 아니다. 창의력과 상상력에서 나온다. 그런데 52시간 기계처럼 일하는 상황에서 그런 가치가 자라날 수 있을까? 감나무 아래에서 감 떨어지기를 기다리며 누워서 입 벌리고 있는 꼴이다.

어차피 로봇 덕에 생산은 두 배로 늘고, 이익도 는다. 두 사람만으로도 성장을 해냈다. 그렇다면 나머지 여덟 사람을 내보낼 게 아니라 노동시간을 줄여 순환 근무를 시키면서, 사람에게서만 나오는 창조적 능력을 발현하여 확대재생산할 수 있는 방식을 모색해야 한다. 이전 산업화 시대의 확대재생산은 이익의 일부를 새로운 자본으로 재투자하여 더 많은 생산과 이익의 증가로 이어지게 하는 것이었다. 그러나 미래의 확대재생산은 단순히 자본이 아니라 콘텐츠, 즉 무형적 자산에 의해 이루어진다. 우리는 일만 했지 생각하고 쉴 여유가 없이 살았다. 그저 시키는 일 하고 주는 월급 받으며 살았다. 산업화 시대의 삶이 그랬다. 그래서 무형적 자산의 힘을 별로 경험하지 못했다. 그러나 이제는 다르다.

그렇다면 그 힘을 키우려면 어떻게 해야 할 것인가? 물론 하루아침에 이루어지지 않는다. 게다가 학습한 적도 없고 그런 모델을 보며 자라지도 못했다. 이제 두 사람만으로도 일할 수 있는 '기회'가 왔다. 그러니 두 사람을 52시간 근무시킬 게 아니라 열 사람이 나눠서 순환적으로 일하고 나머지 시간을 어떻게 활용해서 확대재생산할 수 있는지를 고민해야 한다. 놀고 쉴 수도 있어야 한다. 생각하고 여행하고 책 읽고 영화도 보는 등, 일에서 벗어나 삶과 세상에 대해 그리고 새로운 지식과 기술에 대해 생각하고 습득할 수 있는 기회를 충실히 제공해야 한다.

　조급하게 여기지 말고 기회를 주고 기다리면 분명히 그 결과를 받을 때가 온다. 상상하지 못했던 결과가 생긴다. 그리고 결실은 공정하게 분배되도록 공정한 시스템으로 만들어야 더 큰 충성심이 생긴다. 확대재생산을 성실히 진행한 기업을 소비자도 좋게 평가하며 충성심을 갖는다. 좋은 기업은 그렇게 만들어진다.

　당장 먹기에는 곶감이라고, 눈앞의 이익에만 눈이 어두워 두 명 남기고 해고할 궁리하는 기업은 오래가지 못한다. 그러나 미래의 더 큰 이익에 투자하는 기업은 더 많은 가치와 이익을 만들어 내면서 오래간다. 기존의 산업화 시대의 가치와 상품을 무시하는 게 아니라 그런 가치를 더 유용하고 지속적으로 향상시키기 위해서도 이러한 변화를 수용해야 한다.

　말로만 콘텐츠 운운하며 백날 떠들어 봤자 소용없다. 일자리가 생겨나지 않거나 점점 더 나쁜 조건의 일자리만 만들어지는 것도, 산업화 시대의 일자리에서 자투리만 쪼개 나누었거나 신산업의 일자리에서 고정비를 줄이기 위해 시급 위주의 일자리로 돌려막으며 대박 신화에 매달리기 때문이다.

　이른바 '빅 파이브(The Big Five) 테크기업'이라고 부르는 'FAAMG'인 페이스북(FB), 아마존(AMZN), 애플(AAPL), 마이크로소프트(MSFT), 구글(GOOGL)의 시가 총액은 4조 달러를 넘는다. 기업 이익도 엄청나다. 고용 인원도 많고 급여도 높다. 이 기업들은 산업화 시대의 유산이 아니라 새롭게 태동한 기업들이다. 이들 플랫폼 기업들은 기존 시장의 룰을 모두 부숴 가며 새로운 체제를 만들어 냈다. 파이를 여럿으로 쪼개 나누는 방식의 일자리 창출이나 공공근로에 가까운, 그래서 잉여 노동력을 돌리는 방식의 일자리 창출, 내 돈 아니니까 공무원 일자리 늘려서 만드는 방식의 일자리 창출을 선택하지 않았다.

기존의 방식으로는 사막에 물 붓기에 불과하다. 새로운 일자리, 기왕이면 질적으로 더 나은 일자리를 어떻게 만들어 낼 것인가를 고민해야 한다. 우리 손녀 손자들에게는 그런 일자리가 돌아가야 한다.

그런데 우리는 과연 그런 준비를 제대로 하고 있는가? 준비는커녕 곧 여덟 명의 일자리를 줄일 테니 고분고분 말 잘 듣고 임금 삭감을 수용하던가 아니면 실업자로 살라고 협박하는 야만에 순응하고 있을 뿐이다. 미국에서도 구글에 입사하는 건 많은 청년들의 로망이다. 우리도 그런 기업을 만들어야 한다. 그런 일자리를 고민해야 한다. 이를 위해서는 적어도 기본적으로 그런 기업이나 문화를 만들어 낼 사고의 전환이 이루어져야 한다. 여덟 명을 해고할 게 아니라 그들의 지식과 경험을 더 크고 멋진 가치로 성장시킬 기회와 조건을 마련하고 투자하는 대담함이 그것을 가능하게 할 것이다.

단순하게 사양산업이라고 못 박으며 버리자는 게 아니다. 기존의 일자리를 무시하자는 것도 아니다. 건실하게 버티기도 해야 한다. 독일이 21세기에 들어서면서 앞으로 100년의 독일 산업을 고민하며 결국 제조업을 더 강화하기로 한 것은, 그 산업이 사라지는 게 아니라 새로운 방식으로 개선되고 진화될 수 있다는 확신이 있었기 때문이다. 독일의 '인더스트리 4.0'은 바로 이에 근거한 것이다.(클라우스 슈밥의 '제4차 산업혁명'의 모멘텀도 '인더스트리 4.0'에서 아이디어를 얻었다.) **기존의 일자리를 더 개선하고 강화하며 새로운 일자리와 유기적인 상생의 모델로 만들기 위해서라도 새로운 형태의 콘텐츠 산업에 투자하고 환경을 조성해야 한다.**

그런데 나이 먹은 사람들이 예전 산업화 시대의 방식을 벗어나지 못하는 기업의 편에 서서 발목 잡는 일에 동조한다는 건 시대착오다. 52시간 노동을 준수하면 경제가 망하고 결국은 일자리도 줄어들 것이라며 호들갑을 떤다. 노동자가 자기 욕심만 챙기고 일은 안 하려는 도덕적 해이에 빠졌다고 비난한다.

그러나 왜 쉬어야 하고 멍 때리기도 해야 하는지, 어떻게 해야 창의적인 아이디어들이 만들어지는지, 어떻게 아이디어를 교환 교감하면서 집단지성으로 발화시킬 수 있는지에 대해 계속해서 떠들어야 하는 게 어른들의 몫이다. 그래야 우리 아이들의 미래가 산다.

내 손녀 손자가 비정규직 일자리를 겨우 얻어 늘 불안하게 살면서 세상을 원망하게 두어서는 안 될 일이다. 그 아이들을 정말 사랑한다면 아이들이 곧 맞이할 현실을 조금이라도 더 낫게 만들어야 하지 않겠는가. 아이들이 구글보다 수십 배 더 낫고 멋진 직장에서 일할 수 있게 하려면 우리 어른들이 해야 할 역할은 과연 무엇일까? 고민해야 한다.

고용률에 급급해 불안한 비정규직 일자리만 늘리고 있지 않은지
감시해야 한다. 그게 부모 세대의 역할이다.

기
본
소
득
은

퍼
주
기
복
지
인
가
?

예전에는 나이 들면 자식들이 준 용돈 말고는 정해진 수입이 없는 경우가 대부분이었다. 그러나 이제는 완전히 빈 지갑은 아니다. 다양한 방식으로 연금을 받거나, 그도 아니면 노인 연금을 받는다. 국민연금은 내가 꼬박꼬박 미래를 대비해서 저축했던 것이고, 교육자나 공무원 등은 각각의 재단에 기금을 낸 것이니 공짜는 아니다. 이제는 연로하신 분들이 많고 그 수혜자도 점차 줄고 있지만 한국전쟁 참전 용사들과 (그분들보다는 상대적으로 젊지만) 70대에 들어선 베트남전쟁 참전 용사들에게도 많지는 않아도 연금이 지급된다. 공짜가 아니라 국가에 헌신한 대가에 대한 응분의 예우다.

그러나 그냥 나이 들었다고 돈을 주거나 청년이라고 돈을 준다면? 특별히 혹은 구체적으로 국가에 봉사한 것도 아닌 노인, 아직 아무런 공적인 삶을 살지도 않았고 세금도 내지 않은 청년이 국민의 세금으로 '공짜 돈'을 받

지금의 어른들, 무엇이 다른가?

는 게 타당할까? 소득 수준과 환경조차 따지지 않고 일정한 나이가 되면 돈을 지급한다는 건 낯설다. 심리적으로 강하게 반발하는 사람들이 있는 것도 일견 타당해 보인다.

그런데 이미 그런 일이 벌어지고 있다. 이 정책이 마음에 들지 않는 사람들은 '포퓰리즘', '복지를 빙자한 퍼주기' 혹은 '도덕적 해이를 부추기는 마약'이라고 비난한다. 흥미롭게도 그런 주장을 하는 이들 가운데 상당수가 나이 든 세대들이라는 점이다. 노인 수당이나 청년수당이라는 말 자체가 없었던 세상을 살았던 사람들이니 낯선 건 당연하다. 또 그만큼 세금 부담도 늘어나니 수혜자가 아닌 사람들 입장에서는 볼멘소리 나올 수도 있다.

하지만 넓고 긴 안목에서 이 문제를 바라봐야 한다. 2020년 미국의 대통령 선거에서 민주당 후보 경선에 합류했다가 세 불리를 인정하고 사퇴한 앤드루 양은 '기계와의 일자리 전쟁에 직면한 우리의 선택'이라는 부제를 단 『보통 사람들의 전쟁』에서 제4차 산업혁명의 충격에 대응하는 가장 현실적인 대안으로 '자유 배당(freedom dividend)'을 주장한다. 이는 보편적 기본소득을 지급하자는 것이다. 보편적 기본소득은 사회보장의 한 형태로, 모든 국민이 일이나 소득과 관계없이 매월 일정 금액을 받는 것이다. 부자건 가난한 사람이건 모두 똑같이 일정액(예를 들어 매월 1,000달러)을 받는다. 그렇게 되면 1만 8천 달러를 받는 식당 종업원이나 건설노동자는 월 3만 달러의 소득을 얻게 되는 셈이다. 자유 배당을 주장하는 사람들은 반대하는 사람들이 말하는 기존 복지 프로그램에서 불편하게 여기는 점, 즉 근로의욕 저하 유인을 제거했다. 일을 하면 사실상 저축을 해서 돈을 모을 수 있기 때문이다.

놀랍게도 이 생각이 최근의 주장만은 아니다. 토머스 페인은 1796년에 스물한 살이 되는 모든 국민에게 자연적 유산을 상실한 데 대한 보상 격으로

어른은 진보다

15파운드의 금액을 지불하자고 제안했다. 더 놀라운 건 닉슨 대통령이 1969년에 모든 미국 가정의 소득을 지원할 기반 구축을 주장했다는 점이다. 흥미롭게도 당시 미국의 정치적 통념은 연간 보장 소득에 대한 보편적 동의가 형성되었으며 가족부조 계획이 하원에서 압도적 찬성으로 통과됐지만 상원에서 발목이 잡혀 좌절되었는데, 그것은 그것보다 더 획기적인 계획을 원했던 민주당이 반대했기 때문이었다.

믿기 어렵겠지만 알래스카주는 이미 1976년부터 석유 판매 수입금을 알래스카영구기금으로 적립하고 해마다 이 기금의 수익 일부를 알래스카 주민에게 지급하겠다고 나섰다. 다시 말해 자유 배당과 같은 제안은 결코 최근의 뜬금없고 무책임한 제안이 아니다.

이 주제가 다시 불거진 건 최근의 경제 불평등, 고용시장 경색, 자동화의 초기 신호 등의 영향 때문이다. 그래서 핀란드는 2017년에 25~28세 사이의 미취업자 2천 명에게 아무런 조건 없이 매월 660달러를 지급하는 2년짜리 시범 사업을 시작했고 인도에서도 적극적으로 검토하고 있다. 물론 반론도 만만치 않다.

첫째, 그 돈을 감당할 수 없을 것이라는 주장이다. 돈은 하늘에서 떨어지는 것도, 땅에서 솟아나는 것도 아니다. 어디선가 돈이 나와야 할 것 아닌가. 그러면 증세할 것인가? 저항이 만만치 않다.

이 문제를 연구한 수많은 학자들의 결론은 좀 다르다. 생각보다 관리에 비용이 거의 들지 않는다는 것이었다. 보편적 기본소득은 비용이라기보다는 '이전'의 성격이 강하다. 돈을 '이전' 받은 국민은 자신의 삶을 향상하기 위해 돈을 쓸 것이고, 이렇게 쓰인 돈은 지역 상권을 살리게 하며 결국 소비경제를 떠받치게 된다. 문제는 보편적 기본소득의 전면 실시를 감당할 여력이 있는 나라냐 아니냐 하는 부분이다.

두 번째 반론은 일하려는 의욕이 꺾일 거라는 '상투적인' 이야기다. 노동을 즐거워하는 사람은 드물다. 그러나 노동은 인간에게 필수적이고 인간 활동의 핵심이며 자존감을 갖게 하는 중요한 근거다. '공돈'이 생겼다고 일하지 않을 사람이 있을까? 그 돈이 풍족한 것도 아닌데 말이다. 나라가 줄 돈은 조금 더 나은 삶을 살 수 있게 해주는 정도의 기능을 하지, 그것 때문에 일을 하지 않으려는 도덕적 해이는 우려하는 만큼 크지 않을 것이다.

당신이라면 일해서 얻는 소득이 연봉 5천만 원인데 보편적 기본소득으로 연간 1천만 원을 지급받는다고 일하지 않겠는가? 그리고 돈이 더 많이 생겼다고 해서 덜 벌겠다고 생각하는 사람 보았는가? 게다가 지금은 일자리가 사라지고 있다. 아무 소득이 없는 상태에서 얼마나 버틸 수 있을 것인가. 최소한의 생존을 위한 기본적 힘은 갖춰야 버틴다. 그러니 돈 주면 일하지 않을 것이라는 얼토당토않은 상투적 트집은 일단 거두는 게 좋다.

또 다른 세 번째 반론도 있다. 돈이 마구 풀리면 인플레이션이 치솟을 것이라는 주장이다. 물론 어느 정도 인플레이션이 발생할 가능성이 있다. 구매력이 늘게 되면 가격을 올려 이익을 얻으려는 업체가 생겨날 것이다. 그러나 장기적으로 보면 다르다. 시장이 활성화되면 제품 원가가 떨어지고 경쟁이 심화되면 가격은 떨어진다. 여기에 기술 발달이 가세한다. 그래서 보편적 기본소득은 인플레이션을 일으키지 않으며 오히려 구매력을 부여함으로써 물가 급등이라는 최악의 상황을 예방하는 역할을 할 수 있다는 게 많은 경제학자들의 전망이다.

그 외에도 무상으로 받은 돈이니 엉뚱한 곳에 쓰일 것이라는 비판도 있다. 미국이나 유럽의 경우 그 엉뚱한 곳은 주로 마약이나 알코올이다. 그러나 미국과 유럽에서 그런 증가 사례는 나타나지 않았다. 오히려 적은 돈이나마 있으면 장래를 낙관적으로 보게 돼, 더 나은 미래의 삶을 개척하는 동기로 작용하는 경우가 더 많았다. 앞서 말한 알래스카 주민들도 석유 배당금으로 받은 돈을 펑펑 쓰는 게 아니라 상당한 금액을 저축한다.

보편적 기본소득이 반사회적 행동을 억제한다는 점 또한 가볍게 보면 안 된다. 우리처럼 사회안전망이 여전히 부실한 경우 더더욱 그렇다. 생활고를 비관한 일가족이 동반 자살을 한다거나 기초적 치료비조차 없어서 병을 키우다 결국 사회적 의료비용의 지출을 증대시키는 일이 허다한 우리나라에서 보편적 기본소득은 매우 중요한 역할을 할 것이다. **가난한 사람은 돈에 대한 책임감이 없어 돈을 낭비할 것이라는 생각은 사실에 근거한 게 아니라 편견의 관성일 뿐이다.**

앞으로 (일시적이기를 바라지만, 그 기간이 결코 짧지는 않을 것으로 보이는) 일자리가 크게 줄어들게 되면 어떤 일이 벌어질까? 사후 처방은 무의미할 뿐 아니라 훨씬 더 많은 비용을 치러야 한다. 그러므로 예방 대책이 필요하다.

우리 세대는 일자리 부족을 경험하지 않고 살았기 때문에 이런 대안이 실감되지 않을 수 있다. 게다가 사회적 복지 개념도 아직 영글지 않았고 여전히 가난했던 시절을 기억하는 관성이 작동되는 까닭에 쓸데없는 퍼주기로 여기기도 쉽다.

이제 생각을 바꿔야 한다. 그러지 않으면 더 큰 재앙이 도래할지 모른다. 그런 일이 닥치기 전에 대비해야 한다. 사고가 전환될 수 있도록 떠들어야 하는 게 우리 어른들의 몫이다. 청년수당, 노인 수당, 보편적 기본소득은 결코 낭비적 복지가 아니다. 돈 준다고 일 안 하고 펑펑 쓰지 않는다. 낡은 생각부터 버려야 한다. 그게 지금 우리 앞에 놓인 출발점이어야 한다.

무조건 '퍼주기' 운운하며 열 올릴 게 아니라
어떻게 살아가야 할 것인지 냉정하게 생각부터 해봐야 한다.

만약 내가 기업을 경영한다면 가장 시급하게 해결해야 할 것이 무엇일
까? 이익도 중요하지만 고정비를 줄이는 게 핵심일 것이다. 매출과 이익은
시장의 상황이나 경제 흐름에 따라 변할 수밖에 없다. 지금 잘나간다고 계속
그러리란 보장이 없다. 그러니 지출할 예산을 최소로 줄이는 것이 중요하다.
'고정비'를 줄이는 것은 경제활동, 특히 기업의 경제활동에서는 필수적이다.

그런데 '고정비'라고 하면 거의 대부분 사람들이 자동적이라고 할 만큼
주저하지 않고 '인건비'를 떠올린다. 그야말로 '고정'관념 수준이다. 엄밀히
말하자면, 고정비란 일정한 기간 동안 조업도操業度의 변동에 관계없이 항
상 일정액으로 발생하는 원가를 지칭한다. 즉, 고정자산의 감가상각비, 경영
자의 급료, 보험료, 지대, 제세공과 등이 이에 속한다. 물론 인건비의 비중이
가장 크다고 할 수 있다. 경제학에서는 이와 같은 고정비는 엄격히 말하자면

일정한 기간 내에 일정한 조업도의 범위 내에서만 고정적이라고 정의한다.

그런데 고정비의 경우에 관련 범위 내에서 발생액이 항상 일정하기 때문에 조업도가 증가하면 할수록 단위당 원가(고정비 부담액)는 점점 줄게 된다. 그 비경제성을 줄이기 위해서는 경영합리화와 노동생산성 증가에 관심을 갖고 투자해야 한다는 점에 주목할 필요가 있다. 대량생산의 경영 구조하에서 '규모의 경제(economy of scale)'가 있다고 하는 것은, 생산량이 증가할수록 생산량 단위당 부담되는 고정비의 크기가 이처럼 감소하기 때문이다. 흔히 대량생산의 경우, 단위별 생산단가가 낮아지는 것을 의미한다.

갈수록 인건비는 상승한다. 임금인상률과 더불어 흔히 호봉으로 일컫는 연공서열에 따른 임금 상승 때문에 불가피하다. 그래서 요즘 기업들은 가능하면 오래 근무한 직원들을 기회만 있으면 정리하려고 한다. 고정비 절감을 이유로 말이다. 그러면서 동시에 신입사원 채용도 줄이려고 한다. 채용하면 1~3년은 교육에 투자해야 하는데 그 비용이 만만치 않다. 근데 기껏 키워 놓으면 퇴사해 버려서 신입사원 채용을 꺼린다. 그래서 수시로 필요한 경력 사원을 뽑아서 쓰고 효용이 떨어지면 내보내는 방식으로 변화할 것이라는 전망도 나온다.

과연 고정비는 정말 인건비 그 자체일까? 앞서 고정비의 정의를 다루면서도 드러났지만 전적으로 그런 건 아니다. 오히려 경영을 보다 합리화하고 노동생산성을 높이는 게 주효하다. 불법적이거나 변칙적인 배임 횡령의 채널을 완벽하게 차단하고, 무조건 오너 가문이 승계하는 구조가 아니라 전문경영인이 큰 재량권을 갖고 책임 경영을 할 수 있게 해야 한다. 당장은 관행 때문에 어렵다 하더라도 가능한 빠르게 생각을 바꾸고 체질을 바꿔야 한다.

흔히 말하는 오너 경영의 장점이라고 하면 빠르고 단호한 의사결정이라

어른은 진보다

고 한다. 사실 이 생각은 시대적 독재 논리와 짝을 이뤄 합리화된 측면이 분명히 있다. 빠르게 변화하는 경제 환경에서 도태되지 않기 위해 빠른 판단과 결정이 중요한 건 사실이다. 그러나 그전에 '정확한' 판단을 할 수 있는 사고가 바탕이 되어야 한다. 금수저 물고 태어난 것 말고, 그들의 사고와 판단력이 탁월한지를 냉정히 물어야 하는 것이다. 오너 리스크가 얼마나 치명적일 수 있는지 확인한 사례들은 너무나도 많다. 도대체 언제까지 오너 경영의 위험성에 우리 경제를 맡겨야 하는가 근본적으로 묻고 대응을 모색해야 한다.

노동생산성은 단시간에 개선되는 것은 아니다. 우리가 지난 세기에 초고속 압축성장을 할 수 있었던 건 근면함과 가난에서 벗어나고픈 강한 욕망, 그리고 속도와 효율에 맞춘 교육과 체제 덕분이었다. 하지만 유효기간이 이미 끝났다.

다행히 우리는 그저 속도와 효율에만 맞춰 살지는 않았다. 빠르게 지식과 정보 그리고 기술을 습득하면서 새로운 지식과 기술을 창조하며 선도적 지위에 이른 분야도 많다. 그러나 거기에 만족하면 금세 도태된다. 21세기는 '창조, 혁신, 융합'의 시대다. 새로운 교육, 새로운 시스템, 새로운 관리 방식 등이 수혈되어야 한다. 그 비용은 기업이 안아야 할 몫이다. 그러나 기업들은 늘 단기 이익에 초점을 맞추고 살았고, 직접적인 노동으로 이익을 얻어온 게 몸에 밴 까닭에 이런 투자에 인색하다. 심지어 그 당위를 인정한대도 크게 다르지 않다.

멀리 바라보고 노동생산성을 높일 수 있는 새로운 방식을 모색해야 한다. 과연 우리 기업들이, 경영인들이 그렇게 하고 있는가? 자신들이 맡아야 할 몫은 미루면서 모든 걸 노동자들의 임금 탓만 하고 있는 건 아닌지 경영자들부터 냉정하게 따져야 한다. 걸핏하면 제4차 산업혁명 운운하고 늘 경제 위기라고 엄살떨면서, 노동생산성을 높이기 위한 장기적이고 체계적이며 합리적인 대안을 제시해 본 적은 있는가? 경영 혁신을 통해 단위 시간당 노동생산성을 높이는 것은 상대적으로 등한시하면서 총 노동시간의 현상 유지에만 매달리는 것은 타당치 않다.

노동자를 소모품처럼 쓰다 버리는 방식으로는 결코 기술과 경험의 진화가 불가능하다. 지속적인 재교육과 일정 기간(안식년처럼) 별도의 장기 교육의 기회가 마련되어야 한다. 말로는 세계 경제 10대국이라면서 우리 기업의 성장과 위세를 자랑만 하고, 미국이나 유럽처럼(아니, 그 이상이어야 한다. 그래야 그들을 따라잡고 이기지 않겠는가?) 노동생산성을 높이지 못한다면 경쟁에서 탈락한다. 노동자가 떼쓰고 임금이 올라서 경쟁력을 상실하는 게 아니다. 그건 예전 저임금 경쟁력으로 승부하던 산업화 시대의 전략일 뿐이다.

이 문제와 연계해서 우리는 미래의 새로운 세금을 고민해 봐야 한다. 세금 내는 거 좋아할 '사람' 별로 없다. 그렇다면 '로봇'은 세금 내는 거 좋아할까? 뜬금없는 물음처럼 느껴질 것이다. 그러나 '로봇세'라는 말이 이미 조금씩 언급되고 있다.

로봇세 문제를 제기하는 대표적 인물 가운데 한 사람이 마이크로소프트 창업자 빌 게이츠다. 그는 자동화 확산을 '지연'시키기 위해 로봇을 활용하는 기업에 세금을 매기자고 주장했다. 로봇이 사람과 동일한 일을 한다면 비슷한 수준의 세금을 내야 한다는 것이다. 그러나 그 주장의 초점은 '지연'에 있다는 점에서 한계를 그대로 드러낸다. 궁극적인 해법이 아니라 미봉책에 불과하다는 반론에 대해서도 주목해야 한다. 어쨌거나 사람이 할 수 있는 일은 이미 상당 부분 로봇으로 대체되었다. 그리고 그 속도는 점점 더 빨라질 것이고 당연히 인간의 역할은 축소될 것이다. 인간의 위기감이 새롭게 드러나고 있다.

노동이 재편성되는 건 불가피한 시대적 당위다. 주체적으로 생각하지 않으면 엉뚱한 늪에 빠진다. 제4차 산업혁명이라는 호들갑의 주체는 분명 기업이다. 그 용어가 공식화한 지 불과 몇 년도 채 되지 않았지만(2016년 다보스 포럼, 클라우스 슈밥의 연설) 이제는 너무나 익숙해진 건 기업의 호들갑과 언론의 장단 덕택이다.

물론 그 호들갑이 나쁜 것만은 아니다. 어차피 겪어야 할 일이라면 미리 견디고 준비하는 게 낫다. 다만 기업의 호들갑은 그 혁명에 대한 기대감보다는 일자리 축소라는 공포와 빠른 기술과 지식 진보에 대한 두려움에 기반을 두고 있다. 즉, 아무 준비 없이 질질 끌다가 나중에 한꺼번에 대량 해고를 감내해야 하는 이른바 경착륙을 피하기 위해서는 매년 일정한 비율로 고용을 줄여 감으로써 충격을 완화하고 내성을 키워야 한다는 연착륙 이론을 내세우는 것이다. 그러면서 정작 자신들의 혁신과 과감한 투자는 사린다. 결국 기업이 고용을 줄이고 마음대로 해고할 수 있는 권리를 더 많이 가져야 한다는 것을 합리화하는 데만 제4차 산업혁명을 끌어다 쓴다. 이 음흉한 호들갑은 분명 비판받아야 한다.

매킨지보고서에 따르면 전 세계 일자리의 14%에 해당하는 최대 3억 7,500만 명은 완전히 새로운 일자리를 찾아야 한다. 그러나 새로운 일자리는 '적어도 당분간은' 없을 것이다. 2030년까지 최대 8억 9천만 개의 일자리가 새로 만들어질 것이라는 예상도 있기는 하지만, 그럼에도 최대 8억 명이 일자리를 잃을 것이고 그 기간 동안 일자리 소멸이라는 공포의 늪에서 벗어날 수 없다. 아마도 예전 산업혁명 초기에 기계파괴운동을 벌였던 사람들의 공포를 공감할 수 있게 될 것이다.

경영자의 입장에서 로봇은 분명 매력적이다. 합리적인 기업가라면 인력을 절감할 수 있는 기술을 마다할 까닭이 없다. 불평도 없고, 휴가도 불필요하며, 야근에도 불평하지 않으며, 노조도 만들지 않고, 임금 인상도 요구하지 않는 로봇을 효자라고 여길 것이다. 그리고 그만큼 지금 일하는 사람들은 자리를 위협받을 것이다. 자동화는 기본적으로 자본주의의 힘에 의해 가속된다. 자본주의는 철저하게 속도와 효율에 충실하며 인간의 가치보다 돈의 힘에 주목한다. 그러므로 자본과 데이터를 독점하는 힘이 경제를 지배할 것이고, 그만큼 독점의 힘은 강력해질 것이며, 그에 비례하여 노동을 제공하는 사람의 가치는 위축될 것이다.

이 문제에서 자신은 빗겨 있다고 착각하는 사람들이 많다. 그러나 더 이상 로봇과 AI에 대체되는 일은 제조업 노동자들에게만 해당되지 않는다. 회계, 법률, 의료, 교육 분야를 비롯해서 거의 전방위적으로 혁명이 확장될 것이다. 기존의 전문가 영역이라는 것도 보장받을 수 없다.

그런데도 당장 내게는 그 일이 닥치지 않기 때문에 제조업 노동자들에게 불가피한 혁명을 받아들여야 한다고 강조하는 건 '언 발에 오줌 누는 격'이다. 노동환경은 분명 노동자 없이 로봇이 고용되는 현상이 확장될 것이다. 그렇게 되면 당연히 소득분배는 지속적으로 악화되고, 양극화는 지금보다 훨씬 더 극심해질 게 분명하다. 자본과 기술의 카르텔은 극소수의 부 독점으로 이어질 것이다. 아무리 더 새로운 일자리가 많이 생겨날 것이라는 희망적인 전망이 있어도, 이 현상의 도래를 부인하지는 못한다. 우리는 이미 새로운 삶의 판으로 전이하고 있다.

이런 상황에서 로봇세를 주장하는 사람들은 그 세금으로 기본소득을 지급하여 노동자의 안정망을 확보한다는 논거를 내세운다. 기본소득까지는 아니더라도 사회안전망 비용으로 로봇세를 쓰자는 주장이 조금씩 힘을 얻고 있다는 건, 그만큼 이게 뜬구름 잡는 공상이 아니라는 증거다. 기업이 노동자 없이 로봇을 '고용'해서 일을 시키고 이윤을 얻게 되면, 기존의 사회계약 자체가 붕괴할 수 있는 상황까지 이르게 될지 모른다. 막연한 두려움이 아니라 충분히 예측 가능한 미래의 모습이다.

인류 문명의 진보 과정의 역사를 통해 본다면 낙관적 견해가 아예 없는 건 아니다. 제4차 산업혁명도 지금 당장은 불가피하게 도태되는 일자리들 때문에 고용이 불안정해지지만, 결국 새로 생기는 양질의 일자리도 있을 것이다. 다만 당장 겪어야 할 10~20년의 혼돈이 분명 혹독하겠지만.

한 가지 더, 제4차 산업혁명의 와류에 인간의 가치가 휩쓸려 들어가면서 인간의 존엄성 자체가 위협받을 상황까지 내몰릴지 모른다. 로봇이라는 새로운 생산 수단은 인간 노동력을 능가하는 효율을 발휘한다. 그런 로봇을 소유한 자본이 부를 축적할 것이고 자본과 기술 그리고 데이터가 결합되는 거대한 카르텔이 사회구조 자체를 전환하려고 할 것이다. 노동력밖에 갖고 있지 않은 인간들이 당장 겪어야 할 몫은 혹독할 것이고 소수 독점의 거대한 힘에 굴복하거나 타협하지 않을 수 없을 것이다. 그런 비인격성의 출현은 로봇세로도 해소할 수 없다.

이미 진입한 새로운 혁명의 시대를 되돌릴 수는 없다. 맞서 싸울 수도 없다. 하지만 아무리 그런 상황이더라도 그것 때문에 인간의 가치를 스스로 포기하거나 적당히 타락시키는 것을 합리화할 수 없다. 그건 인간의 자존감과 존엄성을 외면하는 일이다. 인간으로서 선택할 대상이 아니다.

구체적인 대안이 아직 뚜렷하게 마련되지 않은 어정쩡한 상황에서 과연 인간은 어떻게 진보해야 할 것인지, 그리고 어떻게 인간의 가치와 존엄성을 더 넓고 깊게 확보할 것인지를 고민해야 한다. 그게 우리가 역사에서 배우는 '통찰력'이다. 인류의 역사는 '자유로운 개인'과 '인간의 존엄성'을 획득하기 위해 피를 흘리면서까지 투쟁해 온 역사다. 아무리 제4차 산업혁명의 과정이 혹독하다 하더라도 그 진보의 길마저 깎아 낼 수는 없다. 없어야 한다.

새로운 환경이 도래하면서 기존의 익숙한 삶의 방식 상당 부분이 사라지고 그 과정에서 겪어야 할 질곡은 불가피하더라도, 당위만은 절대적이어야 한다. 기계가 인간의 노동을 대체하면서 거의 전 분야의 일들이 위협받을 것이다. 아마 거의 유일하게 그 위협에서 빗겨 갈 영역이 종교라는 농담 아닌 농담까지 오간다. 그러나 종교야말로 바로 이 시점에서 인간의 가치와 존엄성에 대해, 그리고 더 나은 삶과 행복에 대해 미래의 메시지를 마련해야 한다. 인간이라는 절대적 가치에 대하여 최종적인 발언을 할 수 있는 영역이 바로 종교이기 때문이다.

로봇세는 일종의 과도기적 대안이기는 하겠지만 그 제안이 담은 함의는 결코 가볍지 않다. 인간이 앞으로 어떻게 살아갈지, 어떻게 살아갈 사회를 만들어야 할지에 대한 복잡한 주제를 담고 있기 때문이다. 기술과 경제의 영역에 국한되는 것이 아니라 사회 전체, 더 나아가 인간 본연의 문제에 직결되는 것이기에 종교도 치외법권이 될 수 없다.

인건비만 줄이면 만사 해결? 모두에게 재앙의 시작이 될 수 있다.

*'전태일'이라는 이름을 모르는 사람은 거의 없을 것이다. 그러나 그의
이름은 오랫동안 '금기어'였다. 왜 전태일은 죽음으로 저항했으며 그의 이름
은 금기어가 되었을까?*

1970년 11월 13일, 서울 평화시장에서 한 청년이 자신의 몸에 휘발유를
끼얹고 불을 붙였다. 그날, 그는 다른 노동자들과 함께 평화시장에서 시위
를 벌였지만 경찰의 제지로 시위가 무산될 위기에 놓이자 극단적 선택을 한
것이다. 그리고 청년은 끝내 숨을 놓았다. 평화시장의 재단사였던 전태일
(1948~1970년)의 스물두 해의 짧은 삶은 그렇게 마감되었다.

전태일은 대구의 한 가난한 집에서 태어나 한국전쟁 이후 서울에 올라왔
다. 어려운 집안 형편 때문에 초등학교를 그만두고 동대문시장에서 잡일을
하며 생계를 이어 가던 열일곱의 전태일은 평화시장의 학생복 제조업체에

보조원(시다)으로 취직했다. 그는 가족의 생계를 위해 밤낮 가리지 않고 죽어라 일했고, 마침내 재봉사가 되었다.

하지만 하루 14시간 이상의 고된 노동 강도가 그를 괴롭혔다. 뿐만 아니라 평화시장의 의류 제조 공장은 햇볕도 들지 않는 좁은 공간이었다. 마치 양계장 속 닭처럼, 소녀나 여성들이 상당수였던 공장 노동자들은 그곳에 갇힌 채 쉼 없이 일해야 했다. 그럼에도, 열악한 노동환경이지만 모두 열심히 일했다. 가난했던 시절이었고 가족의 생계를 책임져야 했던 사람들이었다. 노동의 권리를 배운 적이 없으니 부당한 노동환경과 조건에 맞서 싸울 힘이 없었다. 아니 그럴 엄두조차 못 냈다.

전태일은 1969년 9월부터 1970년 4월까지 건축 노동자로 일하다가 9월에 다시 평화시장으로 돌아왔다. 전태일은 평화시장의 노동 상황이 안타까웠다. 자신의 처지도 그렇지만 여동생 같은 소녀들이 겪는 현실에 분노가 치솟아 올랐다. 그는 뒤늦게 근로기준법이 있음을 알았다. 이후 동료와 함께 근로기준법이 실제로 적용될 수 있도록 노력했다. 전태일은 평화시장의 노동 조건 실태 설문조사와 함께 노동환경을 조사했다. 그리고 이를 토대로 노동청에 근로 조건 개선을 요구했다. 다락방 철폐, 노동조합 결성 지원, 노동 조건 개선을 포함한 진정서도 제출했다. 언론에도 개선을 요구했다.

그러나 전부 묵살되었다. 박정희 정부는 오로지 경제성장을 최우선으로 하고 있었다. 여기엔 저임금 노동력이 필수 경쟁력이라는 계산이 깔려 있었다. 결국 1970년 11월 13일, 전태일은 평화시장에서 유명무실한 '근로기준법 화형식'을 거행하고 분신 항거로 자신의 목숨을 노동 제단에 바쳤다.

그가 분신자살한 이후 평화시장에 '청계피복노동조합'이 결성되었다. 그러나 그들 또한 수많은 핍박, 감시, 억압과 분열책에 시달려야 했다. 하지만

어른은 진보다

전태일의 분신자살은, 당시 정부의 산업화 과정에서 희생을 강요당한 노동자의 삶에 사회가 얼마나 무감각하고 무지했는지를 반성하는 중대한 전환점을 마련했다. 더불어 전태일의 이름은 정부에 의해 철저하게 기피되는, 노동권의 상징이 되었다. 그리고 '10월 유신'이라는 변종 쿠데타에 의한 종신독재정권에 처절히 탄압되었다. 노동조합에는 감시와 탄압이 가해졌고 노동운동은 철저하게 억압되었다. 물론 관제 노동조합을 만들어 희석시키는 꼼수도 함께 하면서.

대한민국의 경제발전은 그야말로 눈부셨다. 그것만으로도 대한민국은, 그리고 국민은 위대하고 자부심을 갖기에 충분하다. 그러나 여기에 이르기까지 노동자들이 치렀던 희생을 간과해서는 안 된다. 우리는 지난 세기에 오로지 의무에 대해서만 배웠지 권리에 대해, 그 권리를 누리는 방법에 대해 제대로 배운 적은 없다.

우리는 모두 노동하며 산다. 그럼에도 교과서에서 노동3권을 간략하게 선언적으로만 배웠을 뿐, 나의 노동이 억압되거나 착취될 때 어떻게 비판하고 저항하며 권리를 쟁취하고 누려야 하는지는 배운 적이 없다. 이제라도 그걸 바로잡아야 한다.

전태일은 1948년에 출생했으니 만약 그가 살아 있다면 70세를 넘겼을 것이다. 우리는 모두 그에게 빚을 졌다. 그가 죽음으로 겨우 얻어 낸(그나마도 뒤늦게야 그리고 여전히 덜 온전히 얻어 냈지만) 노동의 권리 덕분에 우리의 삶이 조금씩 나아졌다. 이를 부정한다면 그건 예의가 아니다. 과연 우리는 누군가를 위해, 시대의 우매와 야만을 깨뜨리기 위해 싸우거나 목숨을 던져 보았는가? 걸핏하면 노조 때문에 나라가, 경제가 망한다고 푸념하고 욕하는 건 교묘한 프레임에 갇혀 미망에서 벗어나지 못했다는 걸 부끄럼조차 없이 고백하는 꼴이다.

지금의 어른들은 값싸게 노동력을 제공하며 나름대로 최선을 다해 살았다. 가족을 부양하기 위해, 국가의 번영을 위해 기꺼이 개인의 불편과 불이익을 감수했다. 그래도 일자리를 얻어 일할 수 있었다는 건 지금 세대에 비하면 다행스러운 일이다. 그런 기성세대들이 과연 지금의 젊은 세대의 절망스러운 삶을 이해하거나 공감하고 있는가? 우리가 억울하게 살았다고 한탄할 것도 아니고 우리 때는 열심히 일해서 나라를 부강하게 세우고 가정을 부양했노라고 자랑만 할 게 아니다. 진정한 어른의 역할은 다음 세대에게 더 나은 세상을 물려주는 것이다. 지금 젊은 세대의 삶을 이해하기 위해 2019년 1월 29일자 「한국일보」에 게재했던 나의 칼럼 '제로 아워 계약을 아시나요?'의 일부를 인용한다.

노동 계약을 할 때 기본적으로 월급이나 시급을 정한다. 그리고 하루에 몇 시간 노동할지를 정한다. 하지만 제로 아워 계약은 말 그대로 최저 근무시간이 0시간이다. 상상이 가는가? 그러나 이미 현실이다. 곧 일반적 현실이 될 것이다. 예를 들어 식당의 경우 종일 일할 게 없다. 그래서 바쁜 점심과 저녁 시간에 일한다. 그런 계획에 따라 시급과 노동시간을 정한다. 하지만 매일 점심 저녁이 바쁜 게 아니다. 어떤 날은 이상하게 손님이 없을 수 있다. 주인 입장에서는 매상도 없고 노동도 없는데 시급은 지불해야 한다. 이중으로 손해다. 그런데 일자리는 없고 일할 사람들은 넘친다.

자, 당신이 고용주라면 어떻게 할 것인가? 내가 원하는 시간에 불러 쓰고 딱 그만큼의 임금만 지불하면 된다. 어차피 나도 힘들고 일자리 찾는 이들은 많으며 언제든 부를 수 있는 통신체제니 충분히 가능하다. 자, 이번에는 내가 그런 일자

어른은 진보다

리라도 필요한 사람이라면 어떻게 될까? 집에서 전화만 기다린다. 연락이 오면 일할 곳으로 달려간다. 때론 한 시간 넘는 거리다. 그런데 도착했더니 이미 다른 사람이 나보다 먼저 와서 일한다. 허탈하게 집으로 돌아가야 한다. 한 시간 넘는 거리를. 다음 날부터는 식당 근처에 미리 나와 기다린다. 커피 값도 아까우니 근처 길에서 배회한다. 그러다 부르는 전화가 오면 쏜살같이 달려가 일한다. 끔찍하다!

……(중략)……

예고 없이 올 전화를 기다리며 배회하는 '호출 노동자'의 삶을 기정사실화하는 데 앞장서는 흐름에 저항해야 한다. 그게 어른들의 몫이다. 자기네들은 단물 다 빨아먹고 다음 세대에게는 "어쩔 수 없어. 그게 현실이야."라고 발뺌하는 비겁한 폭력을 멈춰야 한다. 비용 절감을 무조건 '인건비'로 생각하는 단순무식한 사고를 깨뜨려야 한다. 생각이 바뀌어야 세상이 바뀌고 삶이 바뀐다. 혁명의 시대라면 먼저 제대로 사고의 혁명부터 시작해야 한다. '기업의, 기업에 의한, 기업을 위한' 고용의 형태를 당연한 것으로 순응해서는 안 된다. 내 새끼들이 휴대전화 들고 전전긍긍하며 길거리를 배회하는 모습을 보지 않아야 한다. 그게 제4차 산업혁명 운운하기 전에 고민해야 할 근본적인 문제다. 우리는 모두 존엄한 '인간 노동자들'이기 때문이다. 그리고 미래의 발전은 인간의 행복을 위한 것이어야 한다. 이상이, 꿈이 아니다. 생각을 바꿔야 그게 현실이 된다. 인간은 모두 행복해야 한다.

혁명은 낡은 틀을 깨뜨리는 것이지 인간의 삶을 깨뜨리는 게 아니다. 혁명은 인간의 삶을 진화시킬 때 비로소 혁명의 가치를 갖는다. 그걸 놓쳐서는 안 된다. 폭동이 아니라 혁명을 원한다면 정신 바짝 차려야 한다.

아마도 기성세대, 특히 노년은 말할 것도 없이 중장년들도 '제로 아워 계약'이라는 용어조차 생소할 것이다. 그러나 이미 닥치고 있는 현실이다. 다행히 내 새끼는 그런 험한 꼴 당하지 않고 꼬박꼬박 월급 받는 직장에 다니고 있다고 자위할 일이 아니다. 그 무람한 사회가 더 험악해지지 않도록 발언해야 하고 질책하며 각성을 북돋워야 한다.

예전에 비하면 어떻다거나 임금 상승률이 너무 가팔라서 기업 할 경쟁력을 잃었다거나 노조 없는 삼성 운운하며 어리석은 말 할 일이 아니다. 52시간 노동시간이 과다하다는 주장에 동조하는가? 유럽은 35시간 미만이고 영국은 2030년에 그 절반 이하로 줄이는 것을 목표로 설정했다. 우리가 유럽보다 50년쯤 뒤처진 시대에 사는가? 오히려 많은 시간 여유를 주었고 점진적으로 개선하기로 약속했으면서도 뒷짐 지고 있다가 호들갑 떠는 게 누구인지 정확하게 가려내고 책임을 물어야 옳다. 오죽하면 지금 우리의 노동 현실과 법규가 국제노동기구(ILO) 협약 규준에 미달하여 거부되는 지경이겠는가. 그릇된 사고부터 바꿔야 한다. 그걸 바꿔 줘야 한다. 그게 어른들의 소명이다.

우리는 누구나 '일하며' 산다. 어떠한 형태든 일을 하며 산다. '일하다'라는 말을 다른 말로 바꾸면 '노동하다'이다. 그러므로 우리는 모두 '노동'하며 산다. '노동'이라는 말을 불편하게 여기는 사회에 오랫동안 살아온 까닭에 그 단어 자체를 꺼리게 된 면도 있지만 엄연한 사실이다. 그리고 노동이라는 말이 불편한 건 그렇게 만든 자들의 탓이며, 동시에 거기에 순응하며 살아온 우리 자신의 허물이기도 하다. 어쨌거나 우리는 노동하며 산다.

그런데 지금까지 살아오면서 교육의 전 과정 중에 노동의 권리를 제대로 배운 적이 없다. 대학에서도 마찬가지다. 아무리 이 사회가 권리는 외면하면서 오로지 의무만 강조하고 강요한 분위기였다고는 하지만 해도 너무 한 일이다. 교육은 단순히 지식을 습득하고 더 나은 삶의 조건을 만들기 위해 기계처럼 공부하는 걸 의미하는 게 아니다. 교육은 평생을 살아가면서 개인으로, 그리고 사회적 성원으로 제대로 살아갈 수 있는 기본적인 지식과 가치를 배우고 익히는 것이다. 그런데 노동의 권리에 대해 그저 교과서에서 개념적으로만 '노동권'이니 '노동3권'이니 하는 걸 수박 겉핥기로 배우고 말 뿐이다.

살아가면서 나의 정당한 노동이 억압되거나 왜곡되고 착취되는 상황을 겪게 되면 어떻게 비판하고 저항하며 맞서 싸워 그 권리를 누릴 수 있는지, 매우 구체적으로 배워야 한다. 또한 사회적 연대를 통해 그 권리를 확보하는 법도 알아야 한다. 불행히도 지금껏 그렇지 못했다. 내 자식들도 여전히 학교에서 배우지 못한다. 우리는 이 사실에 마땅히 분노해야 한다. 대학 입시나 성적에만 관심 갖지 않고, 기본적인 권리를 누릴 수 있도록 알려 줘야 한다. 그 책임은 우리 기성세대에게 있다.

언젠가 TV에서 독일 초등학교 수업 시간을 본 적이 있다. 교사는 아이들에게 노동의 가치와 의미를 설명했고, 아이들은 노동에 대해 제대로 배웠다. 잠깐 동안은 어린아이들이 노동권을 제대로 이해할 수 있을까 생각했다. 기우였다. 교사는 다양한 사례를 들어 설명했고, 아이들은 적극적으로 토론했다. 이미 독일 사회가 노동의 권리를 일상적이고 합리적으로 이해하며 실천하고 있기 때문에 가능한 것이다.

가장 놀라웠던 대목은 지역의 방송사가 와서 아이들의 토론을 녹화하는 것이었다. 그런 경험이 아이들에게 얼마나 중요한 자산이 될까. 훗날 그 아이들 가운데 최고경영자도 나올 것이고 노동자도 나올 것이다. 그때가 되면 학교에서 배웠던 걸 바탕으로, 무조건 자기의 주장만 내세우지 않고 공감과 토론을 통해 가장 합리적인 접점을 찾아갈 것이다. 강자가 된다 해도 약자를 마구잡이로 억누르려 하지는 않을 것이다. 그것만으로도 아이들의 교육은 충분히 가치가 있다.

요즘 청년들은 취업이 가장 큰 고민이다. 가장 큰 뇌물이 '취업 알선'이 된 지 오래다. 배경이 좋거나 연줄이 있는 청년들은 그런 식으로라도 취업하지만, 그렇지 않은 경우는 낙타가 바늘귀 통과하는 것만큼이나 어렵다. 이 현실을 경험하지 않은 어른들은 공감을 못 한다. 해마다 4천여 명의 청년이 스스로 목숨을 끊는 것도 거의 취업에 실패하여 삶의 희망을 쥐지 못했기 때문이다.

의지가 약해서 그러는 게 아니다. 동냥은 못 줄망정 쪽박은 깨지 말라고 했다. 청년들의 힘겨움과 절망에 공감할 마음은 조금도 없으면서 타박하고 비난하는 어른들은 나잇값도 못 하는 것이다. 얼마나 힘겹고 희망이 없으면 스스로 제 목숨을 거둘까! 그게 내 아이라면, 내가 잘 아는 이의 아이라면 어떤 분노와 절망을 느끼게 될까? 지옥에 전쟁 같은 입시 레이스를 거치고 대학에 진학해서, 경제적으로 여유가 없으면 수많은 아르바이트를 병행해야 하고, 그 와중에 스펙 쌓는다고 고생을 마다하지 않았는데도 취업은 절벽이다. 연애조차 사치인 상황에서 청춘이 선택하는 극단적 처지를 과연 우리 어른들은 얼마만큼이나 이해하고 공감할까?

모든 직장인들은 해고가 가장 두렵다. 그런데 지금의 청년들은 해고라도 당해 보는 게 소원이란다. 그러려면 일단 취업부터 해야 하니까. 정규직 취업이 되지 않으면 어쩔 수 없이 비정규직으로라도 일을 해야 하는데, 그런 경우 대부분 정당한 노동의 대가를 받지 못한다. 일은 더 힘들고 험한데(심지어 같은 일터에서 일해도) 급여는 절반 이하로 받는다. 무슨 희망이 있겠는가!

노동은 신성하지만, 과연 그렇게 신성한 노동을 할 수 있는 환경과 조건을 마련하고 있는지를 어른들이 물어야 한다. 그런데 내 일 아니라고, 나도 먹고살기 힘겹다고 발뺌하거나 외면한다면 그건 어른의 자격이 없는 것이다.

정당하게 노동하고 공정하게 돈 버는 세상에 한 걸음이라도
가까이 가야 한다.

나도 상속세 걱정 좀 해봤으면 좋겠다. 부모에게 받은 것 없으니 예외였고, 자식에게 물려줄 것 별로 없으니 마찬가지일 것 같다.

　우리는 열심히 일했고 저축했고 투자해서 돈을 벌었다. 그걸 뭐라 할 사람은 없다. 상찬할 일이다. 우리가 번 돈과 투자가 일자리를 만들었고 그 덕에 많은 이들이 먹고산다. 나 혼자 잘 먹고 잘 쓰려고 돈 버는 사람은 별로 없을 것이다. 우선 내 자식들이 나보다 더 나은 삶을, 이왕이면 덜 고생하면서 더 멋지게 살기를 바라서 아끼고 돈을 불렸을 것이다. 그걸 물려주겠다는 걸 뭐라 할 사람 없다. 상속세만 제대로 내면 된다.

　나 혼자 열심히 일해서 번 돈 같지만 이 세상 어디에도 혼자 돈 버는 일은 없다. 공동체의 도움(그게 노동자건 소비자건)이 없었다면 불가능한 일이다. 그런데 상속세가 너무 많아서 기업 활동을 하지 못하겠단다. 내가 벌어서 자식에게 물려준다는데, 돈을 벌 때 이미 소득세 다 냈는데 왜 또 엄청난 세율의 세금을 내야 하는가 생각할 순 있다. 미국의 보수주의자들도 그렇게 투정한다. 그리고 그들의 정치헌금과 지원이 필요한 정치인들은 아예 대놓고 상속세를 폐지하는 법안 개정을 운운한다.

하지만 투자의 귀재이며 '오마하의 현자'로 불리는 워런 버핏은 법에 정해진 세금이 자기와 같은 부자에겐 너무 적다며 더 많은 세금을 내도록 해야 한다고 주장한다. 그의 주장에 미국의 많은 부호들이 호응하고 동조하는 것은 신선하기까지 하다. 그런데 이 나라 최고의 부자들은 상속세 피하려고 온갖 술수를 동원하며 아버지에게 고작 몇십 억 빌려 증여세로 얼마쯤 내고 나머지 돈으로(고작해야 20, 30억도 채 되지 않는) 이리저리 굴려 몇 조의 자산으로 불리는 놀라운 신공을 보인다. 일감 몰아주기는 애교 수준이다. 아무도 그것을 대놓고 비판하지 않는다. 오히려 그와 '그의' 기업이 이 나라를 먹여 살린다며 모른 척한다. 정작 '유리 지갑'인 직장인들은 꼬박꼬박 세금을 '뜯기'는데 말이다. 이러니 부자는 더 부자가 되고 가난한 사람은 더 가난할 수밖에 없다. 제대로 상속세를 낸 기업이 뉴스가 되는 나라다. 이게 말이 되는가.

세금은 언제나 누구에게나 민감한 문제다. 건전한 국가 재정은 투명한 세정稅政에서 비롯된다. 그러나 그 투명은 '투명한 지갑'을 지닌 사람들에게만 적용된다. 보유세가 낮은 대한민국 부동산에 대해 일정 가격(그냥 일정한 가격이 아니라 매우 고가의 가격)이 넘는 부동산에 보유세를 높이겠다며 종합부동산세를 현실화하겠다고 하자, 국가가 사회주의화 된다면서 불평하고 저항했다. 언론도 앞장섰다. 결국 그 세정으로 정권을 넘겨야 했다.

그러나 냉정하게 따져 보자. 과연 당신도 종합부동산세 걱정하는가? 나도 그런 걱정해 봤으면 좋겠다. 이건 푸념이나 못 가진 자로서의 불평이 아니다. 폭등한 부동산은 투자의 결과이기도 하지만 상당 부분은 불로소득이고 투기의 결과물이다. 종합부동산세 걱정할 일이 없는 사람들까지 나서서 덩달아 흥분하는 꼴은 참 우습기 짝이 없다. 도대체 우리는 어떤 프레임에 갇혀 살고 있는가?

상속세나 종합부동산세의 문제는 가족의 기업 승계에 비하면 지엽적일 수 있다. 아버지가 회장이면 아들도 나중에 회장이 되는 게 너무나 당연한 것으로 여기는 기업 양상에서 국가와 경제는 과연 정상적인가? 물론 회장 자리에 가족이 이어지는 게 유리한 점도 많을 것이다. 기업의 큰 흐름과 문제 등에 대해 자주 보고 들었을 것이니.

그러나 우리가 기업의 이런 가족 승계에 대해 크게 문제 삼지 않는 건 단순히 민주주의 국가이기 때문에, 승계 문제는 기업 스스로 판단하고 결정하며 책임지면 되는 것이라고 여기기 때문만은 아니다. 산업화 시대 독재를 합리화할 때의 논리가 여전히 관성적으로 작동되는 면도 있다.

독재를 합리화하는 방식 가운데 하나는 세계의 질서와 환경이 급변하는 현실에서 빠르게('옳게, 절차적 합리성을 거치며'가 아니라) 판단하고 행동해야 하기 때문에, 민주주의 번거로운 과정은 조금 생략하고 때로는 유예하더라도 (그래서 10월 유신은 국회의 국정조사 등도 '통일' 때까지 유보한다며 아예 대놓고 묵살했다.) 국력을 하나로 모아 난국을 타파해야 한다고 학습시키는 것이었다. 그러면서 기업도 변화무쌍한 경제 상황에서 빠르게 판단하고 선택하며 총력으로 타개하기에는 강력한 오너십이 우리에게 적합하다며 감쌌다. 실제로 그런 기업들이 없었던 건 아니다. 상당 부분 당시의 경제 상황이 그렇게 만들기도 했다.

그러나 실제로는 기업 회장의 무모하고 비합리적이며 탈법적인 행태들이

어른은 진보다

끊이지 않았다. 예를 들어 아시아나그룹의 붕괴는 총수 일가의 과욕과 그릇된 판단이 가장 큰 원인이었다. 대한항공의 사례는 더 극명하다. 총수의 딸이라는 이유 하나만으로 부사장이 된 큰딸은 이른바 '땅콩회항'으로 그룹에 먹칠했고 동생은 '물잔 투척'으로 물의를 일으켰다. 아들과 어머니도 그 경쟁에서 벗어나지 않았다. 결국 이 일가족의 무례와 무능 그리고 일탈로 인한 기업가치 하락은 천문학적이었다. 임직원만 3만 명에 계열사가 서른두 곳인 재계 13위 그룹은 결국 '핏줄 승계'의 그릇된 값을 톡톡히 치르고 있다.

만약 가족 승계로 인해 기업이 와해되면 그 기업에 종사하는 이들의 일자리는 조금도 흔들리지 않을까? 이른바 '오너 리스크'는 어제오늘 일이 아니다. 그런데도 우리는 여전히 핏줄 승계에서 벗어나지 못하고 있으며 그걸 당연하다고 여긴다. 고작해야 몇 퍼센트에 불과한 주식을 보유하면서 회사를 대대손손 물려주며 혜택을 독식하는 것이 과연 타당한 일인가?

핏줄 승계는 온갖 불법과 편법을 낳았다. '삼성바이오로직스 회계 사기 사건'과 '국정농단 사건'은 삼정전자뿐 아니라 삼성그룹 전체를 난맥에 빠뜨렸다. 이재용 부회장이 삼성 후계자가 아니었다면 일어나지 않았을 기업 범죄다. 이 부회장이 아버지(이건희)의 그룹 지배력을 좀 더 적은 비용으로 넘겨받으려다 벌어진 일이다. 우선주를 발행하고 그룹 내 일감을 몰아주는 불공정 행위도 핏줄 승계의 병폐다. 땅 짚고 헤엄치는 불공정행위다. 그걸 비판하지 못하는 사회는 그 손실을 그대로 떠안아야 한다.

미국의 전설적인 미식축구 감독 배리 스위처(Barry Layne Switzer, 1937~)는 "어떤 사람들은 자신이 3루에서 태어났으면서 3루타를 친 줄 알고 살아간다."고 따끔하게 비판했다. 아마 그가 대한민국에서 살았다면 이렇게 말했을지 모른다. "어떤 사람들은 더그아웃에 앉아 있으면서 자신이 만루홈런을

치고 들어온 줄 알고 살아간다." 더 웃기는 건 사람들이 그가 정말 3루타를 쳤거나 심지어 만루홈런을 치고 들어온 줄 알며 숭배한다는 사실이다.

더 늦기 전에 악습의 고리를 끊어야 한다. 그들이 알면 얼마나 알겠는가? 전문가라고? 전문가의 도움을 받고 있다고? 그 전문가들이 사실은 입맛에 맞는 일 해주거나 더러운 밑 닦아 주는 걸 모르는 이 있는가? 이제 전문경영인에게 책임경영을 맡기고 가족은 능력에 따라 일하거나 배당금으로 수입을 누리게 해야 한다. 그거면 충분하다. 외국의 수많은 유력 기업들이 거의 그렇지 않은가.

핏줄 경영이 가장 최선의 전략이라는 허황된 인식부터 깨뜨려야 한다. 그러려면 시민들이 가족 승계를 당당하게 비판해야 한다. 전문경영인이라면 무모한 짓이나 불합리한 선택으로 기업을 큰 위기로 몰아갈 일은 훨씬 줄어든다는 게 대다수 경제학자들의 견해다. 예전에는 그래도 눈치라도 보면서 총수 자녀들이 대리나 과장부터 시작했지만 요즘은 최하 실장이고 기본은 본부장이나 이사다. 우리의 자식들이 신입사원부터 시작해서 그 자리에 도달하려면 얼마나 걸릴까? 아니, 도달할 수는 있을까?

대다수 기업들이 입만 열면 '혁신'을 외친다. 그러나 진짜 혁신은 총수 가문이 전근대적으로 핏줄 승계하는 문제에 있다. 어떤 혁신과 개혁을 떠들어도 정작 승계의 문제에 매달리며 온갖 불법 탈법을 일삼고, 이를 챙기는 직원이 승승장구하는 한심한 꼴이 일반화되어 있다. 뛰어난 상품을 개발하고 회사에 높은 수익을 가져온 직원보다 핏줄 승계를 돕고 그 곁에서 호위하는 자들이 더 높은 대우를 받으며 강력한 영향력을 행사한다. 일반 직원들은 이런 부조리를 보고 있다. 반개혁적인 일이다. 이러면서 무슨 개혁을 외치는가. 웃기는 일이다. 더 이상 핏줄 승계를 '자연스러운' 일이나 '합법적인 일'

이라고 여기는 전근대적 사고에서 벗어나야 한다.

이 문제를 거론하니 어떤 이는 내가 기업을 삐딱한 시선으로 보는, 좌경화된 인물이라고 속단할지 모른다. 아니다, 결코 아니다. 옳은 걸 응원하고 그릇된 걸 끌어내야 우리와 우리 자식들이 살아갈 미래가 제대로 마련된다. 언제까지 이 그릇된 관습과 악행에 순응하며 살 것인가. 우리의 자식들이 그들의 노예로 살기를 원하는가? 기껏 힘들게 공부하고 어렵게 입사한, 능력 있는 우리 자식들이 그들을 섬기고 떠받들며 그저 10년, 20년 상대적으로 '좋은' 보수를 받으며 안정되게 살면 모든 게 용서되는가?

단순히 감정적인 문제 제기가 아니다. 다음의 문제를 보면 수긍할 수 있을 것이다. 내가 다른 책에서도 이미 여러 차례 언급했지만, 미국의 경우 상위 고소득자 500명 중 70%가량이 자기 창업자다. 이건 내 주장이 아니라 「포브스」에서 언급된 자료다. 이 통계에 주목해야 한다. 자기 창업자는 과거에 얽매이지 않는다. 미래가치를 바라본다. 그래서 새로운 일자리가 생긴다. 미국에서 새로운 일자리는 포드나 GM에서 생기는 게 아니라 구글, 페이스북, 마이크로소프트, 아마존 같은 창업사에서 만들어진다.

그렇다면 우리는 어떤가? 상위 고소득자 500명 가운데 80% 안팎이 가업 계승자다. 가업 계승을 무작정 비난하는 게 아니다. 가업 계승자들은 어쩔 수 없이 과거에 발목이 잡힌다. 이들도 미래가치에 대해 모르지 않는다. 그러나 굳이 그런 위험부담을 감수할 까닭이 없다. 물려받은 자본, 조직, 인력, 공장, 시장이 있다. 거기에서 아직은 이익이 발생하는데 굳이 새로운 일에 모험을 걸 까닭이 없다. 만약 시장이 변화하면 그때 가서 정리하면 된다. 이익이 소진될 때까지는 빨대를 놓지 않는다.

더 큰 이익을 위해서 최대한 고정비를 줄인다. 인건비부터 손댄다. 사실 고정비를 줄이는 데 인건비는 마지막 선택이어야 한다. 대신 인력을 재배치하고 재교육하며 낡은 시스템과 시설을 바꿔야 한다. 다만 이건 돈 들고 시간이 필요하다. 경영자의 몫이다. 그러니 대다수 경영자들은 굳이 그렇게 하지 않아도 되는 방도만 있다면 그걸 손댈 까닭이 없다. 다행히 인력은 남아돌고 AI나 로봇을 도입하면 인력을 줄일 수 있다. 그러니 일단 고용을 줄인다. 나중에 더 필요하면 그때 가서 인심 쓰듯 고용을 늘이면 된다. 이러니 미래가치와 미래 일자리는 생기지 않는다. 이게 지금 우리 기업 형태의 가장 심각한 고질적 문제다.

중국은 어떤가? 우리는 중국을 은연중 낮춰 보다가 이제는 막연한 두려움으로 대한다. 덩치가 크고 엄청난 인구 때문에? 중국이 대국굴기大國崛起와 일대일로一帶一路를 주창해서? 그건 본질이 아니다. 중국의 상위 고소득자 500명을 뽑아 보면 쉽게 알 수 있다. 90% 이상이 자기 창업자다. 사회주의 국가인 중국에서 자본주의를 받아들이면서 가업 계승할 일 자체가 원천적으로 불가능하기 때문이다. 이미 중국도 심각한 양극화 현상을 겪고 있으며 머지않아 국가적 재앙이 될 우려가 있지만, 어쨌거나 지금으로서는 가족 승계가 드물다. 중국이 진짜 두려운 건 지금의 기업들이 대부분 자기 창업자라는 사실에 있다. 그런데 안타깝게도 우리는 그 문제에 주목하지 않는 것 같다.

가족 승계로 잘되는 곳도 있다. 사실 이 방식으로 가면 기업의 생명이 길어야 하는 것도 맞다. 작은 가게도 몇 대를 이어 가면서 축적되는 가치와 힘이 있다는 걸 우리는 많은 사례를 통해 만날 수 있다. 그러나 대기업 특히 기업집단의 경우 기업의 흥망성쇠가 국가 경제를 좌우할 수 있고 가장 큰 고용시장이라는 점에서 자폐적이고 비합리적인 핏줄 승계를 묵인하고 만다. 이젠 이를 당연한 것으로 인정하는 관성을 버리자. 혁신을 외치면서도 자기 자신들은 혁신하지 않는, 노블레스 오블리주는커녕 오히려 온갖 패악과 부패, 부조리를 저지르는 가족 승계 기업들의 불안정성과 위험을 더 이상 방치해서는 안 된다.

기업을 창업주 가문에서 뺏으라는 과격한 주장이 아니다. 사회주의적 주장도 아니다. 말로만 전문경영인 운운할 게 아니라 사회적 인식 자체의 대변환이 필요한 때다. 그래야 우리가 산다. 그래야 내 자식들과 손녀 손자들이 안정적이고 좋은 일자리를 얻고 행복한 삶을 누릴 수 있다. 우리 손에, 우리 생각에 달렸다. 어떻게 할 것인가. 그대로 방치하고 옛 방식으로 순치된 상태로 살 것인가?

재벌의 무능력한 가계 상속이 경제를 망친다.
배당금만으로도 충분하지 않은가?

친구들 가운데 강남의 수십 억 아파트에서 사는 친구가 제법 많다. 부모에게 큰 재산 물려받은 경우는 별로 없다. 말 그대로 자수성가했다. 대기업 이사 이상의 자리까지 오른 친구들도 있고, 장관급 고위직에 오른 친구들도 있다. 사업해서 돈 많이 번 친구들도 있다. 다 그런 건 아니다. 그저 운좋게 정년까지 채우고 나온 교사, 공무원, 회사원 등이 대부분이다. 그런데 강남의 비싼 아파트에 살고 있다. 부럽고 좋은 일이다.

그러나 솔직하고 냉정하게 말해서 사업가 친구, 그것도 운이 좋아 크게 성공한 경우를 제외하고 월급 받아 근검절약해서 강남에 집을 산 경우는 드물다. 대개는 아내의 눈부신 정보력과 추진력 덕택에 조금씩 무리를 해서라도 융자를 내서, 집 사고 몇 차례 이사하며 금융비용보다 훨씬 더 많은 시세차익을 거치면서 지금의 집을 살 수 있었을 것이다. 노력과 행운 덕분이니

도덕적으로 비난할 일은 전혀 아니다. 정보력과 결단력 등을 바탕으로 치솟는 부동산에 투자한 것이고 위험부담을 안았던 것이니 결실은 전적으로 즐기는 게 맞다.

그런데 부동산 가격이 폭등하여 시민 경제가 뒤흔들리니 정부에서 혁명적 조치를 취한다. 사실 혁명적인 것이라고 하기에는 미흡하지만 그래도 기존의 보유세에 비하면 갑자기 치솟은 종합부동산세는 청천벽력과도 같다. 물론 우리의 세금 체제에서 보유세는 다른 자산에 비해 낮은 편이다. 그래도 갑자기 급등한 세금은 짜증 난다. 몇백만 원의 세금이 2천만 원쯤 급등하면 그 돈을 대체 어디에서 마련한단 말인가? 내가 노력해서 얻은 재산인데 그렇게 세금을 내게 하는 게 과연 자본주의사회에서 타당한가? 분하기도 하고 억울하기도 할 것이다. 내가 부동산 가격 올린 것도 아닌데 그 책임을 져야 하는가 하는 반론은 충분히 가능하다.

하지만 부동산 가격이 오를 때 그건 부당하며 비합리적이라고 비판하고 저항한 적 있는가? 오히려 내 부동산 가격이 오를 때는 금방 셈이 가능한 차액에 흐뭇해하지 않았는가? 오르는 부동산 가격에는 모른 척하고 지불해야 하는 사회적 책임에는 펄펄 뛰는 건 균형적이지 않다.

부동산 가격이 올랐어도 내가 유동성이 없는데 어떻게 급등한 세금을 감당할 수 있느냐는 항변도, 심지어 부동산 가격이 오르지 않아서 시세차익도 없는데 오른 세금을 감수해야 하는 건 부당하다는 불평도 나름 설득력이 있다. 그러나 현실적으로 몇 년 사이에 수억 원의 이익을 본 건 외면하고 오른 세금에 대해서만 비판하는 건 정당하지 않다. 내 주장이 반자본주의적이라고 비판할 수 있을지 모른다. 그러나 자본주의의 관점에서 보더라도 과도한 이익의 발생에는 당연히 과세가 따른다. 그건 모른 척하면서 과도한 부동산 세금에 대해서만 말하는 건 공정하지 않다.

더 웃기는 건, 종합부동산세로 인해 예전에 비해 훨씬 많은 세금을 부담해야 하는 사람은 그리 많지 않다는 사실이다. 당신은 그것 때문에 고민하고 고통받고 있는가? 그렇다면 이미 당신은 적어도 행복한 사람이다. 나도 그런 고민하고 고통받았으면 좋겠다. 이건 빈정거림이 아니다.

소수의 강자들에게는 여론을 자신들에게 유리하게 이끌고 갈 수 있는 언론이라는 막강한 무기가 있다. 그래서 마치 모든 사람이 종합부동산 세금 때문에, 세금 폭탄 때문에 못 살 것 같다는 논지를 계속해서 떠들어 댄다. 세금 때문에 경기가 침체되고 투자에 대한 의욕도 생기지 않으며(종합부동산 세금 때문에?) 그러면 결국 경제가 붕괴될 것이라고 협박조로 계속해서 떠들어 댄다. 사실 그 세금에 해당되는 사람은 극소수이며, 자신들은 그에 해당하는 사회적 강자라는 건 뒤로 다 감춘 채 말이다. 언론이 떠드니 종합부동산세에 해당되지 않는 사람들까지 그건 자본주의와 자유민주주의에 위배되는 초법적인 과격한 정책이라고, 게다가 경제가 붕괴되면 공멸할 것이라는 공포를 느끼며 새로운 세제를 만든 정부와 관련자들을 비난하기 시작한다. 결국 부동산세 개편 정책은 선거 때 처절하게 응징되고 실권한다. 다시는 그런 시도를 할 엄두를 내지 못한다. 소수 강자의 완벽한 승리다. 그걸 우리는 이미 목격하지 않았는가.

다시 내 친구들 이야기로 돌아가 보자. 5억쯤 주고 산 아파트가 몇 년 만에 10억대로 올랐단다. 그걸 매각했다. 당연히 양도소득세를 냈다. 그래도 차익보다는 당연히 적다. 그런 과정을 몇 번 거치면 20~30억대 아파트가 내 소유가 된다. 내가 벌어서 저축한 돈만으로는 어림 반 푼어치도 없다.

부동산 가격은 어쩌다 주춤거리기는 할지언정 폭락하는 경우는 별로 없다. 최근에는 지방에서 미분양 사례도 빈발하지만 적어도 서울 같은 대도시에서는 전혀 염려할 게 없다. 그러니 위험부담도 없다. 학군 때문에 이사를 갔다면 아이가 진학 후에 나오면 되지만 그사이 부동산 가격이 폭등한 걸 경험한 사람은 더 오를 것을 알기에 눌러앉는다. 한편 새로이 그 동네 학군에 목매다는 사람들이 들어오고 싶어서 비싼 부동산 가격도 마다하지 않는다. 집값은 다시 더 오른다.

이런 악순환이다. 그리고 악순환의 혜택은 눌러앉은 사람들의 차지다. 물론 그들이야 자기들이 일부러 그런 것도 아니고 거기 살았을 뿐이며 더더구나 나쁜 짓 한 것도 아닌데, 마치 자신들이 경제 파렴치범이라도 되는 것처럼 몰아세우며 세금 폭탄을 투하한다는 건 못마땅할 수 있다. 게다가 매각할 때 어차피 양도소득세를 내니 더욱 부당하다고까지 한다. 하지만 그건 어불성설이다. 누구나 양도소득세 낸다. 다만 양도 차액에 따라 차등적이고 누진적인 세금의 차이는 존재하지만 그럼에도 불구하고 고가의 부동산을 가진 자들이 더 많은 이익을 차지한다.

어떤 정부도 쉽사리 증세 정책을 내놓지 못한다. 세금 더 내라고 하면 기꺼울 사람이 없으니 당연히 인기 없는 정책이 되기 쉽고, 자칫하면 권력을 놓칠 수도 있기 때문이다. 그러면서 복지를 외면하는 건 또 안 된다. '증세 없는 복지'라는 게 절묘한 말일지 모르지만 그건 형용모순이고 교묘한 거짓말일 수밖에 없다. 복지에는 비용이 드는데 증세 없이 어디에서 재원을 마련한단 말인가. 그러나 표를 얻기에는 그보다 절묘한 표현이 없다. 복지에 대한 욕구도 그럴싸하게 충족시키고(물론 겉으로만, 선언적으로만), 증세에 대한 거부감도 해소할 수 있기 때문이다. 그러나 무책임하기 그지없는, 그야말로 가장 비열한 포퓰리즘이다.

복지가 필요하다면 응당 증세에 대해 진지하게 논의해야 한다. 증세는 모든 사람들에게 엄청난 지불을 요구하는 게 아니다. 없는 사람들에게는 증세의 부담을 지우지 않는다. 그런데도 증세라는 말이 주는 거부감 때문에 꺼린다. 결국 누군가는 세금을 더 내야 하는데 아주 많이 가진 사람이 훨씬 더 많이 내는 게 아니라 만만한 사람들이 교묘한 '깃털 뽑기'의 희생양이 될 수밖에 없다. 우리가 받던 월급에서 그런 일이 많았다. 차등적 세금은 경제 양극화의 최소한의 장치임에도 불구하고 현실은 그와 정반대다. 그런데도 증세에 과민하고 종합부동산세에 대해 펄펄 뛰는 건 솔직히 어처구니없는 일이다.

증세(그것도 소수의 부자와 강자들에게 해당되는)를 위해, 그리고 부동산 양극화와 과도한 부동산 가격 상승(한쪽이 오르면 덩달아 따라 오르는 까닭에 내 집을 갖는 건 갈수록 요원해지는)을 누그러뜨리기 위해 앞뒤 재지 않고 전격적으로 증세 정책을 실시하려던 정부가 있었다. 당연히 저항이 격렬했다. 그리고 결국 권력을 잃었다. 노무현의 실험은 그렇게 처참하게 좌절되었다. 그 실패는 다시는 어느 정부도 같은 위험한 시도를 하지 못하게 만들었다. 그리고 부동산은 고삐 풀린 말처럼 정상적 경제활동을 마비시킬 만큼 악화되었다.

내 자산 가치가 오르는데 마다할 사람 없다. 나는 1997년 외환위기 때 소유하던 부동산이 반 토막이 났다. 그것도 두 건이나. 눈물을 머금고 팔아야 하는 상황이었다. 그리고 다시 집을 사는 데 길고 긴 시간이 걸렸다. 어렵사리 매입한 아파트가 제법 값이 올랐다. 세금이 많이 나왔다. 그리고 불가피한 일 때문에 매각했다. 다시 많은 세금이 나왔다. 그러나 우리 부부는 세금을 낼 수 있다는 게 고마웠고 내가 노동해서 번 돈보다 시세차익이 더 많다는 게 황당하고 미안했다.

노동으로 번 돈보다 금융 이자나 부동산 가격 상승으로 얻은 불로소득이 더 많은 건 정상적이지도 건전하지도 않다. 물론 이건 토마 피케티의 지적처럼 자본주의 역사에서 늘 불변이었다. 그러나 피케티의 경고에 귀 기울여야 한다. **불로소득으로 인한 격차가 커질수록 사회는 병들고 그렇게 병든 사회를 치유하기 위해 더 많은 사회적 비용을 지불해야 할 때가 온다. 호미로 막을 일을 가래로도 막지 못할 수 있다.**

세금 폭탄 운운하는 호들갑에 휘둘리지 말자. 물론 종합부동산세 때문에 곤혹스러운 사람들의 입장에서 볼 때 못마땅한 건 충분히 이해한다. 게다가 퇴직해서 소득도 변변하지 않은 사람들 입장에서는 세금 내려고 빚내야 한다는 게 용납하기 어려운 폭력처럼 여겨질지 모른다. 그러나 냉정하게 말하자면 종합부동산세를 낼 수 있는, 특히 과평가된 자신의 부동산 자산 때문에 전체적으로 부동산 폭등이 촉발되고 자신의 자산 가치는 훨씬 더 증가했다는 점을 고려해야 한다. 지금까지 보유세가 상대적으로 낮았다는 점도 감안해야 한다. 이 말이 당사자들에게는 야박하게 들리겠지만 우리는 모두 사회적 존재고 그 관계 속에서 경제적 이해관계도 이루어진다는 점을 고려해야 한다.

10여 년 전 일본의 아파트 가격이 수십 억 한다고 했을 때 우리는 미쳤다고 했는데, 이젠 우리가 그러고 있다. 버블은 언젠가 꺼지겠지만 그때까지 마냥 기다릴 수만도 없다. 빚내서 세금 낸다는 게 억울해도, 부동산을 담보로 해서 융자를 얻어 해결할 수 있다. 금융비용이 아깝지만 부동산 가격 오른 값에 비하면 억울할 것도 아니다. 특히 교육 여건(그나마도 깨져야 하는 문제고 언젠가 그렇게 되겠지만) 운운할 게 없는 나이 든 사람들까지 거기 눌러앉아 살아야 할 이유가 과연 있는가? 거주의 자유를 침해하는 게 아니라 강남 등의 순환이 이루어지지 않기 때문에 가격이 더 폭등한다는 점을 생각하면 더욱 그렇다. 이제 모두 사회적 의무감을 가져야 한다. 타인의 불행을 담보로 나의 행복이 커지는 건 비인격적인 일이다.

종합부동산세를 징수한다고 해서 정식으로 증세 정책을 선언한 것도 아니다. 그런데도 종합부동산세를 걱정할 까닭이 없는 사람들까지 강자들의 여론 형성에 휘둘려 덩달아서 불평하고 비난하는 건 심리적으로 부유층에 들고 싶다는 잠재욕구의 발현일지 몰라도 그리 합당하진 않다.

솔직히 나도 종합부동산세를 내야 하는 부담을 느끼고 싶다. 그래야 하는 부동산 자산을 소유하고 싶다. 나도 막상 그런 자산을 지니게 되면 세금 부담 때문에 유쾌하지 않을지 모른다. 그러나 세상 나만 잘사는 게 능사가 아니다. 좀 더 냉정하게 판단해야 하지 않을까? 나이 든 사람들부터 그래야 한다.

소득이나 경제적 이익이 생기면 마땅히 세금을 낸다.
그게 시민의 의무고 자랑이다.
세금 낼 수 있다는 걸 다행으로 여기는 게 먼저다.

어른은 진보다

IMF 체제 조기 졸업이
자랑은 아니다

1997년을 지금도 잊을 수가 없다. 마른하늘 날벼락처럼, 한밤중 홍두깨처럼 갑자기 흠씬 두들겨 맞았다. 해외에서 조짐이 보였음에도 당시 재무장관이란 사람이 대한민국은 그들과는 토대(펀더멘탈)가 달라서 끄떡없다고 호언장담해 조금은 마음을 놓았는데 하루아침에 거짓말이 된 꼴이었다. 달러와 유가는 세 배까지 폭등하고 집값은 절반 이하로 토막 났다. 취업은 기대난망이고 회사 잘 다니던 직원들은 해고의 공포에 시달렸다. 그리고 그 두려움은 현실로 나타났다.

우리는 아무런 대비도 하지 않았다. 아니, 못 했다. 자객처럼 온 위험과 위기가 아니었다. 척후병을 보냈으면 충분히 짐작할 수 있는 일들이었다. 물론 강대국의 감춰진 의도와 전술의 속살까지 우리가 알 수는 없었겠지만 그래도 면밀히 살펴본다면 능히 알 수 있었다. 그런 거 하라고 높으신 분들, 높은 자리, 높은 급여 준 것이다. 그러나 그들은 자기 이익에만 충실했고 나라 밖의 흐름에는 무관심한 채 안에서의 자리다툼과 이권에만 몰두했다.

20세기를 지배했던 패러다임인 '속도와 효율'은 20세기 후반 들어 뚜렷하게 퇴조했다. 냉전의 대결 양상이 퇴색하기 시작한 것도 그런 변화에서 읽을 수 있었고, 그렇게 읽었어야만 했다. 1980년대 말에서 1990년대 초까지 이어진 세계의 혁명적 변화는 그 상징이었다. 그런데 우리는 독일의 통일을 그저 선망과 관념으로만 대했다.

우선, 감상적 태도로 대했다. 독일의 통일은 대한민국을 세상에서 유일하게 남은 분단국으로 부각시켰다는 감상이 그것이다. 독일 통일의 의미나 과정 등에는 무관심했다. 또한 막연한 기대를 걸었다. 독일이 통일되었으니 다음 차례는 우리라는 식이었다. 정작 독일이 통일을 위해 얼마나 많은 투자와 연구, 교류를 했는지 따위는 알고 싶어 하지도 않았다. 어째서 그 시기에 통일이 이루어졌는지를 명확하게 분석했어야 한다. 다른 나라는 경이의 눈으로 볼지 몰라도 우리는 다르게 봤어야 한다.

과연 우리는 얼마나 통일에 관심을 갖고 연구, 투자와 교류에 힘썼는가. 이명박 정부 때 통일부 장관에 지명된(끝내 낙마해서 장관에 임명되지는 못했지만) 이는 『통일은 없다』라는 책을 썼던 사람이었다. 아주 상징적인 해프닝이었다.

1991년 소비에트연방(소련)의 해체는 이데올로기 대립과 냉전체제의 종말이기도 했지만 속도와 효율이란 경쟁 구도가 해체되었음을 예고한 것이었다. 그러나 우리는 자본주의의 승리라는 면목에만 주목했다. 자본주의의 승리는 당연한 일이었다. 속도와 효율이 지배하던 20세기에 공산주의는 결코 자본주의를 이길 수 없었다. 전쟁과 이념의 대립이 공산주의의 수명을 연장

시켜 주었을 뿐이다. 정작 봐야 할 본질은 제대로 보지 못하고 거죽만 본 셈이다.

세상은 이미 빠르게 변모하고 있었다. 정치뿐 아니라 사회와 경제에서도 마찬가지였다. 그러나 우리의 경제는 승승장구하는 것으로 착각하여 세상의 변화에 무관심했다. 정부뿐 아니라 기업의 최고경영자들도 마찬가지였다. 그 중요한 변화의 시기에 관성으로만 대하다가 한 방에 전체가 붕괴된 게 1997년 체제였다. 대가는 혹독했다. 앞서 말한 것처럼 달러와 유가는 세 배까지 폭등하고 부동산 가격은 1/3로 폭락했다. 대량 해고는 다반사였다. 모든 것이 한꺼번에 무너졌다. 결국 IMF를 통해 구제금융을 받을 수밖에 없었다. 국가가 외환을 충분히 보유하지 못해서 당한 일이라며 집안의 온갖 패물을 내놓아 달러로 바꿨다. 역사상 그렇게 대응한 나라와 국민은 없다. 그것만으로 감동을 주기에 충분했다.

그러나 우리는 그 감동에 스스로 취해서 정작 책임져야 할 자들에게 책임을 묻지 않았다. 그러는 사이 그들은 모아둔 돈으로 폭락한 부동산을 사들이는 일에 몰두했다. 그리고 몇 년 후 경제가 회복되자 부동산 가격은 급상승했다. 결국 외환위기를 책임져야 할 이들이 몇 배의 이익을 누리게 되었다. 양극화가 가속된 것도 이런 구조 때문이다.

IMF의 조건은 가혹했다. 얼마나 가혹했는지 IMF 내부에서도 지나치다는 분석이 있었을 정도였다. 이후 IMF 구제금융을 받은 나라들은 크게 완화된 조건을 받았다. 어쨌거나 우리는 그 가혹한 조건과 무리한 요구를 다 따랐다. 그리고 3년 만에 IMF 체제를 졸업했다. 놀랍고 자랑스러운 일이다. 그러나 정말 그게 자랑할 일일까? 아니다. 국민의 눈물 어린 노력은 자랑해 마땅하지만 나머지는 아니다. 나는 단호하게 그렇게 생각한다!

IMF 체제 3년 동안 이른바 구조조정이라는 명목으로 마음껏 하부구조의 체질을 바꿨다. 내용은 단순했다. 고정비를 줄여야 한다는 명목으로 대량 해고의 칼을 휘둘렀다. 왜 그 지경을 당했는지 묻고 따질 겨를도 없었다. 책임져야 할 자들에 대한 추궁도 없었다. 기업들은 시민의 세금으로 만든 공적자금으로 회생하고 덩치를 키우면서 정작 자신들의 잘못을 고백하거나 문제점에 대해 책임지지 않았다. 무조건 하부구조를 떠받치는 직원들만 마음껏 해고했다.

그렇게 3년 동안 마음껏 칼을 휘둘렀다. 그렇다면 다음 차례는 어디여야 했겠는가? 당연히 상부구조의 환골탈태다. 그런데 바로 그 타이밍에 IMF 체제를 졸업한 것이다. 상부의 구조조정은 물 건너가고 말았다. 그래서 상부의 구조적 모순은 그대로 남았거나 덩치와 이익은 더 커지면서 합리적이고 민주적이며 투명한 경영은 외면되었다. 그게 지금까지 이어지고 있다.

신자유주의경제의 등장은 1970년대 들어서면서 전후 정치경제 질서가 붕괴한 데다 오일쇼크와 그에 따른 장기 경기침체 그리고 금융시장의 세계화 등의 변화에 따른 반작용이었다. 국가가 경제에 개입하면서 비효율이 발생하고, 재정적자는 계속 누적되면서 인플레이션이 만연하고, 기업들은 투자를 꺼리면서 실업의 문제까지 한꺼번에 터지자 나타난 변화다. 무엇보다 경제에서 국가라는 경계의 제한성은 세계화 경제구조에 맞지 않는다는 비판과 더불어 완전고용과 고임금이라는 케인스주의에 따른 경제학에 회의를 느끼기 시작한 것이다.

노동시장의 유연화가 마련되지 않으면 오히려 고용이 축소된다며 영국은 복지지상주의의 영국병을 치유한다는 명목으로, 그리고 미국은 노동시장의 경쟁력을 마련해야 한다는 명분으로 대처와 레이건에 의해 채택되었다. 그에 따라 국제적으로 변동환율제가 채택되고 주요 선진국을 중심으로 경쟁적으로 금융 자유화가 확장되었다. 당연히 각국은 개방을 촉구(당)했고 수출을 증대시켜 자국의 경제성장과 고용을 촉진하는 정책에 몰입했다. 소련의 해체는 기존의 자본주의가 신자유주의경제로 전환하는 데 큰 촉매가 되었다.

우리나라의 신자유주의경제는 엉뚱하게 IMF 체제의 산물로 본격화되었다. 타의적인 세계화와 구조조정은 그 병폐와 문제를 자각할 틈도 주지 않았다. 승자독식과 규제 철폐를 보장하는 신자유주의경제는 이익을 극대화할 수 있다는 믿음을 가진 기업의 적극적인 호응과 관변 경제학자들의 후원 속에서 빠르게 자리 잡았다. 우리는 1997년 외환위기 이후 IMF 체제하에서 신자유주의 질서로 재편되면서 금융시장 규제완화, 노동시장 유연화, 공공 부문 민영화 등의 정책을 행해 왔다.

그러나 신자유주의는 사회계층 간 불평등과 빈부격차 등 크나큰 양극화를 초래했다. 이런 신자유주의의 문제는 그리 오랫동안 감춰지지 않았다. 2008년 미국의 금융위기와 유럽의 재정위기는 시장경제에 자율성을 보장하며 모든 것을 맡긴 악영향의 결과라는 걸 상기시켰다. 신자유주의는 매력을 상실했다. 오히려 그로 인해 지불해야 할 사회적 비용을 따지기 시작했다. 금융 부문의 무절제한 규제완화는 결국 신자유주의가 빚어 낸 산물이었고 그로 인해 겪게 된 엄청난 고통을 경험한 세계는 이를 파기하거나 수정하기 시작했다.

그런데 우리는 엉뚱하게도 그렇게 본색을 드러낸 신자유주의를 마치 무슨 구세주라도 되는 양 떠받들었다. 그리고 신자유주의를 내세우며 현혹시킨 세력에게 정권을 맡겼다. 그 결과, 우리는 신자유주의의 후유증까지 떠안고 경제와 삶은 더 힘들어졌으며, 병폐는 더 악화되었다.

인간은 욕망의 존재다. 누구나 지금보다 더 잘살고 싶어 한다. 그래서 열심히 일하고 열심히 산다. 하지만 지금 시대에는 아무리 노력해도 일할 수 있는, 더 좋은 일자리를 얻을 기회가 막혀 있다. 물론 시대적 변화에 따른 불가피한 현상이다. 그러나 사회구조적 모순에 눈감은 소수의 강자들이 더 많은 이익을 얻기 위해 오히려 그 모순을 악용하면서 생긴 문제도 결코 적지 않다. 정책과 경영의 방식은 때로는 방어적인 방식도 필요하지만 변화의 단계에서는 선제적이어야 한다. 게다가 우리는 1997년 IMF 체제라는 혹독한 대가도 치렀다. 불행히도 앞서 말한 것처럼 IMF 체제의 가혹한 요구에서 하부 구조조정만 열심히 했고 막상 더 심각한 상부의 모순은 그대로 남았다.

지금 우리의 자식 세대는 그 당시의 문제를 잘 모른다. 우리는 IMF를 겪었지만, 불행히도 그걸 겪을 때는 문제점을 생각할 겨를조차 없고 당장 살아야 할 방책을 마련하느라 정신이 없었다. 그리고 나서 시간이 지나면서 그냥 굳어졌다. 결국 문제의 근인根因은 그대로 남아, 철 지난 신자유주의의 혜택을 독점한 자들에 의해 더 강화되었다.

그렇다면 이 문제를 제기하고 고쳐야 한다고 주장할 수 있는 세대는 바로 지금의 어른 세대다. 우리마저 이것을 방치하면 다시는 회복 불가능한 상황의 늪으로 빠질지 모른다. 그런 절박감이 필요하다. 뒷방 늙은이로 살 일이 아니다.

짧은 시간 내에 가혹한 IMF의 요구 조건을 수용하고 극복하고, 마침내 졸업한 엄청난 잠재력은 지금 생각해도 감동적이다. 그러나 그 감동에 취해 놓친 게 무엇인지 이제는 곰곰 생각해야 한다. 문제를 찾아 고치도록 떠들어야 한다. 이제 끈 떨어진 갓 신세가 된 지금 우리 손에 쥐어진 권한과 직책

이 없다고 포기할 문제가 아니다. 우리가 치른 값에 대해 계산서를 청구해야
한다. 나를 위해서가 아니다. 우리들의 소중한 자식들을 위해서다. 부모로서
무엇을 해야 할지 엄중하게 생각해야 한다.

IMF 체제 조기졸업에 감동만 하지 말았어야 한다.
지금이라도 다시 되돌아보면서 따져야 한다.

조지프 F. 코글린(*Joseph F. Coughlin*). 그는 50세 이상 인구를 위한 기술과 디자인을 연구하는 미국 매사추세츠 공과대학(MIT) 에이지랩(Age Lab)의 창립자이며 책임자다. 코글린은 2030년 노인 인구가 24%를 차지하고 평균 기대 수명이 90세가 되는 장수 경제 시대를 맞이할 준비가 되었는지 묻는다. 고령화의 공포를 이겨 낼 희망의 경제학이라는 주제로 『노인을 위한 시장은 없다(The Longevity Economy: Unlocking the World's Fastest-Growing, Most Misunderstood Market)』라는 책을 썼다.

흔히 노인은 사회적 비용을 축내는, 생산 활동은 거의 하지 못하는 대상으로 인식한다. 그러나 코글린은 그런 낡은 통념으로는 제대로 문제에 대응할 수 없다고 주장한다. 이미 미국 시장에서 노년 소비가 차지하는 비중은 갈수록 증가하고 있으며 새로운 시장을 형성하고 있다고 분석한다.

그래서 나온 개념이 바로 '장수 경제(Longevity Economy)'다. 코글린은 "곧 모든 비즈니스가 시니어 비즈니스로 통하는 시대가 온다."며 실버산업의 성공 요인은 단순한 '필요'를 넘어 근원적인 '욕구'를 읽는 것이라고 말한다. 은퇴 대열에 들어선 베이비붐세대 등 나이 든 사람들이 경제와 소비를 주도하고 있다. 신용평가회사 무디스(Moody's Corporation)에 따르면 2018년 미국 전체 소비의 43%가 중·노년층에 의해 이루어졌다고 한다. 우리나라에서도 60대 이상의 소비가 늘고 있다. 지금의 시니어들은 소비 잠재력을 가진 '젊은 어른'의 첫 세대이다.

예전의 노인들과는 달리 요즘 노인들은 연금을 수령하는 사람이 많다. 군인, 교사, 공무원 등의 직업군이 수령하는 연금은 제법 두둑하다. 그렇지 않은 사람들도 개인적 연금에 가입했거나 국민연금을 통해 어느 정도의 연금을 받는다. 퇴직하면 곧바로 소비력을 상실하는 세대가 아니다. 물론 심리적 위축을 느끼는 건 불가피하지만 노후를 더 능동적이고 멋지게 보내려는 실버 세대가 증가하고 있다. 최근 광고에서 '시니어 모델'이 심심찮게 등장하는 건 이러한 추세를 반영한다. 당당하게 '소비 주체'가 되는 걸 우리 세대 스스로 인식해야 한다.

이러한 변화는 어디에서 기인하는 것일까? 여러 요인들이 있겠지만 가장 큰 요인은 고등학교까지 보편적 교육을 받은 첫 세대가 지금의 70대 초반까지의 계층이라는 점이다. 그 윗세대들은 못 배우고 덜 배워서 지식과 정보에 토대한 직업을 얻는 게 쉽지 않은 경우가 많았다. 초등학교만 졸업하고 더 이상의 진학을 포기하며 일해야 했던 터라 아무래도 인식과 판단의 영역이 협소할 수밖에 없었다. 또한 비판 의식보다는 충성심이 더 강조되는 세상에 살았기 때문에 순응하며 사는 데 익숙했다.

지금의 새로운 실버 계층은 고등교육을 받았다고 해서 순응하는 삶에서 완전히 벗어난 건 아니지만, 적어도 기본 인식의 토대는 마련되었다는 점에서 다르다. 물론 아직은 충분한 연금을 받는 노인이 그리 많지는 않다. 때문에 독립적이고 주체적인 경제활동이 보편적이지는 않다. 하지만 이미 예전에 비해 비교할 수 없을 만큼 높은 소비 능력을 가졌다는 건 부인할 수 없다. 그래서 우리는 이제 생산 주체가 아니라 소비 주체로서의 사고와 판단을 새롭게 정립할 필요와 소명이 있다.

　나는 어른들이 단순히 예전보다 소비 능력을 갖춘 시니어 세대가 되는 것에 그쳐서는 안 된다고 생각한다. 일종의 소비자주권운동이 필요하다. 지금의 젊은이들은 이른바 '착한 기업'을 찾아내 가능하면 그 기업 제품을 소비하려 한다. 그래서 기업들도 그러한 요구에 부응하려는 노력을 기울이기 시작하고 있다.

　어른들도 그런 운동을 벌이면 좋겠다. 갈수록 어른들의 소비력이 커지는데 마냥 수동적 소비자로서 스스로를 제한하는 건 마땅하지 않다. **배울 만큼 배운 세대답게 철저하고 꼼꼼하게 '착한 기업' '좋은 상품'을 가려내어 능동적으로 소비하며, 그와 반대인 기업과 상품의 구매를 거부함으로써 경제의 착한 선순환이 이루어지도록 하는 데 조금이라도 기여하면 얼마나 좋겠는가.** 그런 운동과 흐름이 아래로 내려가 다음 세대에게 좋은 영향을 끼칠 수 있고 미래에 조금이라도 도움이 될 수 있다면 더더욱 좋을 일이다.

　경제적으로만 어른들이 새로운 소비 주체가 되는 건 아니다. 이미 정치적으로는 매우 중요한 주체로 살아왔고 앞으로는 더더욱 그 파워가 막강해질 것이다. 하지만 그에 걸맞은 진화와 성장이 따랐는지에 대해서는 자신 있게 '그렇다'라고 말하기 어렵다. 부끄럽지만 그게 현실이다. 하도 정치적 이슈

　　　　　　　　　　　　　　　　　　　　어른은 진보다

에 민감하고 정치적 사안에 입대기 좋아해서 정치적으로 매우 건전한 유권자인 것처럼 착각하지만 냉정한 시대정신을 인식하는 어른들인지에 대해서는 유보적이다.

갈수록 어른 세대는 늘어난다. 반면 출산율의 저하에 따라 젊은 세대는 상대적으로 줄어들거나 정체된다. 통계청의 발표에 따르면 2017년 고령인구가 707만 명으로, 2025년에는 1천만 명으로 증가하고 2067년에는 1,827만 명까지 는다고 한다. 고령인구가 유소년 인구 대비 5.7배 수준까지 증가하는 것이다. 끔찍하고 안타깝다. 그렇다고 고령인구를 인위적으로 줄일 수도, 유소년 인구를 갑자기 늘릴 수도 없다.

문제는 점점 증가하는 고령인구는 고령 유권자의 증가와 직결한다는 점이다. 어른 유권자가 늘어나는 게 무조건 나쁜 건 아니다. 하지만 현실적으로 보수적 사고로 퇴행하는 일반적 형태를 고려한다면, 미래를 위한 선택이라는 선거에서 자칫 과거에 발목 잡히는 선택을 하는 재앙을 초래할 수 있다. 어른들의 판단이 미약하거나 오로지 과거지향적인 것은 아니지만 솔직히 미래지향이나 미래 의제에 대해 진지하고 적극적인 고민과 성찰을 하고 투표하는 건 그리 흔치 않다.

이미 말한 것처럼 예전 어른들은 못 배워서 고무신 한 켤레, 막걸리 한 사발에 표를 넘기는 일도 흔했다. 기존의 권력에 바친 충성심이 관성이 되어 무비판적으로 혹은 자기 지역 기반이라는 퇴행적 지역감정에 휘둘려 투표한 경우도 적지 않았다. 그런데 지금의 시니어 혹은 실버 세대인 베이비부머는 보편적 고등교육을 받았고 체계적이며 전문적인 일을 직업으로 삼았다. 인식과 판단의 능력이 이전과는 차별될 수 있다.

우리는 민주주의, 자유와 평등, 정의와 공정, 인권과 연대 등을 배웠다. 물론 사회는 그런 가치 실현과 동떨어진 경우가 많았고 사는 일에 급급해서 적당히 비겁하게 타협하면서 사느라 그 가치의 실현과 실천에는 충실하지 못했다. 나 하나 바뀐다고 세상 바뀌는 것 아니고 어설프게 바뀌면 내 현재의 위치도 흔들리게 될지 모른다는 불안감 때문에 적당히 타협하고 보수적으로 판단하고 행동했던 것도 사실이다. 그렇다면 우리 배운 노년층과 그렇지 못한 선배 세대들은 과연 무엇이 다른가?

사실 우리는 정치에 대한 과잉 정보와 과잉 관심 속에서 살고 있다. 작가, 화가, 음악가 등에 대해서는 전혀 관심이 없어도 연예인과 더불어 정치인들에 대해서는 과다하게 많은 정보에 근접하면서 살고 있다. 그러나 막상 그 정치인이 얼마나 민주적이고 미래지향적이며 시민의 삶과 시대정신에 적합한지는 별 관심이 없거나 확증편향에 빠져서 늘 일방적인 주장과 선택에 갇힌다. 이제 그 습속과 작별해야 한다.

나는 이 책에서 특정한 정당이나 진영에 대해 이야기하고자 한 게 아니다. 단지 우리가 나이 들어 가면서 어떻게 살아가야 할지를 함께 고민하고, 특별히 우리의 정치적 선택에 있어서 반드시 미래 세상의 의제를 고민하고 제대로 어른 노릇 할 수 있는 판단과 실천을 하자고 권할 뿐이다. 그러기 위해서는 최소한 퇴행적이고 수구적인 사고와 판단에서 과감하게 벗어나야 한다. 우리의 자식들과 손녀 손자들이 살아갈 더 좋은 사회를 한 뼘이라도 마련해 주는 일을 심각하게 고려해야 한다. 지금까지 내가 어떤 정당을 선호했느냐의 관성을 떠나 어떤 정치적 선택이 자식들과 손녀 손자들에게 도움이 될지를 가장 최우선적으로 따져 보자.

어느 금융경영연구소의 보고서에 따르면 2018년을 기준으로 볼 때 50대의 인터넷 이용률은 98.7%, 60대의 경우 88.8%에 달한다고 한다. 5060세

어른은 진보다

대 혹은 베이비부머세대가 얼마나 디지털에 친숙하고 적극적인지 단적으로 보여 주는 통계다. 그런데 불행히도 그 적극적인 친숙성이 소비하는 상당수의 내용이 가짜 뉴스라면 어떨까? 사람은 누구나 자신이 믿고 싶은 것만 수용하고 싶어 한다. 가짜 뉴스가 통하는 건 바로 그 때문이다. 가짜 뉴스가 소비되는 까닭은 정보의 순환에 문제가 있는 이유도 있지만, 자기에게 유리한 정보가 전달되었을 때 느끼는 안도감과 정체성에 대한 믿음이 공고해진다는 이유도 크다. 최소한의 팩트 체크조차 하지 않으면서 교묘한 편집과 편향적 해석으로 일관한 가짜 뉴스를 수용하고 전달하는 방식이 가장 잘 통하는 게 우리 세대라는 통계를 접하면 아연하고 암담해진다. 우리 세대가 세상에 도움이 되기는커녕 오히려 퇴행과 그릇된 관성을 더 공고하게 만드는 주범이 된다면 부끄럽기 이전에 역사에 죄를 짓는 것이다.

인터넷과 SNS에 친숙하고 고등학교 이상의 보편적 교육을 받았다는 자기 신뢰를 갖고 있는 세대, 그러나 현재에는 사회적으로나 경제적으로 밀려난 애석한 세대. 그런 우리가 과거에 대한 애착으로 가짜 뉴스를 소비하고 또 생산해 내게 하는 악순환을 만들고 있는 건 아닌지 냉정하게 짚어 보자.

진영의 문제가 아니다. 우리는 우리의 어른 세대와 다르다는 점을 사고와 행동으로 보여 줘야 한다. 옳고 그름에 대한 정확한 인식과 미래에 대한 전망과 가치 실현을 늘 고려해야 한다. 새로운 어른의 모습을 정립해야 한다. 그래야 다음 세대들이 존경할 수 있는 어른을 만나게 된다. 그게 우리 세대의 몫이자 사명이다.

내일의 가치를 위해 고민하고 실천하는 것만큼
멋지게 나이 드는 일도 없다.

약자의 유일한 강점은 포기할 것이 작다는 것, 그리고 연대할 수 있는 숫자가 많다는 것이다. 그 힘이 우리를 바꾼다. 그게 올바른 진화다. 그러니 하나하나 생각을 바꾸고 행동을 변화해 보자. 제대로 나잇값 해야 할 때다. 우리도 용감하게 살아야 하지 않겠는가?

4부

이제 정말 용기를
보여야 할 순간이 왔다

불행히도 내겐 딸이 없다. 하지만 내게 딸이 있다 가정하고, 그 아이가 취업했다 치자. 남자 직원과 동시 입사하고 같은 일을 하는데, 월급은 남자 직원보다 적고 승진도 늦다면, 이걸 당연한 일이라고 여겨야 할까?(대한민국은 OECD 국가 가운데 남녀 임금 격차 1위고 여성의 사회 참여도는 꼴찌다. OECD 국가는 말할 것도 없이, 아프리카 국가보다 낮은 100위권 밖이다.)

우리 때만 해도 남자는 '행원'이었고 여자는 '직원'의 신분이었다. 급여는 물론 승진에서도 불이익을 감수했다. 심지어 결혼하면 퇴사한다는 규정이 사칙에 버젓이 존재했다. 그러나 이 불합리함에 저항하고 비판하는 데는 인색했다. 그게 당연한 줄 알았던, 남자들 목소리가 컸던 세상이었으니까 그랬다.

지금은 예전에 비한다면 많이 변했고 발전했다. 하지만 여전히, 단지 여자

186   어른은 진보다

라는 이유 하나만으로 여자들은 수많은 불이익을 당하고 있다. 상대적으로 개방적이라는 언론계에 들어간 친구들 얘기를 들어 보니, 그곳도 상황이 크게 다르지 않았다. 기자라는 대등한 직책이지만 정치부나 경제부는 남자 기자들 차지고 여자 기자는 문화부, 연예부 등에 보내졌다. 이제는 정치부, 경제부에도 여성 기자들이 '자연스럽게' 그리고 '당연히' 자리하지만 승진의 우선순위는 여전히 남자 기자들 몫이란다.

'유리천장(glass ceiling: 충분한 능력을 갖춘 구성원, 특히 여성이 조직 내의 일정 서열 이상으로 오르지 못하게 하는 '보이지 않는 장벽'을 은유적으로 표현한 말)'은 여전히 존재한다. 심지어 성공한 여자에게는 무수한 비난과 질투가 가해진다. 그게 불공정한 폭력이라는 생각조차 하지 않는다.

지금의 시니어 세대는 철저한 남성중심주의 세상에서 살았다. 남자와 여자의 일이 철저하게 구별되고 남자는 밖에서, 여자는 안에서 일하는 것이 당연하다 여겨진 세상이었다. 그러나 그런 세상은 이제 존재하지 않는다. 익숙한 세상이 깨지는 건 당혹스러운 일이다. 하지만 이것이 구태가 존속해야 할 당위는 될 수 없다.

이미 우리는 여성 유권자에게도 선거권이 주어지는, 완전한 보통선거권을 누리고 있다. 만약 여성들이 정치적 판단 능력이 미숙하다는 이유로 참정권을 제한당하고 투표도 할 수 없다면 인정할 수 있겠는가? 사실 고작 100여 년 전만 해도 유럽의 여러 나라들 역시 여성참정권을 인정하지 않았다. 겉으로는 교육 수준 운운했지만, 속내는 여성이 정치에 참여하면 남성의 권위와 권력에 위협이 될 것이라는 두려움이었다.

1913년 6월, 옥스퍼드대학에서 영문학을 공부한 여성참정권 운동가 에밀리 데이비슨은 런던 교외의 엡섬다운스 더비에 출전한 국왕 조지 5세의 경주마가 결승점으로 질주하던 순간 몸을 던져 숨졌다. 그녀는 자신의 목숨을 던져 국왕에게 여성참정권을 외쳤다. 이후 성의 불평등이야말로 인류의 진보를 가로막는 최대의 적이라고 주장한 에멀린 팽크허스트 등 많은 여성들의 투쟁이 이어졌다. 그리고 마침내 1918년 2월, 30세 이상의 여성에게 참정권이 부여되었다.

여성에게 가장 먼저 선거권을 보장한 나라는 뉴질랜드였다. 뉴질랜드 10달러 지폐에 있는 얼굴의 주인공은 여성운동가인 캐서린 셰퍼드다. 정작 프랑스혁명을 이끌었던 프랑스에서는 1946년에 여성참정권이 인정됐고, 스위스에서는 무려 1971년에야 여성에게 참정권을 부여했다. 이제 아무도 여성에게 참정권을 줘야 한다는 말은 하지 않는다. 이미 당연한 권리로 인정되기 때문이다. 하지만 여전히 남녀의 성불평등은 지속되고 있다. 이걸 깨뜨려야하는 건 이 시대를 살아가는 모든 사람의 소명이며 의무다. 견고한 불평등을 뿌리째 뽑는 게 페미니즘이다.

안타깝게도 지금 대한민국의 남성들에게, 특히 시니어 세대에게 페미니즘은 불편한 소요쯤으로만 여겨지는 듯하다. 아무리 법률적으로 평등이 보장된다 해도 현실적으로 온전히 평등이 실현되지 않는다면 그것은 허위다.

예를 들어 보자. 미국에서 흑인 노예가 해방된 것은 1863년 링컨의 노예해방선언부터다. 그러나 이후 흑인이 과연 평등한 시민으로 살았는가? 그들은 명목상 자유인이었지만 현실은 철저한 차별과 억압의 삶을 살았다. 백인과 같은 식당은커녕 화장실도 같이 쓸 수 없었다. 1955년부터 1956년까지 앨라배마주 몽고메리 시에서 일어난 버스 보이콧 사건은 흑인 여성 로사 파크스의 용기 덕분에 발화되어, 마틴 루서 킹 주니어 목사의 전국적 집회로이어졌다. 지금도 미국에서 흑인이라는 이유만으로 백인 경찰들이 공권력을 과하게 사용하는 소동이 일어난다. 심지어 용의자도 아닌, 그저 미심쩍어 보이는 흑인에게 경고도 없이 총격을 가해 죽음에 이르게 하는 경우도 비일 비재하다. 백인 용의자에게도 그렇게 할까? 이런 상황에서 실질적인 흑백의 인종 평등이 실현되고 있다고 말할 수 있을까?

선언에 그치는 건 무의미하다. 여성이 남성과 동등하다는 선언은 어제오늘 일이 아니다. 그러나 현실적으로 완전한 평등과 자유가 보장되거나 인식되지 않고 있다. 도대체 얼마나 더 오래 버텨야 그 선언이 온전하게 실현될 수 있을까. 내 딸이, 내 손녀가 그 차별과 억압을 계속해서 감당해야 하는가?

페미니즘의 시대다. 페미니즘feminism은 여성의 권리 및 기회의 평등을 핵심으로 하는 여러 형태의 사회적, 정치적 운동과 이론들을 아우르는 용어다. 여성과 남성의 관계를 살펴보고 여성이 사회제도 및 관념에 의해 억압되고 있다는 것을 다양한 시선을 통해 밝혀내고 여성의 권리를 주장하고 실현하는 것을 목표로 한다.

주목해야 할 것은, 페미니즘이 다양한 사회적 불평등을 악화시키는 여러 정책과 제도 그리고 관심에 대한 비판이나 운동과 맞물려 발전했다는 점이다. 남성에 의한 여성 억압을 당연시하는 건 약자에 대한 강자의 폭력적 관행을 용인하는 것과 맞물려 있기 때문이다.

최근 페미니즘 책이 쏟아져 나온다. 냉정하게 본다면 그것 자체가 이미 불행한 일이다. 아직도 우리 사회가 진정한 여성 해방을 실현하지 못했다는 반증이기 때문이다. 그러니 먼저 부끄러워해야 할 일이지 "요즘 것들은……" 운운하며 혀를 끌끌 찰 일이 아니다.

강남역 살인사건 같은 충격적인 반페미니즘 현상에 대해 시니어 남성들이 강 건너 불구경하듯, 혹은 심지어 "요즘 여자애들이 너무 드세서 탈이야.” 따위의 말을 거리낌 없이 내뱉는 걸 보면 아연실색해진다. 그들은 딸과 손녀가 없는가? 단지 여성이라는 이유 하나만으로 남성의 폭력에 언제든 노출될 수 있다는 야만에 침묵할 수 있는가? 이 야만은 어른들이 막아야 한다. ‘우리도 이렇게 시대에 따라 변화하고 인간으로서 마땅히 누려야 할 권리를 인식하며 우리가 그걸 누리지 못한 걸 후회하고 반성하는데, 젊은이들이 그래서야 되겠는가?’라며 따끔하게 질책해야 한다.

세상에서 가장 오래 존속했으며 가장 쉽게 끊어 낼 수 있는 폭력이 바로 양성 불평등이다. 제대로 인식하고 마음만 먹으면 실천할 수 있는 가치다. 돈이 드는 것도 아니고 많은 시간이 드는 것도 아니며 강한 무기가 필요한 것도 아니다. 그런데도 외면한다면 그건 시대착오를 넘어 시대에 대한 죄악이다.

페미니즘이라는 용어 자체에 대해 ‘알레르기’ 반응을 일으키는 남성들이 많다. 실제로 미국에서 여성운동의 대모인 글로리아 스타이넘이 「미즈(Ms)」라는 잡지(남성은 결혼 이전과 이후 모두 ‘미스터’인데 여성은 ‘미스’에서 ‘미시즈’로 바뀐다. 물론 성도 따라서. 그래서 새롭게 만든 개념이 ‘미즈’였다.)를 펴냈을 때 여성들은 환호했지만 남성들은 시큰둥했을 뿐 아니라 공공연히 적개심을 드러냈다. 심지어 ‘미즈’라는 명칭을 쓰는 여성을 기피해서 결국 여성들은 그 명칭을 대놓고 쓰지 못하는 일이 더 많았다. 우리보다 훨씬 개방적인 미국에서도 그 지경인데 우리는 말할 것도 없다.

양성평등에 대해서 시니어 여성보다 시니어 남성이 각성해야 할 대목들이 훨씬 더 많다. 왜냐하면 성불평등의 현대적 유형이, 남성이 여성을 소비적 관점에서 해석하는 식으로 ‘사용’되어 왔기 때문이다. 여성을 소비하는 방식으로 여러 콘텐츠를 생산하는 주체인 남성들은 문제점을 스스로 인식하기 어렵다. 술집이나 노래방에서 자신들을 즐겁게 해줄 젊은 여성을 찾는 것부터 스스로 거부해야 한다. 입장을 바꿔 당신의 아내가 자신을 즐겁게 해줄 젊은 남성을 찾는다면, 당신은 너그럽게 받아들일 수 있는가? 여성을 '소비'하는 게 너무 익숙해서, 그 대가를 경제적으로 지불했으니 괜찮다는 변명이 과연 타당할까? 부끄러운 일이다.

흔히 여성은 점진적으로 변화하는데 남성은 어느 시점에서 정지된 상태로 살아간다고 한다. 이건 무슨 의미인가? 예전에 여성들은 고등학교나 대학교까지 진학하지 못하는 경우가 많았다. 상대적으로 남성에 비해 교육의 혜택을 덜 받았다. 현모양처가 가장 중요한 덕목이며 순종하고 살아야 한다는 가르침을 받은 것이다. 그러나 살아가면서, 아이들을 키우면서, 심지어 TV 드라마를 보면서 여성들은 세상이 변하는 것을 인식하고 조금씩 변화했다. 그래서 여자들은 나이 들수록 관대해지고 시야가 넓어진다.

반면에 남성들은 자신이 가장 잘나가던 때에서 생각도 판단도 멈춘다. 더이상 진화하지 못한다. 그래서 걸핏하면 '내가 말이야, 왕년에……'를 입에 달고 산다. 자기 삶의 전성기를 오래 누리고 싶은 건 이해한다. 그러나 문제는 그 시기의 사고에서 멈추는 것이다. 사고의 정지는 자기 무덤을 파는 일이고 꼰대가 되는 지름길이다.

여성들이 '내가 왕년에……' 따위의 말을 운운하는 경우는 드물다. 때때로 '우리가 예전 시집살이할 때'라거나 '옛날에 힘들었을 때……' 하며 당신들이 견뎌 낸 세상과 삶을 회상하긴 해도, 지금의 변화에 대해 긍정적이다. 그래서 딸이나 손녀의 선택을 가장 응원하고 존중하는 이가 바로 할머니들이다.

어떤 이는 『성경』의 창세기에서 조물주가 먼저 남자를 만들고 나서, 그가 외로워 보여 안쓰러운 마음에 그의 갈비뼈 하나를 뽑아 여자를 만들었다는 구절을 들먹인다. 그래서 여자는 남자에게 순종해야 한단다. 웃기는 말이다. 그렇다면 그 시대로 돌아가서 살면 될 일이다.

그 구절은 단지 『성경』을 남성들이 썼다는 것(당연히 남성만 글을 배우고 쓸 줄 알았으니까) 혹은 그 기록의 시대가 남성중심의 사회였다는 것을 의미할 뿐이다. 창세기의 뿌리인 길가메시 서사시에는 남자와 여자가 함께 만들어졌다고 서술되었으며 실제로 최근 나온 한국천주교회 주교회의에서 펴낸 『성경』에는 '하느님의 모습으로 사람을 창조하시되 남자와 여자로 그들을 창조하셨다.(창세 1, 27)'고 서술하고 있다. 그러니 그런 말도 안 되는 근거를 내세우는 일 따위는 집어치워야 한다.

페미니즘이라는 용어 자체에 거부감을 갖는 남성들은, 자신들이 지금까지 '독점적으로' 누리던 것을 빼앗긴다는 생각에 발끈한다. 그 사고방식에 깔린 우월감은 말할 것도 없다. 공적인 방송에서도 비슷한 표현들이 난무한다. 그러면서도 그게 그릇된 사고라는 걸 깨닫지 못할 만큼 무디다. 심지어 여성들 자신도 인식하지 못할 지경이니 무슨 말을 할까.

페미니즘은 일방적으로 억압되고 부당한 대우를 받은 여성들의 인간 해방 선언이다. 남성에 대들고 따지며 권리를 빼앗겠다는 게 아니라 동등한 인간으로 살자는 제안이다. 그러므로 이는 곧 휴머니즘이다. 사실 페미니즘이라는 말 자체가 사라져야 한다. 그런 일을 우리 손으로 이루어야 한다.

현직 교사이면서 남성인 최승범은 『저는 남자고, 페미니스트입니다』에서 이렇게 말한다. "페미니즘은 여성만을 위한 운동이 아니다. 남성의 숨통도 틔워 줄 수 있다. 힘들어도 혼자 이겨 내는 것이 왜 남자다운 행동이 되었을까. 여성의 소득이 남성과 비슷해지면 모든 비용을 반씩 부담하는 것이 자연

어른은 진보다

스러워지지 않을까. 육아를 여성에게 미루지 않게 되면 아빠와 아이의 친밀감이 커지지 않을까. 내 가족이, 내 주변 사람들이 일상에서 불쾌감과 공포를 느끼지 않는다면 나에게도 좋은 일이 아닐까." 그렇다. 페미니즘은 여성들의 반란이 아니라 양성평등으로 가는 필수의 다리다. 남성들에게도 기꺼울 일이지 꺼릴 일이 아니다.

양성평등의 가장 큰 역할은 남자 시니어가 해야 한다. 남성중심적 사회에서 살면서 우월감을 마음껏 누렸고 혜택도 많이 받았다. 근거 없는 권위도 누렸다. 그런데 곰곰 따져 보면 그 권위라는 것도 자발적 존경과 인정에서 온 게 아니라 '권위적 권위' 혹은 '강요된 권위'에 불과했다. 참, 그 잘난 권위를 유지하려고 빡빡하게 살았다. 이제 그 짐을 내려놓자.

21세기 대한민국에서 아직도 여성 혐오나 차별 따위로 시비하고 서로 으르렁거리는 꼴이야말로 꼴불견이다. 이러고서야 어찌 세계인이라 할 수 있는가. 그토록 선망하는 미국이나 유럽에서 지금 우리처럼(물론 그들도 완전하지는 않다. 그래서 여전히 투쟁 중이기도 하다. 그러나 우리와는 비교할 수 없을 만큼 이미 앞서갔다.) 양성 불평등이 성행하고 있는지 물어보면 답은 간단하다. 양성평등은 당연하고 천부적인 가치다.

휴일에 외출하면서 중학생 손녀에게 고등학생 손자의 점심을 차려 주라고 시키는 아들 내외를 보며, 이를 따끔히 야단칠 수 있는 할아버지 할머니가 되어야 한다. 늙은 부모의 간섭이 아니다. 말로만, 마음으로만 '손녀 바보 손자 바보'여서는 안 된다. 그토록 예쁜 손녀 손자가 시대착오적인 불평등의 세상에서 살게 할 수는 없지 않은가. 그 아이들 위해서라도 할아버지 할머니가 나서서 회초리를 때려야 한다.

늙었다고 할 일이 없는 게 아니다. 얼마나 할 일이 많은가! 그것으로 불행이며 동시에 다행이다. 우리가 끝장내자. 고약한 사고와 행동을. 우리, 그레이 페미니스트(Grey Feminist)가 되자! 그것만으로도 멋지지 않은가!

페미니즘은 양성 불평등의 산물이다.
불평등을 해소하면 저절로 사라질 단어다.
페미니즘이라는 말의 존재에 부끄러움부터 느껴야 한다.

어른은 진보다

이제는 좀 사위는 것 같지만 여전히 '웰빙' 마케팅이 성행이다. 잘 먹고 잘 사는 걸 시비할 일 아니다. 조금이라도 좋은 것 먹고 조금이라도 더 멋지게 사는 건 누구나 꿈꾸는 일이다. 그런데 포장지를 벗겨 냈을 때 정작 그 안에 들어 있는 상품이 하자투성이라면 얘기가 다르다.

언제부터 웰빙 열풍이 일기 시작했을까? 왜 그게 선풍적인 반응을 이끌었을까? 1970년대 후반 유럽에서 작은 변화가 일기 시작했다. "황금에 휘둘리지 않는 시기가 황금기다!"라고 호기롭게 외치던 68혁명의 좌절은 전후 물질적 풍요에 대한 탐닉으로 물길을 틀었다. 마음껏 그것을 누렸다. 종교에 대한 실망과 무력감은 팽배했고 정신적 가치보다 물질적 가치에 대한 관심은 커졌다.

그렇게 20세기 전반부를 차지하던 전쟁으로 억제됐던 욕망이 한꺼번에 분출되고, 혁명의 좌절이 준 반항적 요소가 물질적 풍요에 대한 집착으로 이어졌다. 10여 년간 사람들은 마음껏 물질적 풍요를 누렸다. 그리고 점차 뭔가 허전함을 느끼기 시작했다. 물질적 풍요를 얻기 위해 정신적 삶을 소홀히 했다는 반성이 뒤따랐다. 그러나 이미 멀리한 기존의 진부한 종교적 영성에는 끌리지 않았다. 물질적 삶을 포기할 수는 없었지만 정신적 삶에도 소홀히 할 수 없다는 성찰은 둘의 균형에 관심을 갖도록 만들었다.

사람들은 그 균형의 원형을 아리스토텔레스의 궁극적 행복에서 찾았다. 아리스토텔레스는 『니코마스 윤리학』에서 중용을 강조하며, 궁극적 행복은 중용을 토대로 한 극상의 상태라고 했다. 아리스토텔레스는 이를 유다이모니아(eudaimonia)라는 말로 표현했는데 'eu'는 '좋다(well)'는 뜻이고 'daimon'은 '귀신, 영혼, 자아, 존재(being)' 등을 의미한다. 즉, 유다이모니아를 영어로 하면 'well-being', 좋은 존재의 상태가 되는 셈이다.

웰빙은 물질적 삶과 정신적 삶의 조화다. 그래서 이 시기에 유럽에서 요가가 유행했다. 우리에게 요가는 흔히 몸을 어렵게 꼬는 모습, 때로는 고통스러운 수행을 하는 수도자의 모습을 떠올리게 하지만, 사실 요가의 핵심은 **명상이다.** 유럽에서 요가는 명상 수련이 핵심이 되어 유행했다. 우리에게도 익숙한 베트남 출신 스님 틱낫한의 '걷기 명상'도 그 일환이었다. 또한 물질적 풍요만 탐닉하면서 타인의 삶에는 무관심했던 것을 반성하는 성찰도 따랐다. 그래서 함께 행복하게 살아가는 삶에 대한 사회적 성찰이 수반되었다. 이는 새로운 의미의 복지 개념과 정책으로 이어졌다. 물론 그 뒤에 이어진 세계 상황의 변화, 그중에서도 소련의 붕괴와 이후 노골화된 신자유주의의 기세에 복지가 오히려 퇴행하기도 했지만.

웰빙을 복사와 모방의 귀재인 일본인들이 그냥 놔둘 리 없었다. 일본은 웰빙을 고령화 사회에 접목시켰다. 일본은 이미 당시 세계 최고의 고령화 국가였다. 일본이 베낀 걸, 다시 베끼고 독특한 방식으로 재활용(?)하는 대한민국은 웰빙을 마케팅의 개념으로 사용했다. 이른바 '참살이'라고 하는, '잘 먹고 잘 사는' 마케팅으로 만들어서 유기농 식품 등의 판매를 촉진하는 방식으로 썼다. 유기농 식품은 인공 비료와 농약을 친 농수산물보다 비싸서 일반 서민은 선뜻 지갑을 열기 쉽지 않았다. 그런데 놀랍게도 많은 사람들이 홀쭉해진 지갑을 기꺼이 여는 일이 벌어졌다. 어떻게 그런 모순적 상황이 가능했을까?

1997년 외환위기, 이른바 IMF 사태는 대한민국 사회를 송두리째 뒤흔들었다. 대량 해고가 일상사였다. 그때까지 대한민국의 노동자들은 회사에 충성하면서 살았다. 가정에 소홀하더라도 일만 열심히 하면 회사가 생계를 해결해 준다는 믿음이 있었기 때문이다. 그러나 막상 최고경영자들이 엉뚱한 데 잘못된 투자를 했거나, 경제위기 상황을 제대로 준비하고 대응하지 못한 까닭에 기업이 휘청거리자 애먼 직원들만 내쫓겼다.

쫓겨났거나 남아 있어도 불안한 노동자들은 이제 정말 믿을 건 자신과 가족뿐이며 특히 제 몸 하나뿐이라는 걸 깨달았다. 더 무너지기 전에 자신과 가족의 건강은 반드시 챙겨야 한다는 절박감이 이른바 웰빙 식품에 대한 관심으로 집중된 것이다. 이렇게 우리의 웰빙은 철저하게 몸 중심의 가치로 굳어졌다. 요가도 명상에 관한 것은 거의 없고 몸매나 건강을 위한 것들이 유행했다.

나 자신, 내 몸, 그리고 내 가족 말고는 믿고 의존할 게 없다는 건 사회적 연대감에 대한 회의의 표상이었다. 그 점에 주목했어야 한다. 이른바 각자도생의 방식이 굳어진 가장 중요한 계기는 1997년 체제와 대량 해고였다. 누구도, 어떤 것도 믿을 수 없다는 불안감이 오직 내 몸 간수에 집중하게 만들었다. 소비시장이 이런 요구에 대응해 관련 상품을 개발한 건 어쩌면 자연스러운 일이었다. TV에서도 먹는 것과 관련한 프로그램이 쏟아졌고 매체마다 몸과 건강 정보가 가득 채워졌다. 지금도 대부분의 프로그램에서 이런 내용을 계속해서 내보내고 있다. 이 채널에서 저 채널로 옮기면 온종일 먹는 방송만 볼 수 있을 정도다.

생명체로서, 먹는 일에 무심할 수는 없다. 그러나 인간이 오직 먹는 행위에만 집중하는 건 그것 말고는 충족할 수 있는 욕망이 없다는 현실이며, 의지적 욕망(권력, 부, 명예 등)을 실현하는 것이 거의 불가능해서 아예 그 욕망을 포기한 것일 수 있다는 점을 놓치면 안 된다. 물론 더 좋은 것, 맛있는 것을 먹고 싶은 욕망은 자연스러운 일이다. 그런 욕망을 충족시켜 주는 TV 프로그램이 성행하는 걸 뭐라 할 수만은 없다. 그러나 인간의 욕망은 먹는 것만 있는 게 아니다. 권력, 부, 명예 등에 대한 욕망이 있다. 그게 동물의 욕망과 다른 점이다. 그런데 불행히도 그런 욕망은 실현은커녕 접근 자체가 어려운 현실이라면 어떨까? 넘지 못할 장벽을 되풀이해서 넘으려는 '무모함'보다 현실적인 타협이 더 쉽다. 정규직이건 비정규직이건, 수입이 많건 적건 먹고 살아야 한다. 가장 손쉬운 욕망의 해결이 바로 식욕이다.

사는 게 더 좋아졌고 수입이 늘어서 더 좋은 것 먹는 일에 관심이 생겼다면 다행스러운 일이다. 그러나 상황은 그 반대인데 먹는 일에 대한 관심은 병적으로 늘었다면, 이건 정상이 아니다. 불행히도 우리의 현실은 후자다. 식욕이라는 욕망 말고는 스스로 해결할 수 있는 욕망이 개인의 성취 범위에 없다. 먹는 것과 몸에 대한 과도한 집중, 그로 인한 병적인 현상들이 아무렇지도 않게 받아들여지는 게 과연 바람직한가?

당연히 몸의 건강이 가장 중요하다. 그 어떤 것도 건강을 잃은 뒤에는 아무 쓸모가 없다. 누구나 그걸 안다. 다만, 다음 세대도 이것에만 매달리며 산다면 과연 바람직하다 할 수 있을까? 정신적 가치, 비가시적 가치 등은 누리지 못하면서 오로지 몸과 물건에 대한 욕망으로 살아가는 모습을 보면서 어른들은 과연 흐뭇할까?

그렇지 않을 것이다. 내 자식들은 보다 더 나은 삶을 살아야 하고, 더 나은 가치를 누리며 살아야 한다. 그것을 가능하게 해주고 싶다. 그런데 우리가 계속해서 먹는 것과 몸에 대한 욕망만 집중하도록 둔다면 아예 깨달음 자체가 없어진다. 이제라도 문제점을 인식하고, 우리가 살아온 힘으로 이겨 내고 품어 내면서 다른 가치를 마련해야 한다. 그게 진정한 웰빙의 삶이라는 걸 인식할 수 있게 해야 한다.

일자리가 있어야 먹고산다. 그러나 '제대로 된 일자리'가 더 중요하다. 무작정 일자리 만들어 주는 기업이 얼마나 고맙고 얼마나 애국적이냐며 일방적으로 편들고 나설 일은 아니다. 1997년 기업은 아무런 책임도 지지 않고 우리를 내쳤다. 일방적으로 구조조정의 명목하에 해고했다. 그러나 정작 더 큰 책임이 있는 상위자들은 구조조정의 칼바람을 전혀 맞지 않았다. 오히려 우리의 세금을 공적자금으로 쓰며 회생하면서 더 많은 이익을 가져갔다. 그 값을 사회에 돌려주지도 않았다. 오히려 군림하고 있다.

기업을 흔들자는 것도 아니고 무조건 비판만 하자는 게 아니다. 그들을 따끔하게 타이르고 각성하게 해야 하는 건 어른들의 몫이지 젊은이들이 감당해야 할 책무가 아니란 거다. 건강한 기업, 직원을 살리는 기업이 될 수 있게 응원하고 감시해야 한다. 그러니 무조건 기업의 편만 들 일이 아니다.

물론 일자리를 만들어 내는 기업을 응원해야 하는 건 맞다. 그러나 그저 먹고살자고 다른 가치를 외면하며 살아서는 안 된다는 것이다. 먹고사는 일에만 목매달고 사는 삶은 비참하다. 우리가 원하는 삶이 '배부른 돼지'의 삶일 수는 없다. 웰빙의 진정한 의미는 물질적인 삶과 정신적인 삶의 조화로운 실천이다. 우리의 웰빙이 물질적인 삶에만 치중한 건 어쩔 수 없는 당시 현실의 반영이었다. 그렇다 하더라도 언제까지 그런 식으로만 살 수는 없다. 이제는 균형적 삶을 강조해야 한다. 그걸 어른들이 말해야 한다.

말로만 이러니저러니 하면 그냥 꼰대의 쉰내 나는 참견에 불과하다. 제대로 웰빙하는 삶을 우리 어른들이 보여 주면 된다. 그게 우리의 몫이다. 내 자식들과 손녀 손자들이 먹는 것에만 골몰하고 몸만 가꾸며 물질적 욕망에만 휘둘리며 살기를 바라는 어른은 없지 않은가.

물질적 삶과 정신적 삶의 균형을 위한 가장 쉬운 실천의 하나는
한 달에 책 한 권이라도 읽는 일이다.

어느 케이블 *TV* 프로그램에 역사학자 전우용 선생이 나와 이런 비유를
던졌다. "실력이 없는 축구선수는 공을 보고, 좀 나은 축구선수는 사람을 보
고, 그보다 더 나은 축구선수는 빈 공간을 본다. 그러나 최고의 축구선수는
'흐름'을 볼 줄 안다." 절묘한 비유에 무릎을 쳤다.

　우리는 어떤 선수일까? 산업화 시대에는 공을 쫓아다녔다. 인문학과 과
학의 융합에 탁월한 과학철학자 이상욱 교수는 그 시절을 '추격형 과학기술
개발 단계'라고 지칭한다. 우리보다 기술적으로 앞선 선진국들이 어떻게 과
학기술을 개발했는지를 연구해서 '그들보다 더 빠르고 압축적'으로 따라잡
고자 했던 시대였기 때문이다. 예컨대 그들이 5년 만에 해낸 일을 우리는 석
달 만에 해내자는 식으로 과학기술 선진국을 추격했다. '공을 쫓아다닌' 선
수처럼, '빠른 주력'이 필수적이었다. 'fast-moving'으로 그렇게 산업화 세

대는 초고속 압축성장을 이뤘다. 그런 점에서 우리는 정말 대단했다. 자부심을 가질 만하다.

그러나 이제는 탈脫추격형 단계에 진입했다. 이미 그런 분야가 여럿 있다. 반도체, 스마트폰, 가전, 조선, 자동차 산업 등이 여기에 해당된다. 물론 언급한 분야들도 처음에는 선진국을 '카피'하며 시작했다. 그리고 빠른 성장의 결실을 재투자하여 세계 1위의 입지를 굳혔다. 그러나 그와 동시에 또 다른 후발주자(중국 같은 매우 강력한) 국가들의 추격을 받게 되었다. 생존의 유일한 해법은 늘 새롭고 앞서는 상태를 유지하는 것이다. 'first-moving'의 시대가 된 것이다.

이러한 시대는 혁신과 개혁을 필요로 한다. 그러나 우리는 익숙해진 습성에 길들여져 대담한 인식의 전환이 어렵다. 진영 논리가 아닌, 미래 의제를 고민하고 창출해 내는 태도로서의 진보적 가치를 잘 이해하지 못하고 공감 능력이 부재한 탓이다.

이러한 변화와 흐름은 언제나 있어 왔다. 지금은 그 속도가 훨씬 더 빠를 뿐이다. 물결 속에 있으면 흐름을 읽기 어렵다. 물결에서 잠깐 벗어나야 큰 흐름을 읽을 수 있다. 우리가 역사를 공부하는 건 바로 그 때문이다. 어제의 급진은 오늘의 진보이고, 오늘의 진보는 내일의 보수다. 그 흐름에서 빗겨난 보수는 수구에 그칠 뿐이다. 역사는 시대정신과 미래가치를 읽어 낸 사람들의 선구적 희생을 토대로 진화했다. 시간이 지나고 보면 그들의 선택이 옳았지만, 당대엔 몰이해와 탄압으로 외면되었던 경우가 대부분이다. 그 대표적 사례가 티베리우스 그라쿠스의 경우다.

티베리우스는 로마제국의 호민관으로 평민들을 위한 개혁적인 정책을 펼쳤던 인물이다. 평민 가문이었지만 증조부가 최고 관직인 콘술을 역임하면서 유력 가문으로 부상했고 조부는 한니발과의 전투에서 사망했다. 아버지는 감찰관을 역임했고 어머니는 포에니전쟁에서 카르타고를 물리친 대大스키피오 장군의 딸이었다. 티베리우스가 10세 때 부친이 사망하자 어머니 코르넬리아는 재혼하지 않고 두 아들을 키우고 가르치는 데만 헌신했다. 그는 에스파냐에 회계감사관으로 파견되었고 소小스키피오 장군이 주도한 제3차 포에니전쟁에 참전하여 무공을 세웠으며 기원전 134년에 호민관으로 선출되었다.

호민관이 된 티베리우스는 로마의 고질병을 고치기 위해 대개혁을 실시했다. 바로 토지개혁법이다. 당시 로마는 광대한 토지를 소유한 소수의 지주가 경제를 좌우했다. 일반 시민은 농노로 전락했다. 전쟁에서 승리할수록 오히려 귀족의 토지는 점점 늘고 병사들은 돌아와 더 가난하고 비참하게 살아야 했다. 결국 로마는 외국 출신 노예들이 로마의 중심을 이루는 병폐로 악화되고 있었다. 티베리우스는 이 문제의 근원이 토지의 과다 소유와 그것이 점증하는 현실임을 깨닫고 뜯어고치려 했다.

새로운 농지법은 귀족이든 평민이든, 1인이 소유할 수 있는 로마의 국유지에 상한선을 두는 내용이었다. 모든 로마 시민은 한정된 국유지만 소유할 수 있고 임차된 국유지는 양도할 수 없게 했다. 그리고 국유지를 과다 소유한 사람은 토지를 국가에 반납하고 평민에게 재분배해야 했다.

평민들로서는 복음 같았지만 귀족들에게는 청천벽력 같은 법이었다. 하루아침에 티베리우스는 귀족의 공공의 적이 되었다. 외가인 스키피오 가문과도 정적 관계가 되었다. 그냥 가만히만 있어도 온갖 혜택을 대대로 누릴 수 있었던 티베리우스였지만 그는 로마를 방치했다간 필히 멸망을 면치 못할 것을 알았기에 맞서 싸웠다. 당연히 반대 세력은 강하게 반발했다.

티베리우스는 호민관 연임이 불가했지만 입후보했다. 그러나 당선이 확정적인 상태가 되자 반대파가 회의장으로 난입해 그를 몽둥이와 돌로 때려 죽였다. 뿐만 아니라 평민파도 대량 학살되었다. 당시 보수파의 주동자 스키피오 나시카는 그의 이종사촌이었다. 살해당한 티베리우스는 티베리스 강에 버려졌다. 개혁파의 패배였다. 그러나 다행히 그의 법은 유지되었다.

6년 뒤, 이번에는 티베리우스의 동생 가이우스 그라쿠스가 등장했다. 그는 형의 뜻을 이어 로마를 개혁하고 부흥하며 형을 죽인 자를 응징하겠다고 나섰다. 호민관으로 선출된 가이우스는 토지개혁을 이어 갔고 사법개혁까지 나섰다. 그의 개혁은 다시 보수파의 저항을 초래했다. 호민관에 재선된 가이우스는 모든 이탈리아 주민에게 로마 시민권을 부여하자고 제안했다. 당시 그들이 로마군의 중추를 차지하고 있었고 언어와 풍습도 비슷했다. 그러나 로마 귀족층에게 철저히 외면되고 무시당했다. 가이우스는 모든 이들에게 로마 시민권을 부여해서 로마의 평화와 재정, 군사를 강화하겠다는 의지를 가졌다.

그러나 로마 시민들은 자신들의 우월성이 침해된다고 여겼고 귀족은 물론 평민들인 로마 시민까지 이 제안에 격렬하게 저항했다. 결국 가이우스는 모든 로마인에게 배척당했다. 반대파는 가이우스 세력을 공격하여 무려 3천여 명을 학살했다. 가이우스도 자결했다. 그렇게 개혁적인 형제는 비참하게 삶을 마감했다.

비극은 두 형제에 그치지 않았다. 모든 로마의 개혁은 좌절되었고 신중하던 로마가 그때부터 적극적으로 폭력을 통한 문제 해결에 나섰다. 그리고 그건 결국 로마의 멸망을 자초한 변곡점이 되었다. 만약 로마가 그라쿠스 형제의 개혁을 받아들였다면 어떻게 되었을까? 역사에서 가정은 무망한 일이기는 하지만 무의미한 반추는 아니다.

　개혁과 진보는 늘 불편하고 때론 두렵다. 현재의 상황을 버려야 한다고 요구하기 때문이다. 역사는 그래서 늘 수많은 진보주의자의 희생을 기록하고 있다. 하지만 냉정하게 따져 보면 그들이 있었기에 역사는 진화했다는 점 또한 가볍게 볼 수 없다. 지금 우리가 누리고 있는 가치들은 과거의 진보가 싸워 얻어 낸 결과물들이다.

　보수와 수구의 저항은 교묘한 방식으로 변주된다. 중세 유럽은 그 점을 적나라하게 보여 준다. 종교가 지배하던 중세에 황제와 왕은 명목상이나마 영토의 소유권을 교황청에 양도했다. 물론 그걸 다시 임차하는 계약을 맺음으로써 영토의 손실은 전혀 없고 교회의 비호를 받을 수 있는 근거를 확보했다. 그러니 그들이 손해 볼 일은 없었다. 교회는 어떤가? 황제, 왕, 영주에게 정치 경제적 후원을 얻어 냈다. 누이 좋고 매부 좋은 동맹이었다. 물론 공짜는 없다. 교회는 아주 매력적인(?) 선물을 주었다. 그들을 지옥의 저주에서 보호해 주겠다고 약속했고 기사와 농노에게는 왕과 영주에 충성하는 것이 바로 하느님의 뜻이라고 가르쳤다.

　중세 말에는 마녀사냥이 기승을 부렸다. 그것은 신학적으로나 신앙적으로 아무 근거도 합리성도 없는 폭력이었다. 단지 교회가 자신에게 대드는 상인과 농민을 탄압하는 수단이었을 뿐이다. 더 놀라운 건 마녀사냥이 중세 끝물인 15세기에 성행했으며 근대인 16세기에 오히려 절정에 이루었다는 점이다. 마녀사냥은 겉으로는 적그리스도를 색출하는 명분이었지만 진짜 적그리스도는 교회와 부패한 성직자의 권력이었다. 그러나 근대정신은 더 이상 불합리한 미친 짓을 용인하지 않았다. 결국 마녀사냥은 실체적 대상이 없는 시대적 환각에 불과했음을 깨달은 시민들은 교회 세력과 결별한다. 근대는 그렇게 열렸다. 과거의 부조리와 비합리성과 결별하는 것이 개혁의 단초다.

　불행히도 중세의 마녀사냥은 엉뚱하게 20세기 후반 대한민국에서 변형된 채 재현된다. 바로 빨갱이로 몰아 적대세력을 제거하는 것이었다. 물론 미국도 1950~1960년대 매커시즘의 광풍으로 곤욕을 치렀다. 중세 마녀사냥에 많은 사람들이 흥분하고 동조했던 것처럼 우리도, 미국인도 그랬다. 그리고 21세기 현재도 대한민국에는 그 악습이 안타깝게도 남아 있다.

　로마제국의 멸망이 토지를 소유한 귀족과 지주들의 탐욕으로 민심이 반영된 개혁안을 좌절시킨 데서 촉발된 것처럼, 전성기 영국의 쇠퇴도 기득권층이 개혁을 거부한 것이 큰 원인 가운데 하나라고 학자들은 지적한다. 식민지에서 목화와 고무 등 원료를 수입해서 가공한 뒤 식민지에 되파는 플랜테이션 운영을 통해 막대한 부를 획득할 수 있었던 기득권층은 그 달콤함에 젖어 지대추구(rent-seeking)를 고집하며 개혁을 거부했다. 그들의 영광은 '해가 지지 않는' 영속성을 가질 것처럼 보였지만 그 정점이 바로 쇠락의 변곡점이었다.

　지금도 대한민국에서 변형된 지대추구로 나타나는 것이 바로 막대한 부동산 이득이다. 부동산 부자들은 내가 재벌까진 아니니 사회적 기득권은 아니라고 변명할지 모르지만 그들은 이미 부동산으로 이득을 취했으며, 이를 발판으로 더 큰 이익을 추구하여 사회와 경제를 왜곡시키고 있다. 내 부동산 가치가 폭등하는 걸 개탄하고 거부한 적이 없지 않은가? 물론 정당한 노력에 의한 취득이라 해도 그 나머지 이익은 내 노력과 무관한 것이다. 변형된 지대추구다.

　지금 세계는 극심한 양극화의 폐해에 시달리고 있다. 가장 큰 원인은 투기 자본주의이다. 1980년 전후로 많은 경제학자들(프리드먼의 학설을 따르던)

어른은 진보다

이 규제완화를 요구했다. 그리고 미국의 레이건과 영국의 대처 정부는 그 요구를 수용해서 정책으로 옮겨 기업에 대한 규제를 풀어 줬다. 이른바 신자유주의경제다. 그러나 현실은 어떻게 되었는가? 세계 금융시장은 투기판이 되었고 신자유주의에 입각한 금융 규제완화는 1%의 월가 부자들에게 부를 집중시켰다. 신자유주의는 승자독식의 고삐를 풀어 줬다. 그렇게 중산층은 무너졌다.

규제를 완화해야 하는 시대적 요청은 분명히 있다. 그러나 거기에는 전제가 따른다. 왜 규제가 생겼는가에 대한 성찰이다. 대부분은 자본의 탐욕과 부패를 막기 위해서다. 규제를 만든 당사자가 바로 돈을 가진 사람들이었다. 따라서 이들이 탐욕과 부패를 자정하고 천명하고 그것을 투명하게 실천할 로드맵을 제시했어야 한다. 그래야 신자유주의가 주창하는 효용의 극대화가 가능했다. 이제 세계경제는 신자유주의의 폐해를 어떻게 걷어낼지 고민한다. 그러나 대한민국은 여전히 왜곡된 신자유주의 망령이 설치고 있다.

역사는 과거의 퀴퀴한 기록이 아니다. 흐름을 읽어 내는 안목으로 바라보면 시행착오의 비용을 줄일 수 있는 중요한 단서를 발견할 수 있다. 로마의 사례에서 대한민국에 이르며 살핀 아주 짧은 사례들은 단순화의 오류에 빠질 우려도 있지만, 균형적 사고의 바탕을 만들어 줄 수 있을 것이다.

결국 로마시대부터 현재에 이르기까지 개혁과 혁신을 가로막고 시대를 왜곡하는 건 '플랜테이션 경제'의 구조적 악행이다. 이 문제에 대한 성찰과 반성이 없는 상태에서 탈추격형 경제, 사회, 과학의 발전을 외치는 건 공염불에 불과하거나 또 다른 플랜테이션 경제의 변형적 기형을 낳을 뿐이다. 교묘하게 앞에서 북 치고 뒤에서 뒤통수 때리는 부자와 언론의 유착 구조를 깨뜨리지 않고서는, 어쩌면 우리는 헤어날 수 없는 더 깊은 늪에 빠질지 모른다. 매듭이 엉켜 도저히 풀 수 없다면 단호하게 칼로 끊어 버려야 한다. 그 결단이 없다면 개혁도 혁신도 끝내는 1%의 전리품으로 전락하게 될 것이다.

역사 공부만 제대로 해도 어리석은 역사는
반복하지 않을 수 있다.

배고프면 그 어떤 것도 무의미하다. 빵(밥)이 없다면 플라톤의 이데아도 공자의 인의仁義도 귀에 들어오지 않는다. 그래서 빵(밥)이 곧 하늘이다. 세상에서 가장 무서운 게 굶는 일이다. 공자도 먹을 게 있고 난 뒤에야 예禮가 설 자리가 있다고 간파했다.

우리가 살았던 어린 시절은 가난했다. 나는 다행히 보릿고개를 직접 겪어보지는 않았지만, 내 친구들 가운데는 극심한 빈곤을 겪으며 자란 이들이 제법 있다. 세상에서 가장 무서운 게 보릿고개라는 말을 고작 열 살도 안 된 아이들이 태연하게 지껄일 만큼 우리는 가난했다. 50년대 끝자락쯤 태어난 세대까지 그런 일들을 겪었다. 흰 쌀밥에 고깃국 타령은 북한에서만 주억거린 말이 아니었다. 우리도 그런 시절이 있었다.

지금은 배고파 굶는 사람이 거의 없다. 그런데도 우리의 유전자에는 오랫동안 잠복한 형질 하나가 여전히 암약한다. '기근으로부터의 해방'에 대한 열망. 남은 음식물쓰레기 처치하는 게 곤란인 세상인데도, 여전히 배부른 삶에 대한 갈망이 작동한다. 얼마나 배고픔의 공포가 우리를 강력하게 옥죄는지 알 수 있다.

가끔 친구들과 점심식사를 하면 메뉴로 갈등할 때가 있다. 수제비가 먹고 싶은데 자기는 수제비라면 이가 갈려서 절대 먹지 않는다는 친구가 있어서다. 쌀밥 먹고 싶은데 수입은 적고 식구는 대가족이라 구제품으로 얻어 온 밀가루로 하루 한 끼는 꼭 수제비를 먹었단다. 그래서 지금까지 지긋지긋하단다. 그러니까 그에게는 수제비가 가난과 배고픔의 상징인 셈이다.

사실 우리가 별미라고 가끔 찾는 음식들을 보면 대개 과거 구황식품이었던 경우가 제법 많다. 꽁보리밥, 열무비빔밥, 감자옹심이, 막국수 등 지금은 별미로 먹지만 과거에는 쌀밥을 먹을 수 없어서 배를 채울 대체 음식으로 먹던 것들이다. 과거엔 가난이었지만 이제는 추억이다.

그런데도 우리는 여전히 배고프다. 욕망은 결코 채워질 수 없는 것이라지만, 워낙 배고픈 시절을 유난하게 겪은 세대에게는 굶는다는 공포가 여전히 작동한다. 정작 굶거나 못 먹는 것도 아닌데도 말이다.

배곯는 두려움을 떨치기 위해 우리의 부모 세대는 죽어라 일했다. 그리고 그걸 보고 자란 우리도 최선을 다해 일했다. 그래서 이만큼 살게 되었다. 다행히 우리 자식들은 굶주림을 겪지 않고 산다. 그런데도 여전히 빵 타령이라니. 민주주의, 정의, 공정, 질적인 삶의 가치 따위보다 밥만 해결해 주면 모든 걸 눈감아 줄 태세다.

부모로서, 어른으로서 자식들이나 후배들이 밥의 중요성을 모르며 사는 게 안타깝고 답답할 수는 있다. 그러나 걸핏하면 과거 굶었던 시절 운운하며, 쓸데없는 일에 시간과 에너지 낭비하지 말고 네 할 일이나 열심히 하라는 건 훈계가 아니라 발목잡기다. 밥이 전부는 아니다. 양적인 삶이 아니라 질적으로 더 나은 삶을 살 수 있도록 강조해야 한다. 그리고 질적으로 나은 삶은 나만 잘 먹고 잘사는 게 아니라, 더 나은 세상에서 더 나은 일상을 누구나 공정하게 누릴 수 있는 사회에서 가능하다. 그러므로 당장 눈앞의 밥에 타협하는 비겁함을 버리고, 밥을 얻는 과정에서 공정한 절차적 정의가 실현되며 누구나 자아를 실현할 수 있는 보다 진화된 삶에 힘을 모아야 한다. 그걸 깨우쳐 주고 이끌어 줘야 하는 게 어른들의 몫이다.

박정희 시대가 굶주림으로부터 해방되게 만들어 준 것은 부인할 수 없는 사실이다. 그 과정이 비민주적이었고 비인격적이었으나, 밥에 대한 절박성이 그걸 용인할 수 있게 했고 그런 용인과 지지를 바탕으로 유신 독재까지 치달을 수 있었다. 전두환 시대에는 운 좋게 세계 경제의 흐름이 우리에게 유리한 환경을 만들었고 경제적 안정과 성장이라는 두 마리 토끼를 잡을 수 있었다. 그래서 그 질곡의 시간도 버텼다. 냉정하게 말하면 25년간의 두 독재 정부가 이뤄 낸 경제적 번영은 정치체제의 힘이라기보다 밥에 대한 열망과 욕망의 힘이 만들어 냈다고 해도 과언은 아니다.

그런데 요즘 나이 든 사람들 가운데 상당수가 우리가 경제적으로 성장하기 위해서는 정치적 독재가 필요하다는 막가파식 망발을 서슴지 않는다. 백 번 양보해서 옛날에야 밥을 위해 그 질곡을 견뎠다 하더라도, 앞으로도 그래야 한다는 논리는 아연한 일이고 시대착오적이다.

조금만 시끄러워도 왜 시끄러운지, 지금 갑자기 툭 튀어나온 건지 아니면 오랫동안 억압 때문에 무서워서 말 못 하고 있다가 이제 겨우 말할 수 있게 돼서 쏟아져 나온 것인지조차 따지지 않고 무조건 비난부터 한다. 배가 불러서, 굶어 죽는 모습을 보지 못해서 철딱서니 없이 나댄다고 비난한다. 그래야 자신이 애국자인 것처럼 의기양양해지니까.

답답하고 안타깝다. 아니, 한심하고 화가 난다. 그 시대 배고픔을 견딘 건 단순히 기아를 벗어나기 위해서만은 아니다. 당장 밥이 있어야 살아남는 것도 맞았지만 밥 그 자체를 위해 견디고 일하고 산 것만은 아니다. 그런데 아직도 첫 단계에 머물러 일사불란한 사회를 요구하다니 얼마나 한심한가.

특정한 지역에서 자신들만 불이익을 감내할 수는 없다며 저항하고 시위하거나 농성을 하면 사람들은 지역이기주의라고 혀를 찬다. 물론 개중에는 과도한 경우도 있고 공정한 보상을 넘어 그 이상의 이익을 탐하는 경우도 없지는 않다. 그러나 약자로 억압되어 살았던 이들이 이제 겨우 자신의 이익과 권리에 눈 뜨고 밥 이상의 삶을 요구하는 경우가 대부분이다.

한 가지 사례를 들어 보자. 개발제한구역(일명 그린벨트)은 도시의 난개발을 막고 경관을 정비하며 환경을 보전하기 위해 설정된 녹지대를 뜻한다. 이 구역 내에서는 건축물의 신축·증축, 용도 변경, 토지의 형질 변경 및 토지 분할 등의 행위가 제한된다. 그린벨트는 도시의 허파 같은 기능을 수행하며 도시의 팽창을 막을 뿐 아니라 공원 역할을 하는 등 많은 기능을 한다. 1971년에 서울 지역부터 시작되어 1972년에는 수도권과 여러 대도시까지 확대되었다.

국민 대다수가 그린벨트의 존재 가치에 동의한다. 그래서 그린벨트에 사는 사람들이 해제를 요구하면 불편해한다. 마치 나는 환경보호에 적극적인 사람인 양. 그린벨트 문제와 관련한 공청회가 열리면 대부분 멱살잡이가 끊이지 않는다. 그걸 TV 뉴스로 보면서 우리는 지역이기주의라고 비난한다. 과연 우리는 그렇게 혀를 찰 자격이 있을까?

내가 그린벨트에 묶여 사는 불편을 당하는 사람이 아니라서 그들의 주장이 불편한 것이다. 내가 그린벨트 덕에 누리는 혜택이 줄어드는 게 불편한 것이다. 대를 위해서는 어쩔 수 없이 소수가 희생할 수밖에 없는 게 다수결 민주주의가 아닌가. 그것도 '법에 따른' 결정이 아닌가 말이다. 그런데 잠자코 있다가 이제 와서 좀 살 만해지니까 혹은 정부가 만만해 보이니까 그린벨트를 해제해 달라고? 전형적인 님비(NYMBY: Not In My Back Yard. 시설이 들어섰을 때 끼치는 여러 가지 위해적 요소로 인하여 자신의 지역에 들어서는 것을 꺼리는 현상) 아닌가 싶다.

따지고 보면 님비도 자의식이 깨어나면서, 자기 권리를 주장할 수 있다는 인식이 전개되어 생긴 현상이지 어느 날 갑자기 땅에서 솟아난 게 아니다. 독재 시절엔 권력의 무자비한 힘이 두려웠고 오직 국가에 충성해야 한다는 학습의 효과 때문에 입 다물고 있었을 뿐이다.

그리고 우리는 모두 그 피해자를 외면했다는 점에서 공범자다. 밥이 먼저니 나머지는 나중에 따지자며 억지로 눙쳤다.

그린벨트 지역에 사는 사람들은 왜 도심에 살지 않고 교외나 외곽에 살았을까? 경제적 여유가 없기 때문이거나 경제활동의 중심이 그곳이기 때문이다. 그런데 아무런 설명도 보상도 없이 국가의 강압으로 선을 긋고 개발하지 말란다. 결국 은행에서도 제대로 담보조차 잡아 주지 않는 폐지廢地가 된다. 그린벨트 구역 건너는 엄청나게 성장하고 땅값이 뛰는데 다 남의 일일 뿐이다. 그 박탈감을 공감할 수 있겠는가?

그래. 배고프고 밥이 먼저인, 그래서 무조건 성장해야 하느라 도심으로 노동력이 몰리면서 도시가 망가지고 난개발되는 시대였으니 그렇게라도 막아야 했을 것이다. 그렇다 치자. 아무튼 그린벨트 시행으로 도시에 사는 사람들은 오랫동안 혜택을 누렸다. 그런데 그 행복은 소수 약자의 불행을 담보로 한 행복이었다. 그걸 외면하며 살았다.

내 배만 부르면 된다는 건 악당의 심보다. 최소한 그들에게 보상은 하면서(배상은 못 하더라도) 유지했어야 한다. 그런데도 우리는 아직도 그린벨트의 무조건적 유지만 찬성하고 그곳에 사는 이들의 불행에 대해서는 나 몰라라 한다. 그린벨트가 계속해서 유지될 필요가 있다면 우리는 기꺼이 거기에 비용을 지불해야 한다. 내 밥그릇이 소중하면 타인의 것도 마찬가지다. 약자의 팔목을 비틀어 밥그릇 빼앗는 짓은 그쳐야 한다.

노태우 정부가 들어서면서 노동조합이 거리로 뛰쳐나와 시위를 일삼게 된 건 되바라져서 혹은 사회 교란 세력이 개입해서가 아니다. 박정희, 전두환 정권 시절 잔인하게 노동환경을 기업가 중심으로만 움직이도록 강압했고, 그렇게 억누른 덕분에 저렴한 노동력으로 경제발전의 혜택을 누렸다. 전두환 정부가 무너진 것은 민주화운동의 결실이었기에, 노태우 정부에서는 계속해서 이전 정권처럼 억압 일변도로 나갈 수 없었다. 그게 한꺼번에 쏟아지니 당혹스럽고 임금 상승이 기업 활동과 경제 환경에 악영향을 미친다고 비명을 질렀던 것이다.

자유가 곧바로 빵을 주지 않는다. 민주주의가 곧바로 내 삶을 개선시키지는 않는다. 그러나 오랫동안 억압과 착취에 시달리던 사람들은 확실한 개선을 요구했고 그 대답은 미진했다. 그저 시끄럽고 불안하다는, 그리고 기업 못 해 먹겠다는 엄살만 난무했다. 그 과정을 목격하면서 사람들은 금세 과거로 퇴행하려 했다. 역시 우리에게는 독재가 불가피하다고, 그래야 경제가 발전한다고, 그래야 마음 놓고 밥을 먹을 수 있다고.

아직도 이런 시대착오에 빠진 사람들이 있다. 그게 나이 든 사람들의 차

어른은 진보다

지라면 억울하지 않은가?

내 배만 부르면 된다는 생각을 접고 모두 함께
행복하게 살 수 있는 공정하고 깨끗한 세상을 만들어야 한다.
우리는 그런 세상을 못 누렸지만 자식 세대들은 누려야 한다.
그건 만들어 주자.
빵(밥)이 전부는 아니다. 빵 타령, 이젠 좀 그만하자.
배부른 돼지가 될 수는 없다.

요즘은 중고등 학생들도 졸업 여행을 해외로 간다. 신혼여행은 말할 것도 없다. 명절 연휴 때나 여름휴가 때면 인천공항 등 여러 국제공항이 인파로 가득하다. (요즘은 청년들은 다소 여유가 없지만) 대학생들은 방학이면 배낭여행을 떠나고, 골프 마니아들은 추운 겨울에 따뜻한 나라로 가 일주일쯤 실컷 골프를 즐기기도 한다. 더 이상 해외여행이 특별한 일도, 특권도 아니다.

하지만 지금의 50대 후반 세대들만 해도, 젊었을 때 해외여행은 꿈도 꾸지 못했다. 비행기를 타고 외국에 나가는 일 자체가 엄청나게 특별한 일이었다.

예전에는 여권 자체가 없는 이들이 대부분이었다. 여권 발급도 아무나 할 수 없었다. 일반인들이 여권을 만들 수 있었던 건 1983년부터였다. 정부가 '국민관광장기종합개발계획'을 수립하고 국내 여행을 증가시키며 레크리에

이션을 적극적으로 권장했다. 이른바 '레저문화'가 태동하기 시작했다. 자가용도 더 이상 꿈이 아니었다. 이 덕분에 드라이브 여행 인구가 빠르게 늘었고 정부에서도 해외여행 증가 경향에 대비한 여가 관광시설 개발을 강조했다.

그때쯤 우리의 국제무역수지가 어느 정도 안정적 균형을 이루었고, 우리 국민의 관광 목적 해외여행도 자유화되었다. 물론 당시에는 다소 조건이 달렸다. 나이가 만 50세 이상이어야 하고 200만 원을 1년간 예치하는 조건으로 연 1회에 유효한 관광 여권을 발급했다.

1980년대 후반에 들어 우리 경제의 규모가 커지고 전반적인 국민의 생활수준이 향상되며 국제수지가 마침내 흑자로 돌아서자, 해외여행의 개방 여건이 성숙되었다. 그리고 마침내 1989년 1월 1일부터 국민해외여행 전면 자유화가 실시되었다. 그러니까 마음대로 해외여행을 다니기 시작한 게 고작해야 30년 남짓밖에 안 되는 셈이다. 이 또한 전에 없었던 혁명적 변화였다. 이제는 북경오리를 먹으러 당일치기로 중국에 다녀오는 사람들까지 볼 정도다.

자녀들이 효도 여행으로 해외여행을 보내 주는 건 이제 흔한 일이고, 농어촌 마을에서 동네 사람끼리 계를 들어 패키지 해외여행 다녀오는 일도 다반사다. 초등학교나 중고등학교 동창들이 환갑 맞아 백두산 등반을 다녀오는 일도 많다. 예전에는 상상도 못 하던 일이다.

그만큼 사는 게 풍요로워졌다. 이렇게 되기까지 참 열심히 일했고, 가파르게 성장했다. 뿌듯한 일이다. 대한민국 여권은 세계에서 두 번째로 매력적이라고 평가받을 만큼 전 세계 어디든 쉽고 편하게 다닐 수 있다. 그만큼 국력도 성장한 것이다.

아쉬움이 없는 건 아니다. 나도 그렇지만 나이 든 사람들 대부분은 아직 패키지여행이 익숙하다. 값도 싸고 현지에서 직접 부딪히는 일도 적다. 번역 앱 사용법이나 정보에 접속하는 숙련도가 젊은이들처럼 높지 못한 장년층은 교통, 숙박, 식사, 관광 모든 것에서 누군가의 적절한 도움이 필요하다. 사실 해보면 별것도 아닌데.

그러니 정작 여러 나라를 다녀도 수박 겉핥기처럼 거죽만 보기 십상이다. 원래 패키지여행은 명소와 관광지 위주로 루트가 짜인다. 미술관 한곳 정해서 진득하게 하루를 보내거나 멋진 음악회를 예약해서 다녀오는 건 어렵다. 현지 사람들과 만나 이야기하기도 힘들다.

물론 첫 단추를 꿰기가 망설여진다는 걸 안다. 그러나 일단 저질러 보면 그리 어려운 일도 아님을 느낄 것이다. 서울에서 수많은 외국인을 만날 수 있다. 패키지여행 다니는 사람도 있지만, 대부분은 자유 여행을 온 사람들이다. 우리라고 못 할 것 없지 않은가.

나도 최신 기기를 접하면 두렵다. 요즘은 아예 매뉴얼조차 나오지 않고, 앱으로 처리해야 하거나, 스스로 하나하나 터득해야 하는 경우가 많다. 도대체 어디부터 손대야 할지 난감하다. 나이 든 사람들 대부분이 그럴 것이다.(하지만 희한하게도 가짜 뉴스와 해괴한 선동으로 가득한 극우 유튜브를 전파하는 능력은 엄청나다.)

대학에 재직하던 시절, 특강이나 교수 연수에서 ppt 작성법 특강을 들었는데 어떤 한 부분이 버벅거리면 그다음으로 연결되지 못해 애먹는 일이 잦았다. 겨우 익히긴 했지만 빠르게 작성하고 수정하는 일이 서투르니 조교들이 도와주다 아예 대신 해주곤 했다. 그래서 퇴직 후 ppt 작업을 하게 될 때마다 아들의 도움을 받곤 했다. 하지만 점차 시간을 들여 기본적 운용 방식

어른은 진보다

을 이해하니 전혀 어렵지 않았다. 기본적인 개념과 방식을 이해하면 못 할 것도 없는데 겁부터 먹었던 것이다. 이런 게 얼마나 많겠는가 싶었다. 이제는 시간도 많으니 가능하면 하나씩 배워 나갈 생각이다.

물론 나이 든 사람이 뭔가 새로운 걸 배우는 게 쉽지 않다. 머리는 굳었고 몸은 굼뜨다. 하지만 날이 갈수록 쏟아지는 새로운 물건들은 '몸'을 쓰는 게 아니라 '머리'를 쓰면 엄청난 결과를 얻을 수 있다.

요즘 젊은 사람들은 태어날 때부터 최첨단 기기를 사용하며 자랐으니, 우리 세대와는 DNA부터 다른 것처럼 느껴지는 것도 사실이다. 그러나 젊은이들보다 습득하는 데 시간은 좀 더 걸릴 수 있지만, 우리도 아예 불가능한 일은 아니다. 바빠서 미처 배우지 못했거나, 누군가 해주는 사람이 있어서 굳이 필요성을 느끼지 못해 몸에 익숙해지지 않은 것뿐이다. 이제 우리는 상대적으로 시간이 많다. 시간이 두 배 걸리면 어떤가. 하나하나 배워 나가는 재미도 쏠쏠하다.

요즘 기차역에 가보면 발권 창구에 사람이 적다. 죄다 노인들만 창구에서 표를 끊는다. 그러나 좌석은 대부분 매진되어 있다. 난감하다. 젊은이들은 말할 것도 없고 많은 이들이 앱으로 전부 예약해 둔 탓이다. 그렇다고 젊은 이들 탓을 할 게 아니다. 스마트폰에 코레일앱만 깔아도 해결된다. 그게 복잡하고 어려운 것도 아니다. 익숙하지 않을 뿐이다. 제주 가는 비행기도 앱을 통해 가장 싼 값의 티켓을 구매할 수 있다. 이런 것쯤은 많은 노인들도 이제 다 한다. 지하철, 버스 도착 시간도 그렇게 확인할 수 있다.

얼마나 편한가. 그런데 사용할 줄 몰라서, 익숙하지 않다고 스스로 손해 볼 까닭이 없다. 해외에 나갈 때도 호텔이며 교통편을 다 예약할 수 있다. 해외에 나가서도 초행길이니 길 찾기가 쉽지는 않겠지만, 구글 지도앱 하나만

깔면 어디든 찾아다니는 게 어렵지 않다. 처음이 낯설고 어려울 뿐이다.

패키지여행은 편리하다는 장점이 있지만, 대개 버스에 탄 채 명소만 잠깐 둘러보고 자칫 잘못하면 가이드에게 바가지요금을 뒤집어쓰게 되는 단점도 있다. 어설픈 면세점이나 가이드가 끌고 가는 쇼핑몰도 마찬가지다. 물론 짧은 시간에 가장 유명한 곳을 돌아보는 효율은 있다. 하지만 뭔가 아쉽다.

처음 가는 곳은 일단 패키지로 다녀오고 그다음에는 혼자 자유 여행을 다녀오면 나을 것이다. 나도 앞으로 그럴 생각이다. 최근에는 세계 여러 도시에서 '한 달 살기' 프로그램도 많이 나온다. 한 달이 부담스러우면 한 도시에서 일주일 내지 열흘쯤 머물면서 천천히 돌아다니고 시장도 찾고 그곳 사람들과 펍에서 어울리기도 하며 지내 볼 생각이다. 이건 젊은이들만의 몫이 아니다. 젊은 직장인들은 짧은 휴가 때문에 한 도시에서 열흘을 머무는 게 현실적으로 어렵다. 그러나 은퇴한 사람들에게는 '시간'이라는 특권이 있다. 그걸 누려야 한다.

당장 호구지책에 허덕이는데 배부른 소리 한다고 타박할지 모른다. 그러나 좋은 여행이 두툼한 지갑에서만 나오는 게 아니다. 여행은 나 자신에게 열심히 살았다는 의미로 주는 선물이자 보상이다. 비용을 최소화할 수 있는 방법을 찾고, 가벼운 지갑을 조금씩 덜어 저축해 여행 자금을 마련할 수 있는 희망과 패기를 가져야 한다.

뭔가 설레는 일을 만들어야 한다. 나이 들어 설렘 자체가 소멸한다고 포기하는 건 내 삶에 대한 예의가 아니다. 그저 풍경이나 오래된 유적지 '구경'만 할 게 아니라, 이 나이까지 축적된 지식과 경험 그리고 통찰력으로 그곳에 쌓인 삶의 켜들을 읽어 내며 해석해야 한다. 적어도 어린 친구들과는 다른 여행을 보여 줄 수 있어야 하지 않겠는가.

어른은 진보다

여행지에서 만나는 가난한 젊은 여행자들에게 커피 한잔 사주며 격려할 수 있는 몇 달러쯤의 여유만 챙기면 된다. 우리보다 가난한 나라에 가면 우쭐거리고 그들을 낮춰 볼 게 아니라 작은 힘이라도 도와줄 수 있는 길을 생각해 봐야 한다. 우리보다 잘사는 나라에 가면 선망하고 우러러보기만 할 게 아니라 그들이 어떻게 그 문명을 쌓아 올렸는지, 어떤 투쟁을 통해 그런 멋진 삶을 얻어 냈는지를 읽어야 한다. 그게 어른들의 여행이 갖는 특권이자 자산이다.

새로운 도전이다. 물설고 낯선 도시에 가서 혼자 지내는 게 쉬운 일은 아니다. 비용도 더 들 것이다. 그러나 지금 하지 않으면 영원히 기회가 없다. 아직 몸을 움직일 수 있고, 평소에 절약해서 여행의 비용을 마련할 수 있는 처지라면 능히 도전해 봄 직하다.

장소가 바뀌고 삶의 패턴이 바뀌면 생각도 바뀐다. 더 젊은 생각으로 더 넓고 도전적인 시간을 누릴 수 있는 기회를 포기하는 건 억울하지 않은가? 다른 나라 사람들이 어떻게 살고 있는지, 어떤 문화를 만들어 가는지, 어떻게 세상과 삶을 바라보는지 엿보는 일은 막히고 굳어진 우리 생각을 허무는 데 도움이 될 것이다. 그것만으로도 충분히 도전할 가치가 넘친다.

1년 뒤, 보름씩 다른 나라에서 천천히 걷고 쉬면서 세상을 만나기 위해 나는 오늘부터 적금을 부을 생각이다.

여행은 단순한 공간의 이동이 아니라 생각과 태도의 이동이다.
그게 빠진 여행은 단순한 관광일 뿐이다.
어른들도 멋지게 '여행'할 수 있음을 보여 주자.

제대로 알고
지껄이라고 하라

몇 해 전 일을 말해 볼까 한다. 이명박 정부 시절, 당시 김황식 국무총리가 서울교통공사(옛 서울시지하철공사)를 방문해서 브리핑을 받다가 적자 문제를 지적했던 모양이다. 의례적인 일이고 이미 비서진에서 어느 정도 파악하고 요약해서 올렸을 것이니 한마디 거든 형태였을 것이다. 어쨌거나, 만성 적자를 안고 있는 공사에서 어떻게 적자를 줄일 것인지 물었을 것이고 대책을 잘 세우라는 정도만 언급했을 일이다.

그런데 적자 요인 가운데 하나인 노인의 무임승차 문제를 따졌단다. 적자가 2,000~3,000억 원쯤 된다는 답이 돌아왔다. 아마 김 전 국무총리는 적자인데 그렇게 공짜로 승차할 수 있게 하는 게 적절한지 물었을 것이다. 공사의 대표와 담당자는 앞으로 고려하겠다는 상투적인 답변을 했을 것이고. 언론에 보도된 건 딱 거기까지다.

어른은 진보다

그 보도에 '지공족(지하철 공짜로 타는 족속)'인 어르신들의 심기가 불편했을 것이다. 무임승차하는 게 가뜩이나 미안한데(열심히 살았으니 그 대접을 받는다는 자부심이 더 커야 하거늘) 그게 적자 요인이라는 지적에 뜨끔해진 것이다. 버스나 지하철을 탈 때도 눈치가 보였는데 앞으로 더 민망할 것 같은 부담감도 들었을 테다.

그런데 과연 그 질의와 대응 그리고 언론의 보도가 적절하고 공정한지 따져 보았는가? 이미 칼럼과 다른 책에서도 언급한 바 있지만, 이건 문제의 핵심을 꿰뚫어보지 못한 거죽의 인식에 불과하다. 뭐, 그럴 수 있다 치자. 그런데 이 질의의 당사자인 노인들의 묵묵부답은 정말 의외다. 아마도 문제의 핵심을 인식하지 못했거나, 높은 사람이 그랬으니 그러려니 하는 순응의 습성 때문이었을 것이다.

그럼 왜 이게 거죽의 인식인가 따져 보자.

첫째, 만약 경로우대를 폐지해서 대중교통 요금을 부과하면 어떤 일이 일어날까? 가정불화가 생긴다. 수입이 없거나 많지 않은 노인들로서는 버스 지하철 요금도 부담스럽다. 그래서 밖에 나가려 하지 않는다. 그러면 집에 있는 며느리(혹은 딸)가 곤혹스럽다. 어른이 집에 계시면 매 끼니를 챙겨야 하고 밖에 나가는 것도 눈치 보이니까. 스트레스가 쌓인다. 이 스트레스는 퇴근하고 온 가족들에게 옮겨진다. 가족의 정신건강에 해롭다. 돈으로 환산되지 않는 손해다.

둘째, 대중교통을 이용하려면 일단 어느 정도 걸어야 한다. 이게 적당한 운동이 될 수 있다. 노인들은 퇴행성 질환으로 시달린다. 좀 걸으면 나아지련만 집에만 있으면 악화된다. 그러면 의료비가 많이 든다. 공공의료 시스템에 부하가 걸린다. 실제로 한 의료사회학자의 연구에 따르면 무임승차 폐지시 퇴행성 질환 치료에 드는 비용이 늘어서 공공의료 비용이 2조 원쯤 증가한다고 한다. 그건 고려하지 못하고 눈에 보이는 적자만 따지는 건 언 발에 오줌 누는 격이다.

셋째, 대중교통이 무료면 밖에 나갈 기회가 많아지고 그만큼 세상의 움직임을 피부로 느끼게 된다. 노년층의 신체적 퇴행뿐 아니라 사고의 퇴행도 막을 수 있다는 뜻이다.

넷째, 지금 우리가 이만큼 살게 된 건 모두 앞선 세대의 노력과 고통 덕분이다. 그에 대한 최소한의 사회적 보답으로 대중교통 요금 면제는 가능하지 않은가.

여기에 하나 덧붙이자면, 이른바 공사公社의 사업은 당장 흑자가 나는 게 아니다. 공공의 이익을 위해 적자를 감수하고 국민의 세금으로 지원하고 투자하는 것이다. 사기업의 손에 넘길 수 없는 이유는 공공선을 이룰 수 없을 뿐 아니라 오히려 해를 끼칠 수 있고, 초기 투자비용이 너무 많이 들어서 사기업으로서는 엄두를 내지 못하기 때문이다. 그러나 사회에 꼭 필요한 사업이기 때문에 나라에서 투자해야 한다. 투자비용을 회수하고 이익을 발생시키기까지는 많은 시간이 필요하다. 그 기간을 국민의 세금으로 지원한다. 그게 공기업 혹은 공사의 존재 방식이다. 당장의 적자를 지적하는 것만이 경영능력을 과시하는 게 아니다.

왜 국무총리였던 그 사람은 이걸 읽어 내지 못했을까? 적어도 그는 앞서 지적한 네 가지 사례들에 거의 해당 사항이 없기 때문이다. 마치 연말 구세군 자선냄비에 돈을 넣는 사람들은 고급 자가용으로 출퇴근하는 사람들이 아닌 것처럼. 자선냄비는 사람들이 오가는 길가에 있다. 길을 걸을 일 없는 사람에게는 남의 일이다. 최고위직에 있는 사람들이 이런 '맥락적 이해'가 없다는 건 그만큼 공감 능력이 부족하다는 뜻이다. 똑똑하고 돈은 많을지 모르지만 시민들의 삶에 대해서는 무감하다.

더 나아가 이 사건에서 볼 수 있는 더 큰 문제는 당사자인 노인들이 심층적 분석과 비판을 내놓지 못했다는 점이다. 남의 일이 아니다. 자신의 여생과 직결된 일이다. 그러므로 당당하게 비판하고 지적해야 옳다. 내 권리를 남의 손에 맡길 일이 아니다. 또한 우리가 모범을 보여야 다음 세대가 이런 일을 반복적으로 겪지 않는다. 만약 우리 앞 세대들이 그런 문제를 제대로 인식하고 비판하며 대안을 마련하여 좋은 모델을 정립했다면 우리의 삶이 조금이라도 더 나아지지 않았을까? 그때는 살기 힘들었기 때문에 불가능했다는 건 비루한 변명이어야 한다.

나는 이 문제와 결부해서 무상급식 논쟁을 다시 소환하려 한다. 이제는 거의 모든 학교에서 무상급식이 다 이루어지고 있으니 더 이상 시비할 것도 없지만, 그래도 우리가 그 과정에서 어떤 인식의 얄팍함을 드러냈는지 상기해야 한다. 무상급식 정책이 화두가 되자 특히 산업화 세대들, 즉 나이 든 사람들이 매우 적극적으로 반대했었다. 그 인식의 토대가 어떠했는가를 되짚어 보면 우리가 앞으로 살아가면서 숙고해야 할 당위의 근거가 보인다.

무상급식 문제로 한동안 참 시끄러웠다. 재정이 남아도는 것도 아닌데, 사회주의국가도 아닌데 '공짜' 급식이 웬 말이냐며 반발한 사람들이 많았다. 그러면서 '선별 급식'을 내밀었다. 돈 많은 사람들의 자녀는 돈 내고 먹고, 돈 없는 사람들의 자녀는 무료 급식을 하자고 했다. 꽤 설득력이 있는 것처럼 보였다. 그래서 많은 이들이 호응했다. 그러나 자세히 보면 이는 문제를 큰 틀에서 보지 못하고 프레임에 스스로 갇혀 있는 꼴이었다. 나는 왜 그 논쟁을 좁은 프레임 논쟁으로 평가했는가?

우선 교육의 범위는, 아주 넓게 잡지 않더라도 '학교에서 이루어지는' 모든 학습활동을 기본적으로 설정할 수 있다. 교실에서 공부하는 것만 아니라, 함께 어울리며 사회적 삶을 배우고 함께 먹으며 공동체적 삶을 체험하는 것도 학습에 포함된다. 무상교육 안에는 단순히 수업료 면제만 있어선 안 된다. 예전에야 나라가 가난해서 무상급식이 어려웠다지만, 지금은 그럴 여력이 있다. 당연히 무상교육 안에 포함되었어야 할 '식사 학습활동'이다. 했어야 했지만 못 했던 걸 조건과 환경이 만들어졌으니 더 이상 미루면 안 되는 거였지, 갑자기 무슨 선물 퍼주자는 게 아니었다.

내 경우를 돌아보면, 초등학교(그때는 국민학교) 시절 부분 급식이 있었다. 도시락 싸 올 형편이 되지 않는 아이들을 위해 죽, 빵(건빵이나 밀가루와 옥수수로 만든 빵) 등을 줬다. 도시락 싸 온 아이는 가끔 그게 먹고 싶어서 바꿔 먹기도 했다. 그러나 그걸 '먹어야 하는' 아이들은 열패감을 감추지 못했다. 아마 지금도 그때의 감정을 기억하는 이가 있을 것이다. 그게 선별 급식의 함정이다.

그런데 21세기 대한민국에서의 선별 급식은 돈 있는 사람은 돈 내고 그렇지 않은 사람은 무상으로 급식을 먹자는 논리였다. 수혜자 부담 원칙이라는 점에서 매우 합리적인 것처럼 보일 수 있다. 없는 사람들에게는 급식비도 만만치 않다. 아이들이 받는 상처 이전에 부모에게 부담이다. 그들에게는 무료 급식을 해주되 경제적 여유가 있으면 돈 내고 먹게 하자는 게 그럴듯할지 모르지만 사실 있는 사람들에게는 그깟 급식비쯤은 껌값이다.

누군가는 이건희 회장 손자까지 무상급식 할 까닭이 없다는 주장을 펼쳤다. 그건 보편복지가 초래하는 낭비라는 것이다. 얼핏 그럴싸해 보인다. 그러나 여기에 엄청난 함정이 숨어 있다. 그래, 부자들에게 급식비는 별거 아

어른은 진보다

니다. 근데 급식을 돈 내고 먹는 사람에게 과연 특권의식이 안 생길까? 특권의식은 대놓고 '나는 이런 부류의 사람이야'라며 뻐기는 것만 있는 게 아니다. 그 알량한 급식비 내고 "나는 내 돈 내고 먹었으니 급식에 문제가 생기면 당연히 따질 권리가 있다. 나는 돈 냈으니 문제가 생겼어도 책임이나 의무는 없다. 난 공짜로 밥 먹은 게 아니라 내 돈 내고 사 먹은 주체적 소비자라고." 이런다면 어쩌겠는가?

아무것도 아닌 듯 보일지 모르지만 특권의식이 싹트는 건 매우 위험하다. 그것도 아이들에게. 의무는 동일한데 권리는 상이하며, 책임 또한 경중이 다른 상황이 조장된다면 그게 교육적일까? 있는 사람들에게는 몇 푼 되지 않는 돈으로 '쪼잔하고 귀찮은' 문제에서 벗어난다는 걸 체감하는 것만큼 위험한 '값싼 의무의 이행'이 있을까? 그걸 일찌감치 학습한 아이들이 살아갈 미래가 어떨까? 지금도 온갖 부정을 저지르고 돈 몇 푼으로 때우는 천박한 사회적 책임을 많이 본다. 지나친 우려라고 비판할지 모르지만, 교육은 모든 사람이 동등하고 평등하다는 걸 학습하고 연마하는 전체 과정이라는 점을 놓치면 안 된다.

그래도 부자의 자녀들이 공짜 밥을 먹는 게 마음에 걸릴 사람이 있을지 모른다. 그러나 오히려 그들에게 무상급식을 해야 하는 더 큰 당위가 있다. 누구나 배고프지 않게 살아야 한다는 인간 존엄성을 학습할 뿐 아니라 내 부모가 열심히 돈 벌어서 낸 세금으로 우리가 함께 먹고 살아간다는, 사회적 관계를 인식한다는 점이다. 나누는 사람으로 성장하겠다는 다짐이 아이들 마음속에 생긴다는 건 든든한 미래 자산을 얻는 일이다. 진정한 교육은 바로 이런 것이다.

나라가 가난할 때는 어쩔 수 없었다 해도, 우리가 살았던 경험을 근거로 미래를 위한 판단을 편협하게 내리는 건 위험하다. 여기에 사족 하나를 달자면, 재벌 손자들은 어차피 무상급식에 해당되지 않는다는 점이다. 대부분 사립초등학교에 다니기 때문에 무상급식에 해당 사항 자체가 없다. 우리만 엉뚱하게 그들을 표본으로 소환하여 짓까분 꼴이 아닌지 낯 뜨겁다. 어쨌거나 무상급식이 모두 이루어졌으니 다행이지만.(그토록 무상급식 반대했던 사람들조차 선거 때 그 공약을 내세웠던 건 단순히 포퓰리즘을 따랐기 때문일까, 아니면 뒤늦게 시대정신을 깨달았기 때문일까? 아마 둘 다일 것이다.)

무임승차, 무상급식. 이 두 사례에 대한 나의 해석이 편향적이라고 비판해도 나로서는 할 말은 없다. 그러나 적어도 어떤 문제를 지적하고 비판할 때 조금 더 입체적이고 심층적으로 분석하여, 더 큰 의미를 읽어 내 의제를 제시할 수 있는 게 나이 든 사람들의 몫이라고 생각한다. 이 몫을 외면하고, 살았던 과거를 바탕으로 엄한 소리만 지껄인다면 시대착오적 꼰대의 모습이다. 어른이 어른답게 판단하고 말하며 행동해야 나라가, 미래가 진화한다.

잘난 것들의 꾐에 빠지지 말아야 한다.
그들은 결코 내 삶을 공감하지 못하고 대변하지 못한다.

어른은 진보다

용기 있게 산다는 게 결코 쉽지 않다. 우리는 살아오면서 그걸 뼈저리게 느꼈고 겪었다. 분노하고 비판하는 것도 잠시일 뿐 막상 그 비판하던 '우산' 안으로 들어가면 금세 동화되고 동조했다. 그렇게 하지 않으면 견뎌 낼 수 없었고 유형무형의 학습을 통해 길들여지기도 했다.

하지만 가장 큰 이유는 연대 의식의 결여에 있었다. 혼자 나섰다가 다른 사람이 방관하거나 비난하면 금세 고립무원에 빠지고 결국은 도태되거나 퇴출되는 걸 뻔히 알았기 때문이다. 그렇게 악순환을 거듭했다.

우리는 그렇게 적당히 비겁하게 살았다. 그러나 동시에 용감하게 살았다. 청춘일 때는 불의에 저항했다. 두려움이 어찌 없었겠는가. 군사정부의 무자비한 통제와 억압 속에서는 작은 저항이라도 할라치면 처절하게 응징당했다. 민주주의를 짓밟은 자들이 권력을 쥐고 있는 동안 통제와 억압은 일상사였다. 당시 어른들은 적당히 타협하거나 심지어 앞장서기도 했으며 대부분은 침묵했다. 물론 당시 젊은이 중에도 사회구조에 순응하거나 가끔은 적극적으로 동조하는(그래도 눈치는 보여서 대놓고 표현하지는 못했던) 친구들이 있었다. 부모님의 영향 탓도 있었고 '학도호국단' 체제의 학습 효과 때문이기도 했다. 그래도 대부분은 불합리한 체제에 불만과 비판 의식을 갖고 있었다.

지금의 80대는 4.19 혁명으로 자유당 독재정권을 무너뜨렸고, 70대는 한일협정에 반대하며 저항했으며, 60대는 부마항쟁으로 박정희 정권을 종식시켰다. 그 과정에서 치른 대가는 혹독했다. 오직 민주주의와 정의라는 올바른 가치를 실현하기 위해 때로는 목숨까지 바쳐 가면서 저항했고 기꺼이 핍박받았다. 대학 캠퍼스에 아예 경찰이나 군인이 상주하던 시기에는 학내 시위조차 거의 불가능했지만 그래도 저항했고 투신이나 분신과 같은 극단적 방법으로 각성을 촉구하기도 했다.

그런 와중에도 자신의 안일을 위해 시위 한번 끼지 않고 방관하거나 신분 상승을 위해 고시 공부에 매달린 일부 청년들도 있었다. 그들은 지금 검사가 되고 판사가 되었으며 정치인으로 변신했다. 그러나 대부분 청년들은 불의에 저항하고 반민주주의 행태를 비판했다. 그 세대들이 지금 중년을 넘어 노년이 되고 있다.

이른바 '386세대'로 불리던 중년 세대의 저항은 더 처절했다. 전두환 쿠데타 세력은 권력을 쥐기 위해 광주에서 잔인하게 민간인을 학살했다.(그럴 일도 없겠지만 만약 대구에서 그런 일을 벌였다면 어떻게 대응하고 평가했을까?) 서슬 퍼런 시대였다. 박정희의 유신정권이 살벌하기는 했지만 전두환 정권처럼 무자비하게 민간인을 대놓고 학살하지는 않았기에 두려움의 정도는 더 컸다. 전두환의 한마디에 모두가 벌벌 떨었다.

어른은 진보다

하지만 청년들의 저항을 막을 수는 없었다. 그래서 쿠데타 정권은 더더욱 청년들을 두려워했다. 무려 7년을 강압 통치했다. 청년들은 끊임없이 저항하고 맞서 싸웠다. 물론 혹독한 대가를 치러야 했다. 온갖 구실로 구속하고 처벌했다. 하지만 대통령 직선제를 거부하고 쿠데타 동지였던 친구에게 권력을 넘겨서 계속해서 통치하려던 야욕은 끝내 좌절되었다. 청년뿐 아니라 직장인까지 가세한 저항을 무자비하게 강압했지만 결국은 6월 항쟁으로 무너졌다.(물론 철저하게 계산하여 전두환과 노태우 양측이 합의한 것이었지만.)

정치적으로는 용감했다. 무서운 공포정치도 우리를 완전히 침묵시키지 못했으며 결국 민주화의 승리가 찾아왔다. 그러나 일상의 삶에서는 적당히 비겁하게 살았다. 내게 손해될 것만 아니면 적당히 눈 감고 귀 막으며 살았다. 운 좋게 성공한 투쟁의 결과물을 나눠 먹는 데는 최대한 잽싸게 무임승차도 하면서.

언론이 대표적인 사례다. 언론은 사회의 부조리와 정치적 불의 그리고 비합리적인 경제적 탐욕을 감시하고 비판하며 올바른 판단을 할 수 있는 기초적 정보를 전달하는 일은 등한시한 채, 권력과 부에 아부하며 그들의 논리를 전파하는 데 부지런했다. 언론이 아니라 언롱言弄이라는 빈정거림을 받아도 쌌다. 언론 탄압에 저항하기는커녕 오히려 언론의 자유를 위해 투쟁하는 기자들을 탄압하고 해고시켰다. 비판해야 할 권력과 부에 대해서는 방어막 치는 일에 앞장섰던 자들이 막상 언론의 자유를 보장하자 자신들의 기득권 지키는 데 모든 자유를 남용했다. 언론의 자유를 입에 담을 자격도 없는 자들이 그 자유를 그릇된 방식으로 제한 없이 사용했다. 그건 지금도 현재진행형이다. '기레기'라는 말은 그냥 생긴 말이 아니다.

어떤 조직이건 부조리와 불합리는 존재한다. 그릇된 관행과 야합의 유혹

이 상존한다. 안에서는 철옹성처럼 단속하고 조직이 곧 내 삶 자체라고 인식하도록 학습시킨다. 그래서 결코 내부에서의 비판이 먹혀들지 않고, 엄두 자체를 내지 않는다. 결국 외부에 고발하거나 폭로할 수밖에 없다. 이는 엄청난 용기를 필요로 한다. 발각되면 조직에서 배신자로 낙인찍히고 심지어 외부에서도 곱지 않은 시선으로 바라본다.

대표적으로 2007년에 있었던 김용철 변호사의 사례다. S그룹의 법무팀 수장으로서 그가 접한 정보의 깊이는 외부에서는 상상하지 못할 정도였다. 각종 비자금 조성 및 전달 방법, 상납 대상에 대한 내용 등 고발된 내용은 너무나 구체적이고 적나라했기에 충격은 이루 말할 수 없었다. 이사급 이상의 대우인 그는 매우 높은 보수를 받고 있었다. 하지만 거악의 척결을 외쳤던 검사로서, 그는 자기 정체성에 대한 깊은 고민에 빠진다. 그리고 마침내 악행을 고발하러 나섰다. 그러나 어느 언론사도 김 변호사를 반기지 않았다. 만약 그의 주장을 신문에 싣게 되면 S그룹의 광고는 당장 끊길 것임을 알았기 때문이다. 이른바 진보 언론이라는 곳도 마찬가지였다. 그가 마지막으로 찾아간 곳은 바로 '정의구현사제단'이었다. 그렇게 세상에 부조리의 진실이 터졌다.

그런데 김 변호사가 고발한 내용이 제대로 보도되고 사건 당사자들이 처벌받았는가? 오히려 언론은 은근히 혹은 아예 노골적으로 김용철 변호사를 비도덕적 인물로 만드는 데 앞장섰다. '주인을 문 개'라는 표현까지 썼다. 그도 모자라 그의 출신 지역을 거론하면서 지역감정까지 가미했다. 도둑을 신고한 주민에게 왜 쓸데없이 신고했느냐며 나무란 꼴이다.

김용철 변호사는 자신이 폭로하는 순간 직장을 잃게 될 것을 당연히 알았다. 그럼에도 폭로한 것은 더 이상의 악행을 방조하거나 거들어서는 안 된다는 가장 기본적 양심에 충실했기 때문이다. 그러나 우리는 그를 외면했고 언론은 소설을 써댔으며 검찰과 사법부는 서로 짜고 적당히 유야무야하면서 결국 김용철 변호사만 '바보 변절자'로 만들었다. 한 용기 있는 사람은 그렇게 매장되었다.

우리는 이 사건 이후에 주목해야 한다. 그룹 법무팀의 수장이었던 그 사람만큼 고급 정보를 가진 사람은 거의 없다. 물증도 충분했고 논리적 증거도 넘쳤다. 그러나 돈의 위력이 훨씬 더 컸다. 김용철 변호사조차 조리돌림을 당할 정도로 기업의 힘이 막강하다는 것을 국민 모두가 알았다. 이후 어느 누구도 그 기업과 맞서 싸울 엄두를 내지 못하게 됐다. 말 그대로 '언터처블untouchable'이 된 것이다. 만약 비리가 터지고 나서 제대로 조사하고 처리했다면, 작금의 '삼바 사태' 같은 무소불위의 짓은 벌이지 못했을 텐데 말이다.

내부 고발은 담장 위에서 위태롭게 걷는 것과 같다. 걷는 것 자체가 힘든데다 자칫 삐끗하면 떨어진다. 어느 쪽으로 떨어지든 그의 인격적 삶은 끝난다. 담장 위를 걷는 건 자신의 존재감을 과시하기 위해서가 아니다. 그릇된 담을 무너뜨리기 위함이다. 엄청난 용기와 정의감이 있어야 가능한 일이다. 그런데 우리는 자신의 모든 것을 걸고 진실과 정의를 외친 사람을 외면한다. 보호하기는커녕 비난하고 짓밟는다. 내가 밟지 않더라도 남이 밟는 것을 그저 바라본다. 내 일이 아니니까. 그것보다 더 비겁한 일은 없다.

과연 우리가 지금까지 내부고발자를 제대로 보호하거나 그에게 감사하며 더 나은 삶을 제공한 적이 있는가? 왜 내부고발자를 짓밟을까? 다시는 그럴 엄두를 내지 못하게 철퇴를 가하는 것이다. 훨씬 더 많은 비용이 들더라도 그를 응징하는 데는 결코 돈을 아끼지 않는(로펌에 대는 돈은 천문학적이다.) 건 바로 그런 계산 때문이다. 어느 누구도 대들지 못하게 하려면 두려움부터 느끼게 해야 하기 때문이다.

우리는 때로는 용감하게, 때로는 적당히 비겁하게 살아왔다. 부양할 가족을 위해서는 어쩔 수 없다고 변명도 하면서. 그게 하나의 관성이 되었고 판단의 기준(사실은 핑계에 가까운)이 되었다. 그래서 내부고발자를 삐딱한 시선으로 바라봤다. 조직을 배신한 행위로 폄하했다. 그러나 과연 우리에게 그 사람들의 용기를 무참히 깎아내릴 자격과 양심은 있는 것인가? 이를 먼저 물어야 한다.

내가 용기 없는 것을 부끄러워해야 한다. 그러나 우리는 그것을 감추고 외면하기 위해 진짜 용기 낸 사람들을 비난하는 어처구니없는 소행을 저지르고 있다. 내부고발자를 무조건 비난부터 하도록 만드는 사회는 희망이 없다. 내 자식이 그런 조직에서 살아가도록 방치할 것인가? 나는 못 했지만 용감하게 행동한 사람들에게 고마워해야 한다. 그들의 용기 덕분에 타락과 부패를 어느 정도 막을 수 있고 개선의 움직임이 조금씩이나마 엿보이는 것이다. 내부고발자들이 마련한 결과물들만 똑 따먹는 짓은 파렴치한 일이고 부끄러운 일이다.

자, 그렇다면 결론은 단순하고 명료하다. 내가 용기를 내지 못했다 하더라도 괜찮다. 다만 용감하게 그리고 자신이 치러야 할지 모를 위험을 감내하고 불의와 부패를 고발하고 폭로하는 사람들을 응원해야 한다. 그들을 비난하는 것은 비겁한 이중 처벌이다. 용감한 고발자들이 겪는 불이익을 우리가 힘을 모아 상쇄시키고 사회적으로 높이 평가하며 감사를 표할 수 있을 때, 더 많은 불의와 부패를 막을 수 있다.

이제 우리 세대가 보여야 하고 실천해야 할 용기는, 용기 낸 자를 보호하

어른은 진보다

고 지지하며 대안을 찾는 데 연대하는 일이다. 한 개인은 힘이 없다. 게다가 조직이 온갖 경제적 불이익과 법적 불편함으로 구속하는 환경에서 개인은 무기력하다. 하지만 그들이 외롭지 않다는 것을 공감할 수 있을 때 우리는 비로소 정의롭고 공정하며 깨끗하고 제대로 일할 수 있는 삶을 누릴 수 있다.

그럼에도 불구하고 습관처럼, 인지부조화의 변명으로 무장한 관성으로 내부고발자를 따가운 시선으로 멸시하고 비난한다면 내 자식의 미래가 망가지는 일에 일조하는 것이다. 세상을 바꾸는 게 쉽게 이뤄질 수는 없을 것이다. 그러나 한 걸음씩 앞으로 내딛는다면, 그리고 더 많은 사람들이 그 행동에 동참한다면 어느 순간 세상은 더 낫게 변화할 것이다. **약자의 유일한 강점은 포기할 것이 작다는 것, 그리고 연대할 수 있는 숫자가 많다는 것이다. 그 힘이 우리를 바꾼다.** 그게 올바른 진화다. 그러니 하나하나 생각을 바꾸고 행동을 변화해 보자. 제대로 나잇값 해야 할 때다. 우리도 용감하게 살아야 하지 않겠는가?

내부고발자의 용기를 존경하는 사회,
그들을 격려하는 어른이 사는 세상이 아름다운 나라다.

항간에 '소수자'라는 말이 많이 거론된다. 예전에는 누군가를 폄하하기 위해 못된 말로 중구난방 부르던 것을 통칭해서 소수자로 일컫게 되어서다.

소수자란, 문화나 신체적 차이 때문에 주류사회와 문화에서 벗어나 있는 사람 혹은 집단을 뜻한다. 영어 '마이너리티minority'를 옮긴 말이다. 단순히 수의 개념으로 '적다'는 뜻이 아니다. 수적으로도, 영향력으로도 약한 사람들이다. 소수자들은 사회적으로 우세한 영향력을 행사하는 집단에게 정치 이념, 종교, 사상, 가치 등의 이유로 적대세력, 이단, 부적격자 등으로 낙인찍혀 억압받았다. 차별받는 일도 허다했고, 오랜 기간 우세 집단의 차별과 억압을 감내해야 했다.

최근 소수자라는 명칭이 자주 언급되는 건, 성소수자 인권에 대한 문제 인식이 대두되었기 때문이다. 특히 동성애에 대한 적대감이 전보다 더 노골적인 게 크다. 왜 이렇게 되었을까? 우리에게 익숙한 게 아니어서 혹은 무시하거나 덮어 버려서 그랬을 뿐이다. 그게 공공연하게 드러나며 이슈가 되니 불편하고 불쾌하며 비도덕적인 것으로 여기는 것이다. 여기에 최근 교회가 크게 목소리를 내기까지 한다. 왜 교회가 적극적으로 동성애 문제를 제기할까? 신학적으로 용납할 수 없어서? 그런데도 겁도 없이 대놓고 소수자들이 나서니까? 하지만 그것만으로 그런 반발을 완전하게 설명할 수 있는가? 나는 아니라고 본다.

아마도 한국에서 기독교가 원래 타깃으로 삼던 공산주의나 이단 공격이 예전만큼 사람들에게 통하지 않자, 새로운 주적으로 동성애자를 잡아 공공의 적을 만들려 한 이유가 아닐까 한다. 이렇게 하면 보수 우파 정당과 궤를 같이하는 전략도 가능하다.

한국 교회는 보수정당과 친밀한 관계를 지속해 왔다. 기독교도인 이승만의 자유당 정부는 말할 것도 없고, 딱히 종교적 색채가 없는 박정희 정부와도 그런 관계를 유지했다. 보수정당으로서는 상당수의 신자를 보유한 교회와 우호적 관계를 유지하는 것이 당연히 좋았기에 자신들에게 반대하는 교회를 제외하고는 적당한 혜택을 주면서 자기편에 끌어들였다. 교회로서도 굳이 마다할 일 아니었다. 교회가 노골적으로 정치적 목소리를 내기 시작한 건 김영삼과 이명박이 대통령 후보로 나섰던 대통령 선거였다. 둘 다 장로라는 신분이 주는 유대감 때문이었겠지만 대다수의 교회들이 노골적으로 그들을 지지했다. 그리고 모두 당선되었다. 교회의 힘이 얼마나 큰지 공공연하게 과시한 선거였다.

두 사람 모두 보수정당 소속이었고 교회가 늘 정치적으로 보수적이었기에 양자의 협력은 자연스럽게(?) 이어졌다. 그러나 부패와 무능 그리고 탐욕과 독선의 결과물이 박근혜 정부에서 한꺼번에 터졌고 보수정당도 교회도 더 이상 반공 이념으로는 설득력을 갖지 못한다는 걸 깨달았다. 보수적인 정당과 교회의 연대를 이어 줄 이념의 큰 고리가 사라진 것이다. 그걸 대체하기 위해 꺼내든 것이 성소수자 프레임이다. 진보적인 정당에서는 성소수자를 노골적으로 반대하지 못하지만 보수적인 정당에서는 그게 가능하다는 점에서 동성애 문제는 보수정당과 교회의 연합 고리가 된 것이다. 결국 두 집단의 이해관계가 맞아떨어져 생겨난 돌출인 셈이다.

얼마 전 EBS「까칠남녀」라는 프로그램에서 패널 가운데 한 사람인 은하선 씨가 하차했다. 형식은 하차지만 실제로는 퇴출이다. 이른바 LGBT(레즈비언, 게이, 양성애자, 트랜스젠더)로 일컬어지는 성소수자 특집이 방송되자, 혐오와 저주를 입에 담으며 방송국 앞에 몰려가 시위한 세력들에 굴복하여 이런저런 핑계를 대고 하차시킨 것이다. 이 사건은 성소수자에 대한 새로운 담론을 마련한다는 대담한 의도를 모두 뭉개고, 우리 사회가 얼마나 강자 이데올로기에 충실한지 새삼 보여 줬다.

시위 세력 말처럼 성소수자가 과연 사회를 병들게 하고 타락을 일삼는 사람들인가? 얼마 전까지만 해도 동성애를 반대하는 명분으로 에이즈(후천성면역결핍증)를 들먹였다. 그러나 그것 때문에 반대하는 것이라면, 에이즈가 출현하기 이전에는 동성애가 괜찮았다는 말인가? 유치한 논거다. 이제는 에이즈가 꼭 동성애자들에 의해 전염되는 것도 아니라는 점이 알려졌고, 치료 백신이 개발되면서 이를 들먹이는 사람이 줄어들긴 했다. 그러나 여전히 정확한 사실이 아닌 심리적, 문화적 근거를 들이대며 동성애를 억압한다. 설령 그들의 말이 타당하다 하더라도, 과연 다른 사람의 인격과 인권을 내 식대로 판단하여 폭력을 가하는 것이 옳은지 의문을 가져야 한다. 차별은 어떠한 경우에도 허용될 수 없다. 차별 그 자체가 야만이고 폭력이다.

오래전 봤던 영화 '결혼 피로연'이 새삼 떠오른다. 리안 감독의 이 영화는 뉴욕에 사는 젊은 대만 남자 웨이퉁이 주인공이다. 웨이퉁은 뉴욕에서 부동산 딜러로 일하고 있으며 물리치료사인 남자 친구 사이먼과 아파트에서 동거하고 있는데, 타이완에 있는 부모는 계속해서 결혼 압력을 가한다. 때마침 자신이 관리하는 건물에 세 들어 살고 있으며 영주권이 필요한 중국인 화가 웨이웨이를 만난 웨이퉁은 그녀와 가짜 결혼을 마음먹는다.

타이완의 부모가 결혼식에 참석하기 위해 미국에 왔다. 아버지는 타이완의 전통 혼례식을 제안했고 어쩔 수 없이 결혼 피로연까지 치르게 된다. 서양인답지 않게 싹싹한 아들의 친구(사실은 동거하는 남자 친구)에게 호감을 느낀 웨이퉁의 부모는 아들이 미국에서 잘 살고 있구나 싶어 안도한다. 그리고 마침내 아들이 결혼까지 함으로써 자신들의 바람이 다 이뤄졌으니 행복만이 남았다고 여긴다.

세 사람의 완벽한 연기로 위장결혼은 성공한 듯 보였다. 그러나 피로연에서 아버지는 아들이 게이였다는 충격적인 사실을 알게 된다. 더욱이 아버지는 예비역장성이었다. 그런 아버지가 아들이 게이였다는 것, 자신을 속였다는 사실이 얼마나 괘씸하고 충격이었을지 짐작하기 어렵지 않다.

그러나 마지막 장면쯤에 이르면 아버지는 쓸쓸히 혼자 남아 깊은 상념에 잠긴다. 아들이 동성애자라고 상상도 못 했던 아버지의 분노와 충격은 쉬이 가시지 않는다. 그러나 사랑하는 아들이 단지 게이라는 이유 때문에 얼마나 많은 고통을 겪어야 했을까 하는 생각에 이르자, 아버지는 그런 아들에게 한 번도 마음을 열어 주지 못한 미안함에 사로잡힌다.

물론 여전히 아들의 선택을 이해할 수 없고 용서하기도 어렵다. 그러나 적어도 아들이 겪었을 고통만큼은 외면할 수 없다. 옳고 그름의 문제가 아니다. 여전히 내 자식이 동성애자라는 사실에 충격과 배신감(?)이 들지만, 아버지는 생각한다. '내 아들이 자신의 삶을 살면서 얼마나 많은 고통을 받았을까? 소수자로 산다는 게 얼마나 힘들었을까? 그런데 가족까지 그 고통을 강요한다면? 그건 이중 처벌이다. 과연 그 아이가 무엇을 잘못했는가?' 아버지는 대놓고 아들을 품지 못하지만 속으로는 아들의 고통을 조금씩 공감하며 안타까움과 연민을 느낀다. 영화를 통해 리안 감독은 대놓고 설득하지 않는다. 그러나 아버지의 번뇌를 통해 우리가 지금까지 지니고 있던 편견의 이념에 대해 성찰하게 한다.

　　동성애를 비롯한 이른바 성소수자의 선택이 선천적이냐 후천적이냐는 따위의 논쟁이나, 근거도 어설프고 견강부회만 드러내며 종교적 경전을 과거의 시선으로 해석하려는 종교의 입장도 차치하고, 만약 내 가족이 그런 선택을 했다면 어떻게 할 것인가? 일단 충격적이고 배신감을 느낄 것이며 남들 알까 봐 전전긍긍할 것이다. 비난의 손가락질을 감당하고 싶지 않다. 그래서 어떠한 수단을 동원해서라도 선택을 되돌릴 수 있는 모든 방법을 마다하지 않을 것이다.

　　최초의 본격적 컴퓨터인 '에니그마'의 창시자인 앨런 튜링은 동성애자였다. 사실 제2차 세계대전에서 결정적 승리, 혹은 최소한 더 이상의 인류 살상을 막은 큰 몫은 바로 독일군 암호를 해독함으로써 종전을 앞당긴 에니그마와 튜링의 몫이었다. 그러나 전쟁이 끝난 후 영국은 튜링이 동성애자라는 이유로 구속기소했고 법원은 화학적 거세를 선고했다. 그 폭력성에 절망한 튜링은 스스로 독이 든 사과를 먹고 자살했다. 지금은 튜링과 같은 이유로 기소되거나 화학적 거세를 선고받는 사회는 아니다. 그러나 대한민국이라는 사회는 어떠한가? 사회적 형벌을 내리고 있지는 않은가?

그렇게 성소수자를 혐오하는 이들에게 묻고 싶다. 만약 당신의 자녀가 LGBT라면 어떻게 하겠느냐고.

앞서 말한 「까칠남녀」의 '성소수자 특집'을 시청한 사람들의 후기를 살펴보면, 놀랍게도 젊은이들조차 악의적인 비난을 거침없이 드러낸다. 쓰레기 같은 '젠더 어젠다'에 함몰되어 자신들의 논리를 세뇌시키는 악마적 방송이라고 비난한다. 심지어 차별금지법은 정상인(이 용어 자체가 얼마나 폭력적인 개념인지도 모르면서)을 역차별하는 것이기 때문에 결코 입법화할 수 없다고 주장한다.

외국에서는 동성애자로 커밍아웃한 정치인들이 유권자에게 당당히 표를 얻어 당선되기도 한다. 그런 나라들은 도덕적으로 타락했고 멸망을 자초하는 어리석은 자들의 사회인가? 걸핏하면 기준으로 삼는 유럽이나 미국의 경우, 우리처럼 동성애자들에 대한 혐오와 반감이 용인되는가? 아니다. 그랬다간 심하면 법적 처벌까지 받는다.

그들이라고 처음부터 관대했던 것은 아니다. 과거에는 그들도 우리처럼 성소수자를 억압하고 멸시했다. 그러나 인간의 권리에 대한 의식이 커지고 공존과 타인에 대한 관용(그 타인이 사회적으로 악행을 저지르거나 개인에게 해를 끼치지 않는 범위에서)이 커지면서, 그들의 법적인 권리를 인정하는 단계까지 나아갔다.

우리가 성소수자들을 비난하고 그들의 모든 법적 권리를 박탈하려고 한다면, 성소수자를 대하는 유럽과 미국의 태도도 비난하고 법적으로 막아야 한다고 주장해야 하지 않는가? 우리는 '동방예의지국'이라서 다르다고? 조자룡 헌 칼 휘두르듯 쓸 일이 아니다. 사회는 감춰진 진실 혹은 불편한 진실에 대해 쉽게 동의하지 않는다. 최대한 시간을 끈다. 그러나 그것은 불편의 저항이 아니라 자신이 적응하기 위한 시간을 버는 과정이다. 그러니 목숨 걸고 비난하고 저항할 문제가 아니다. 2020년 초반을 뜨겁게 달군 숙명여자대학교에 입학한 트랜스젠더 학생이 끝내 입학을 포기한 걸 몇 년 뒤 어떻게 평가할지 궁금하다. 오랫동안 억압당했던 약자인 여성이 다른 소수 약자를 거부한(물론 모든 여성들이 이런 견해에 동의하지 않겠지만) 이 사건이 우리에게 던지는 함의는 여전히 우리가 '나와 다른' 가치관이나 판단에 폐쇄적이라는 걸 보여 준다.

희한하게도, 서양에서는 동성애에 대해서조차 성별에 따라 반응이 달랐다. 동성애에 비교적 관대했던 고대 그리스인의 태도를 보면 알 수 있다. 그들이 관대함을 보여 주었던 동성애는 남자들에게만 해당되는 것이었다. 사실 이른바 '플라토닉 러브'라는 것도 지고지순한 '정신적인 사랑'을 지칭하는 것이 아니라 플라톤이 사랑한 미소년에게 보낸 연애 감정(고대 그리스인들은 여자들은 이성적 사고가 불가능하기 때문에 '이성과 에로스'를 교환할 수 있는 건 남자들 사이에서만 가능하다고 믿었다.)에서 기인한 것이다. 굳이 요즘 식으로 따지자면 플라토닉 러브도 호모섹슈얼 감정과 크게 다르지 않다.

뛰어난 시인 사포는 남성의 폭력성을 비판하며 고향 레스보스섬에서(레즈비언이라는 말은 사포의 고향 '레스보스섬'에서 비롯되었다.) 억압과 편견에 억눌린 여성을 가르쳤다. 남자들만 누리던 스승과 제자의 정신적 육체적 관계를 여성들이 누린 것이다. 당연히 당시 남성들은 이런 '일탈'을 비난했다. 이후 레즈비언이라는 말은 남성과 똑같이 조직을 만들어 공부하던 여성들이 있는 곳을 뜻하는 말이 되었고, 이후 여성 동성애자를 뜻하는 말이 되었다.

그러나 남성 동성애를 옹호하던 고대 그리스인들의 편견은 여전히 불공평하게 작동해 왔다. 최근의 영화를 봐도 알 수 있다. '필라델피아'나 '프리스트'뿐 아니라 '해피투게더', '토탈 이클립스', '브로크백 마운틴', '패왕별희', '왕의 남자' 등은 은유로 혹은 노골적으로 남성 동성애를 담고 있다. 그런 영화가 자연스럽다는 것은 이미 게이 컬쳐가 어느 정도 인정된다는 뜻이다.

그러나 여전히 여성 동성애에 대해서는 차갑다. '델마와 루이스' 정도가 그나마 은유적으로 묘사한 여성 동성애를 함축한 영화다. 이 사실만으로도 비균형적인 태도를 엿볼 수 있다. 일찍이 뛰어난 테니스 선수였던 나브로틸로바가 레즈비언임을 고백했을 때, 사람들이 보여 줬던 냉대와 비판은 아직도 사회가 여성에 대해서 비관용적이라는 걸 노골적으로 보여 준다. 여전히 권력을 남성들이 독점하고 있다는 사실에서 기인된 결과다.

어느 누구도 다른 사람의 선택, 특히 정체성의 선택을 비난하거나 억압할 권리는 없다. 성소수자들은 이미 사회로부터 많은 고통을 강요받았고 감내했다. 커밍아웃한 그들에게 다수와 다르다는 이유만으로 온갖 비난과 저주를 퍼붓는 것은 일종의 이중 처벌이다. 또한 폭력이고 야만이다.

그런데 다수의 이데올로기라는 틀에 갇히면 거침없이 타인에게 강요하기 시작한다. 그러면서 자신은 마치 정의를 수호하는 선봉인 듯 착각한다. '성평등'조차 '양성평등'으로 바꿔야 하며 '차별금지법'도 거부해야 한다고 선동도 한다. 교묘한 논리로 다수의 영향력을 결속시키는 전략으로 편을 가르고 억압하는 것은 유치한 정치적 전술에 불과할 뿐이다.

'다르다'와 '틀렸다'는 동의어가 아니다. 다름을 인정하는 것이 인격이고 인권이다. 어떤 의미에서건 소수자는 이미 그 자체로 고통의 질곡을 견뎌 온 사람들이다. 그리고 그들에 대한 압력과 차별은 비인격적이고 비인권적이다. 다행히 인류의 문명은 뒤늦게 그러한 폭력에 대해 성찰하고 공존을 선택하고 있다.

성소수자들 또한 마찬가지다. 그들은 인류 문명을 파괴하는 악당도, 파렴치범도 아니다. 단지 나와 다르다는 이유로 타인을 가둬 놓을 권리는 없다. 만약 21세기에도 흑인 노예가 존재한다면 과연 우리는 그것을 용인할 것인가? 그들이 소수이고 약자이기 때문에 차별할 권리가 백인 다수에게 있는가? 이런 물음 자체가 시대착오적이다. 성소수자에 대한 차별과 억압이라고 다르지 않다.

'틀린' 게 아니라 '다를' 뿐이다. 그 언어를 구별하지 못하니 혼돈에서 벗어나지 못한다. 설령 내가 철저한 이성애자고 다수자라고 해도, 동성애자와 소수자를 억압할 권리를 갖는 것은 아니다. 이런 말 자체가 조심스럽다는 게 사실 화가 날 일이지만, 예수님이 이 땅에 오셔서 만났던 이들은 바로 약자, 소수자, 국외자였다는 사실을 기억해야 한다.

이스라엘이 남북으로 갈린 뒤 북이스라엘이 먼저 아시리아에 함락된 후 그 제국의 혼혈 정책으로 인해(그 이전부터 북이스라엘은 개방적이고 친그리스 로마적이었다. 반면 나중에 바빌로니아에 멸망한 남유다는 배타적이었고 반외세적이었으며 바빌로니아의 분리 정책에 따라 혼혈이 적었다.) 유다인들이 사마리아인들을 노골적으로 비하했던 시대에, 그것도 '유다인의 자식'인 예수님은 사람들이 '불가촉천민不可觸賤民'처럼 대하던 사마리아인들에게 거리낌 없이 다가갔다. 이를 깊이 새겨야 한다. 그건 '성적인 소수자'의 문제가 아니지 않느냐고 가볍게 일축해선 안 된다.

만약 나의 가족 구성원 가운데 누군가 장애인이거나 성소수자라고 한다면, 장애인 무시와 성소수자에 대한 무분별한 폭력을 지지할 수 있을 것인

어른은 진보다

가? 리안 감독이 '결혼 피로연'에서 아버지의 독백을 통해 던지는 메시지는 바로 그것이다. 그런 폭력을 비판하고 저항하며 소수자들의 권리를 위해 맞서 싸울 수 있는 용기가 필요한 시대라는 것. 아직도 이런 문제로 갈등하고 있다는 게 부끄러운 일이기도 하지만, 어쩌면 이 과정을 슬기롭게 풀어 감으로써 미래 사회가 보다 성숙해질 수 있다는 점이 다행스럽기도 하다.

사실 우리가 고민해야 할 소수자의 문제는 다른 곳에 더 크게 존재한다. 우리 사회에는 숫자로는 소수지만 절대적인 권력과 부를 독점하는 계층이 있고 다수지만 권리가 미약하고 하루 살기가 버거운 빈곤층이 있다. 그 빈곤층이 바로 소수자다. 굳이 소수자의 문제를 따지려면 극소수의 강자가 국부의 60% 이상을 독점하면서 착취하고 있는 현실을 비판하고 싸우는 게 먼저 아닌가? 소수자에 대한 고통을 외면하고 오히려 그들의 고통을 담보로 해서 다수자의 행복을 추구하는 비겁함을 비판하고 고쳐야 한다.

일반적으로 우리가 소수자라고 부를 때 그것은 단순히 수의 많고 적음에 따라 정의하는 것만은 아니다. 신체적 그리고 문화적 다름 때문에 타인, 특히 다수와 구별되고 차별받는 집단적 차별의 대상이 되는 사람들이 모두 소수집단이 될 수 있다. 소수와 다수의 개념 자체가 상대적이다.

따라서 소수자 집단이 있다는 건 보다 높은 사회적 지위와 힘을 누리는 우세한 무리가 있다는 뜻이기도 하다. 예를 들어 겨우 몇백 만의 인구를 가진 작은 나라 네덜란드가 그보다 몇십 배 인구를 가진 동남아시아의 인도네시아를 식민 통치했을 때, 소수자는 네덜란드 사람들이 아니라 인도네시아 사람들이었다. 따라서 한자어 그대로 '수가 적은 사람(少數者)'이라고 생각하는 건 그릇된다.

한 사회를 평가하는 중요한 기준 가운데 하나는 그 사회가 소수자의 권익에 대해 어떠한 기준을 마련하고 있는가 하는 점이다. 한 국가 또는 사회 내에서 소수집단에 해당되는 사람들은 억압의 대상이 아니라 보호의 대상이어야 한다. 인종, 종교, 언어 등에서 다수와 구별될 뿐 아니라 불편을 겪는 사람들을 차별하고 억압하는 것은 반인간적인 일이다. 그래서 국제인권규약 B규약 27에는 '시민적 및 정치적 권리에 관한 규약'이 포함되고 소수자의 문화, 종교, 언어에 대한 권리를 규정하고 있다.

경제에서의 소수자는 노동자다. 자본주의는 자본가와 노동자의 협력에 의해서 이루어지는 경제체제임에도 불구하고 '자본주의'라고 불리는 것은 자본의 힘에 좌우되고 결정되는 방식이기 때문이다. 주식회사에서 권한은 '사람의 수'가 아니라 '주식의 수'에 따라 결정된다. 기업가의 수보다 노동자의 수가 훨씬 많음에도 불구하고 노동자가 소수인 것은 그들에게 의사결정권이나 경영의 참여가 봉쇄되었기 때문이다.

노동자뿐 아니라 농민이나 어민도 소수자다. 최근 양산되는 비정규직 노동자들 또한 대표적인 소수자다. 자본주의에서 노동자는 기본적으로 다수자인 자본가와 대비되어 소수자다. 노동운동은 그러한 소수자 운동에서 시작되었다지만 노동자 조직이 제도적으로 안정된 위치에 도달하게 되면, 이미 다수자가 되어 버린 노동자와 노동운동은 비정규직 노동자, 여성 노동자, 외국인 노동자 등 새로운 소수자의 집합을 만들어 낸다. 기업에서 노동조합을 만들고 농어민을 위해 농협과 수협 등이 만들어지는 건 소수자들의 권리를 법적으로 보장하고 신장하기 위해 노력한 결과다. 하지만 여전히 소수자를 위한 제도나 정책은 미흡하다.

누구나 소수자가 될 수 있다. 소수자는 그 사회의 정치, 경제, 문화적 상황에 따라 달라질 수 있다. 누가 지배적인 힘을 가지느냐에 따라 사회적 약자,

즉 소수자가 된다. 소수자가 사회에서 겪는 불편과 차별을 걷어내는 것은 언제든 나도 소수자가 될 수 있다는 연대에서 가능해진다. '여성 할당제'나 '장애인 고용 할당제' 등은 바로 그러한 점을 법적으로 보장해서 차별과 억압을 최소화하기 위한 사회적 합의다.

물론 소수자가 자신들의 이익을 극대화하기 위해 극단적인 방법을 선택함으로써 사회적 비용을 과다하게 만드는 경우도 없지 않다. 노조의 지나친 요구와 대결이 그 경우에 해당될 수 있다. 하지만 그렇다고 해도 노동자들이 받았던 차별과 억압, 그리고 불이익의 역사성을 고려하면서 어느 정도 관용적일 필요도 있다. 다수가 늘 옳고 정당하다는 생각 자체를 버려야 한다. 현대는 이미 다원화된 사회다. 다원적 사회 체계하에서 지배 세력 혹은 다수자는 소수집단의 존재를 허용한다. 또한 그 소수집단의 사회적 역할에 대해 개방적인 사회가 만들어져야 한다.

누군가는 성소수자를 극도로 혐오하고, 누군가는 그들을 인정하고 포용한다. 어느 쪽이든 자신과 다른 쪽은 그르다는 교조적인 생각은 버려야 한다. 왜 다른 나라들은 점차 관대해지는데 우리만 뒤늦게 요란을 떠는지 냉정하게 따져야 한다.

종교계 특히 한국의 기독교계에서 이 문제를 거듭 부각시키는 이유가 정치적 목적과 의도를 갖고 있는 것이라면(솔직히 그런 조짐이 너무 노골적으로 보이지만) 따끔하게 질책해야 한다. 『성경』을 문자적으로만 해석하면서 정작 자의적인(시대의 변화는 외면한 채) 태도로 일관하는 사람들은 유럽과 미국의 대다수 교회들(물론 거기에서도 소수의 교회들은 여전히 반대하지만)에서 이 문제를 어떻게 대하는지를 먼저 찾아봐야 한다. 예전에 교회는 흑인 노예들을 부려먹기 위해 교회에 받아들이지 않았다.(교회에서 형제가 되면 어떻게 그들을 노에로 부릴 수 있겠는가 하는 딜레마 때문이다.) 그걸 정당화하기 위해 검은 피부에는 영혼이 없다는 말도 안 되는 신학적 해석을 내놓기도 했다. 지금 그런 논리에 동의할 사람은 없다.

내가 소수자를 비난한다고 해서 다수자에 속하게 되는 것도 아니다. 내가 소수자를 비판한다고 해서 더 도덕적이고 합리적인 시민이 되는 것도 아니다. 누군가 소수자라는 이유 때문에 부당하게 억압되고 폭력에 노출된다면 그걸 막는 게 동료 시민으로서의 도리다. 시간이 지난 후 소수자를 인정하는 사회가 되었을 때 극렬하게 막고 탄압했던 것을 어찌 감추고 감당할 수 있겠는가. 유럽과 미국이 이미 그런 과정을 겪었다. 무조건 침 뱉고 욕하기 전에 그들의 인권과 인격의 존엄성을 차분히 생각해 보고 그들을 바라보는 시선이 어떻게 변화하고 있는지 살펴볼 일이다.

무조건 나만 옳다고, 그래서 나는 다수에 속한다고 항변하지는 말자. 그게 출발점이다. 우리가 나이 들면서 깨달은 지혜와 너그러움이 무엇인지를 생각해 볼 때다. 그런 어른이 되면 또한 좋지 아니할까?

소수자는 단지 수의 적음이 아니다.
약자이며 고통받는 사람이다. 우리는 모두 소수자다.

남인수, 현인, 이난영, 이미자 등의 가수가 풍미하던, 이른바 트로트(당시에는 '뽕짝'이라 부르기도 했던) 시대에 낯선 음악이 들려오기 시작했다. 1960년대 초반, 이른바 '미8군 가수들'의 신선한 노래는 트로트 일변도의 음악계에 새로운 기운을 들여왔다. 일반 무대를 외면하던 미8군 쇼 가수들이 대중과 호흡하기 시작한 것이다.

첫 번째 대표주자는 한명숙이었다. 그녀가 부른 '노란샤쓰의 사나이'는 이전에는 들어 보지 못했던 업템포의 컨트리 뮤직 스타일이다. 동남아 여러 나라에서도 유행할 정도로 크게 성공한 노래다. 초등학생(당시는 국민학교 학생)이던 나도 라디오나 길거리에서 하도 많이 들어 지금도 그 노래를 외울 정도다.

이제는 할머니가 된 현미는 끈끈한 탁음으로 이목을 끌었다. 아마 흑인풍의 노래를 제대로 소화하고 풍미한 첫 가수로 기억될 것이다. 이어서 패티 김, 이시스터즈, 위키리, 유주용, 김상국, 서수남 등 숱한 가수들이 쏟아져 나왔다. 60년대 중반 비틀즈의 영향을 받은 그룹사운드(밴드)도 대거 출현했다. 그러면서 우리 가요계는 크게 변화했다.

미8군 무대 출신의 가수들은 처음에는 팝 음악의 영향으로 번안곡을 많이 불렀다. 그러다 차츰 우리 작곡가들의 작품이 본격적으로 생산되기 시작했다. 대표적인 케이스가 신중현이다. 트로트 일변도의 노래에서 벗어난 음악은 아무래도 당시 청년들이 주로 즐겼다. 당시 동아방송에서 최동욱 피디가 국내 최초 DJ로 진행하던 「탑튠쇼」에 팝송이 나왔다. 나도 중학생 때 카펜터즈의 '탑 오브 더 월드'의 가사를 한글로 써서 외고 흥얼거리곤 했다. 문화의 일대 변혁의 시대였다. 모든 변화는 처음에는 어색하고 거부감을 느낀다. 그래도 아직 혁명의 시대는 도래하지 않은 때였다.

혁명은 젊은이들에게서 나왔다. 이른바 '쎄시봉 세대'의 출현이다. 이들도 처음에는 번안곡을 불렀다. 클럽 밴드가 설 수 없는 무대이기도 했지만, 이들에게는 새로운 악기가 있었다. 바로 통기타다. 싱어송라이터가 쏟아져 나왔다. 젊은이들은 그들에게 열광했다. 같은 세대가 생산한 곡은 자연스럽게 그들의 정서와 사고를 담았기 때문이다.

트윈폴리오, 김민기, 양희은, 한대수 등 많은 가수들이 새로운 타입의 노래를 만들거나 불렀다. 이것은 일종의 가요 혁명이었다. 당시 청년 세대는 모이면 기타를 치면서 노래하며 놀았다. '춘천 가는 기차'를 타기 위해 청량리역에 모인 청년들은 이미 광장에서 삼삼오오 모여 기타 치며 노래했고 달리는 기차에서도 마찬가지였다. 나중에는 이런 모습이 못마땅했던 당시 기성세대에 의해 '고성방가'의 경범죄로 몰려 기타를 압수당하는, 우스꽝스러

어른은 진보다

운 모습도 연출되었다. 모든 혁명에는 저항이 있기 마련이다. 하지만 도도한 흐름을 막을 수는 없는 일이었다. 이미 대세는 이들에게 넘어온 상황이었다.

당시 이들의 노래에는 사랑, 이별, 그리움 등 가요의 단골 내용들이 있었지만 기존의 질서와 체제에 대한 저항과 비판의 내용도 꽤 있었다. 직설적인 게 아니라 시적이거나 은유적으로, 그러면서도 본질이나 핵심 너머의 것까지 투사하는 노래가 많았다. 억지로 끼워 맞추는 게 아니라 자연스러운 표현과 서술로도 우리의 감정과 사고를 드러낼 수 있다는 것은, '보통'의 가치가 '특별한 것' 혹은 '특별한 사람'의 것을 능가할 수 있다는 가능성의 발견이기도 했다. 매우 의미심장한 일이다.

그래서 나의 청소년기와 청년기를 지금 돌아보면 그냥 '유행가'를 흥얼거린 것 같았지만 그 노래가 담고 있는(심지어 내가 모르거나 눈치채지 못한 채 넘어갔던) 것들이 나의 정서와 사유에 큰 영향을 미쳤다는 생각이 든다.

이후 1992년 혜성처럼 등장한 '서태지와 아이들'은 일종의 충격이었다. 아름다운 선율을 기본으로 하는, 기존의 음악 정의에서 비껴간, 중얼중얼하거나 투덜대는 듯한 노래를 처음 들었을 때 기성세대들은 '이게 뭐야?' 하고 낯설어하고 불편해했다. 심지어 분노의 감정까지 대놓고 드러내기도 했다. 반면 젊은이들은 열렬히 환호했다. 왜 그랬을까?

우선 서태지의 노래는 너무 빨라서 가사를 알아들을 수 없었다. 뭐라뭐라 '떠들어 대는'데 명확하게 가사가 들리지 않았다. 사실 본격적인 랩도 아니었다. 하지만 젊은이들은 자신들의 억눌린 감정을 대변하는 노래에 열광했다. 당연히 그들에게 모든 가사는 또박또박 다 들렸다.

이후 우리의 대중가요는 빠른 리듬과 높은 피치의 노래들이 점점 세력을 확대했다. 어른들에게는 잘 들리지도 않고 선뜻 따라 부르기도 버거운 노래였다. 트로트만 고수했던 선배 세대가 젊은 포크 뮤지션들의 노래를 낯설어했던 것처럼, 이른바 7080의 발라드까지가 그 세대들이 누리는 대중음악의 영토였다.

우리의 대중음악은 또다시 빠르게 진화했다. 뛰어난 작곡가들이 여럿 나타났고, 오랜 기간 '연습생' 신분으로 수련하고 '배양된' 아이돌들이 무대를 장악했다. 이름도 외국어나 신조어로 만들어졌다. 그래서 가수 이름과 노래 제목을 구별하는 것도 어렵게 느끼는 어른들이 생겼다. 오랫동안 훈련된 아이돌의 능력과 더불어 새롭게 등장한 유튜브, SNS라는 매체는 새로운 아이돌 스타들의 영역을 세계로 확장시켰다. 이제 방탄소년단(BTS)은 전 세계적 스타가 되었다. 단순히 한류스타 운운할 수준을 넘은 것이다.

대중음악은 동시대인이 느끼는 시대정신의 거울이기도 하다. 그런 의미로 본다면 대중음악의 변화에 무감한 건 자랑할 일이 아니다. 5060세대도 방탄소년단의 노래를 관심 있게 들어 보면 매우 많은 것을 공감할 수 있을 뿐 아니라 음악 진화 자체를 즐길 수 있다. 그저 '젊은것들의' 노래라고 여길 게 아니다. 랩을 따라 부르지 못한다고 해서 랩의 즐거움까지 포기할 것인가. 자꾸 들어 봐야 한다. 이 노래들이 왜 인기를 얻는지, 이 노래가 던지는 메시지가 무엇인지도 생각해야 한다. 이 또한 시대에 뒤떨어지지 않는 매우 좋은 방편이다.

모든 세대는 그 세대만의 코드라는 게 있다. 그리고 어느 정도의 간격과 단절도 당연히 있다. 하지만 그 경계는 철옹성이 아니다. 조금만 관심과 노력을 기울이면 다양성과 역동성을 얻을 수 있다. 그게 변화이고 진화다. 지금의 기성세대가 가진 불만 가운데 하나는 부모 세대들이 자신들의 음악적 취향을 이해하거나 공감해 주지 않았다는 것이었다. 그렇다면 지금의 기성

어른은 진보다

세대는 다음 세대의 음악을 함께 듣고 즐기며 변화를 보여 주는 게 옳지 않을까? 진정한 세대 교류와 소통의 장이 열릴 테니 말이다.

나는 솔직히 방탄소년단 멤버들의 이름을 다 알지 못한다. 당연히 멤버들의 얼굴과 이름을 연결하지도 못한다. 그리고 처음에는 낯설기도 했다. 관심도 그리 크지 않았다. 그런데 어떤 매체에서 방탄소년단의 음악을 듣고 평을 해달라는 청을 받아 그들의 노래를 유심히 듣게 되었다. 충격이었다. 음악도 멋졌고 가사의 내용도 훌륭했다. 왜 나는 그동안 방탄소년단의 노래를 그냥 단순히 '어린것들의' 노래라고만 가볍게 여겼을까? 부끄러웠다. 나의 편협성이 한심했다. 나름대로 젊은이들과 소통하는 편이라고 자부하던 게 얼마나 허위적이었는지 깨달았다.

그리고 그 편협성만큼 내가 살면서 누릴 수 있는 기쁨이 줄었다는 걸 안타까운 마음으로 확인했다. 다행히 이제는 방탄소년단의 음악을 흥얼거릴 수 있다. 조금만 관심을 기울여도 그런 즐거움을 누릴 수 있음을 새삼 경험했다. 이 또한 진보의 한 모습이다.

죽는 날까지 진화하고 진보하며 살면 인생이 더 즐겁고 아름답지 않을까? 오늘은 방탄소년단의 '작은 것들을 위한 시(Boy with Luv)'를 다시 들어봐야겠다.

모든 시대는 그 시대의 문화적 가치를 생산하고 소비하며 공유한다. 우리가 살아오면서 경험한 일들이다. 우리의 청춘에서도 저항과 풍요를 구가하던 시절이 있었다. 청바지와 생맥주로 상징되던 시절이 있었다. 나는 환갑이 지난 나이에도 청바지를 즐겨 입는다. 어쩌면 그건 보상심리일지도 모른다. 서른 살까지는 청바지를 입지 못했다. 진보적이었지만 옷에는 엄격했던 아버지의 교육 탓이었다. 서른 넘어 입은 청바지는 실용적이고 편했다. 그리고 어쩌면 그동안 청바지를 입지 못한 억압에 대한 저항을 청바지를 입음으로써 해결했던 것도 같다.

내가 최초로 만난 청바지는 '쌍마' 바지였다. 리바이스의 상표였던 쌍마로 기억하는 그 청바지. 큰형이 입던 청바지의 엉덩이 위에서 보았던 쌍마. 내 청소년기와 청년기의 유행 청바지는 '조다쉬'였다. 그 뒤 리바이스와 게스 등의 브랜드가 일상적인 것들이 되었다. 우리 사회에서 본격적으로 청바지를 입은 세대는 지금의 70대일 것이다. 청바지는 기존의 바지와는 여러모로 달랐다. 무엇보다 어른들은 입지 않는, 청년들만의 패션이었다. 일종의 세대의 유니언이었고 자연스럽게 저항의 표현이기도 했다. 청바지는 초기 미국 서부 시대 광부들의 실용적인 옷에서 벗어나 전 지구적으로 청년들의 저항을 상징하는 복장이 되었다. 우리나라에서는 '쎄시봉 세대'의 교복이 되면서 우리에게도 '청바지=청년=저항'의 코드로 자리 잡았다.

1960년 후반부터 1970년대의 대한민국은 초고속 압축성장의 시대를 지났다. 민주주의는 짓밟히고 헌법마저 우롱되는 일이 다반사였다. 힘세고 돈 많으면 '장땡'인 나라였다. 그래도 생계와 생활수준은 성장하였기에 그런 것쯤은 눈감아 줬다. 하지만 젊은이들, 특히 대학생들은 이 양면성에 저항했다. 배고픔의 공포에서 벗어난 것은 다행이지만 인간의 존엄성과 민주주의의 가치가 훼손되고 짓뭉개지는 건 참을 수 없었다. 젊은이들은 강력하게 저항했다. 물론 그 탄압은 저항보다 훨씬 더 강했고 무자비했다. 청바지를 입은 청년들은 하나의 저항 코드가 되었다. 청바지가 저항을 상징한 게 아니라 저항하지 않을 수 없던 세대들이 입던 청바지가 그런 모습으로 비친 것일 뿐이었지만.

지금의 6070세대는 분명히 열심히 살았다. 무조건적 순종이 미덕이라 배우고 권리는 외면하고 의무만 강요하는 시대를 살면서도 희망은 놓지 않았다. 어쩌면 그 희망 때문에 버티고 살았다. 어떤 이는 희망이 있어서 버티는 것이 아니라 버틸 수 있어서 희망이 있는 것이라고 말하기도 한다. 하지만 적어도 노력하면 더 나아질 수 있다는 희망은 누구에게나 허용된 시대였다. 그리고 그 부모 세대들의 뼈를 깎는 노력과 헌신 덕에 지금의 6070세대는 처음으로 배고픔의 공포에서 벗어났다.

솔직히 고백하자면 나는 보릿고개를 겪지 않았다. 아마도 농사를 짓는 집이 아니었기에 그랬을 것이다. 하지만 동년배 친구들이 어렸을 때 보릿고개니 춘궁기니 하는 질곡을 몸으로 겪은 이야기를 들었다. 그러니까 어쩌면 나의 세대가 굶주림의 공포에서 벗어난 최초의 세대였을 것이다. 그러면서 동시에 최초로 풍요의 시대 문턱을 넘은 세대였다. 여전히 가난에서 온전하게 벗어나지는 못했지만 그래도 조금씩 쾌락을 만끽하기 시작했다.

그 첫 문은 코카콜라의 수입이었다. 보틀러 수입 방식으로 1968년 최초로 한국에 코카콜라가 상륙했다.(한양식품, 우성식품, 범양식품 등 보틀러 방식은 1997년 직영 체제로 전환했다.) 나는 지금도 콜라와의 첫 만남을 또렷하게 기억한다. 그전까지는 운동회 하는 날이나 소풍 가는 날에나 '국산' 콜라(당시 '월성콜라'라는 이름이었을 것이다. 캐러멜 희석 용액에 탄산을 가미한, 갈색병의 콜라였다.)를 마셨다. 하지만 '진짜 콜라'는 병 모양부터 달랐다. 맛은 너무나도 환상적이었다. 이후로 '환타', '미린다' 같은 탄산음료가 나왔다. 새로운 맛의 세계에 들어선 것이다.

당시 청년들, 그러니까 지금의 70대들은 본격적으로 '생맥주'를 마시기 시작했다. 싸구려 막걸리(지금과 달리 쌀을 쓸 수 없었고, 심지어 신속한 발효를 위해 카바이드를 쓰기도 해서 숙취가 심했던) 대신 맥주를 마시기 시작했는데(당시만 해도 맥주는 매우 비싼 술이었다.) 대도시에 생맥줏집들이 생겼고 대학생과 직장인이 즐겼다. 당시 대학생들은 가난한 집안 형편이기는 했지만 과외 등을 통해 용돈을 벌 수 있던 때라 호기 부리며 생맥주를 마셨다. 흔히 '글라스'라고 부르던 일반 맥주잔 대신, '조끼'라고 부르던 500~1,000cc짜리 큰 잔에 맥주를 따르면 그 위에 왕관처럼 거품이 차올랐다. 그 뽀얀 거품처럼, 생맥주는 청년들이 누릴 수 있는 풍요이며 사치였다. 그렇게 생맥주는 세대를 가르는 하나의 상징이 되었다. 통기타가 청년들의 새로운 낭만을 상징했다면 생맥주는 청년들의 새로운 욕구와 만족을 상징했다.

'저항'과 '풍요'는 동행하기 어려운 법인데 그 둘을 희한하게도 하나로 묶은 건 바로 '젊음' 때문이었을 것이다. 저항은 극단적으로 내몰렸을 때나 선과 악이 완연하게 드러났을 때만 튀어나오는 게 아니다. 오히려 억눌렸던 욕구가 조금씩 실현되면서 더 큰 욕구, 그리고 부당한 욕구의 억압에 저항하며 튀어나오기도 한다.

그런데 저항을 더 자연스럽게 인도한 것은 당시의 억압적 정치사회 환경이 크게 작용했다는 점도 무시할 수 없을 것이다. 민주주의를 억압하고 경제제일주의를 내세워 가난에서는 벗어났을지 모르지만, 인간의 존엄성과 헌법적 가치가 왜곡과 억제되는 것에 대해 젊은이들은 비판하고 저항할 수밖에 없었다. 당시 기성세대의 눈엔 그게 못마땅했을 것이다. 기껏 먹고 살 만하니 철딱서니 없이 대들고 분란을 초래하는 것쯤으로만 보였을 것이다. 그리고 실제로 여론을 조작하고 몰아갔으며 알게 모르게 거기에 세뇌되기도 했다.

당시 청년들은 세 가지 점에서 기성세대와 달랐다.

첫째, 그들은 식민지 시대를 경험하지 않았다. 때문에 이전 세대와 달리

어른은 진보다

패배 의식이 별로 없었다.

둘째, 그들은 한국전쟁이라는 참혹한 내전을 직접 겪지는 않았다. 1950년 전후에 태어난 세대도 있었지만 그들도 직접 전쟁을 겪은 건 아니었다. 관념적으로 전쟁에 대한 공포를 가지긴 했어도 부모 세대의 트라우마와는 달랐다.

셋째, 그들은 한국 역사 전체에서, 처음으로 고등학교까지 보편적 교육을 받은 첫 세대였다. 물론 민주주의를 세밀하게 배우거나 구체적인 실천 방안을 학습하지는 않았지만 적어도 교과서에서 배운 관념적 가치에 대해서는 일반화된 가치관을 형성했다.

다른 장에서도 언급했지만 특히 이 세 번째의 차이를 주목해야 한다. 고등교육을 받기 시작한 이 세대들은 조금씩이나마 풍요의 결실을 맛보기 시작했고 민주주의와 자유로운 개인의 가치도 학습했다. 물론 온전한 교육은 아니었다. 실제로 당시 우리를 가르치던 교사들 자신이 민주주의를 학습하며 성장한 이들도 아니었고 사회 또한 마찬가지였다. 그래도 민주주의와 자유로운 개인의 가치와 이념을 배웠다는 건 매우 중요하다. 그 앞 세대들은 관련 교육 자체를 받지 못한 것과 크게 대조되는 부분이다.

물론 살면서 제대로 그 가치를 실천하는 건 생각만큼 쉽지 않았다. 정신없이 일해야 했고 하라는 것만 하면 되는 삶의 연속이었다. 현실에서 공정과 정의는 우리가 배운 가치와는 다른 영토에 있었다. 거짓과 불의에 눈감아야 가족을 부양할 수 있었다. 모난 돌이 정 맞는다는 말을 되새기며 살았다. 그게 반복되면서 까칠하게 따지거나 정의 운운하는 걸 보면 철없어서 그렇다고 혀를 차거나 직장뿐 아니라 국가와 사회의 안전을 위협하는 적대적인 것으로 몰아세우기까지 했다. 그건 일종의 '인지부조화'였다. 그게 더 심해지면서 '확증편향'에 빠지는 족속들도 있었다.

솔직히 자유와 정의가 억압되고 짓밟힐 때, 초반엔 학교에서 배운 가치들과 신념이 무너지는 모습에 가슴 아팠고 분노했으나 어느덧 분노는 누그러지고 적당히 타협할 수밖에 없었다. '목구멍이 포도청'이었기 때문이다. 대들고 따지고 저항하다 잘리면 나만 손해였으니 그저 입 꾹 다물고 눈 딱 감았을 뿐이다.

그러나 이제 우리 상당수는 이미 은퇴했다. 누가 나를 해고할 것인가? 몸에 익은 굴복과 타협의 습성이 남아서, 그리고 나이 들면 저절로 보수적으로 변하는 것이라고 합리화하며 계속 모른 체하고 있는 건 아닌지 생각하자. 여전히 몸에 밴 비겁과 무분별이 우리를 퇴화시키고 다음 세대의 진화를 방해하고 있는 건 아닌지 두려운 마음으로 살펴야 한다.

생계에 대한 두려움과 사회적 분위기 속에 나도 모르게, 내 몸에 스며든 적당한 비겁에 지배되며 살았던 건 부인할 수 없는 사실이다. 이제 그 비겁의 습속을 깨뜨려야 한다. 교과서에서 배웠던 가치의 유린을 못 본 척했던 것을 보속하는 의미로라도 그래야 한다. 배웠으면, 안다면 그것을 실천해야 한다. 더 늦기 전에.

나는 지금도 열심히 청바지를 입는다. 실용적인 목적이기도 하지만 길들여지지 않기 위해, 저항의 혈기를 잃지 않기 위해, 나 자신을 다잡기 위해서.

어른은 진보다

생각 그리고 감성이 젊어야 청춘이다.
몸이 늙어 가는 걸 한탄할 게 아니라
생각이 낡아지고 감성이 무뎌지는 걸 경계해야 한다.

내 손에 달린
손녀 손자의 미래

누구나 멋지게 나이 들고 싶다. 그건 권력이나 돈만 있다고 되는 게 아니다. 그 사람의 수준이 만드는 것이다. 나이 든다고 생각까지 낡아지면 안 된다. 나이 들수록 사유는 깊어지고, 영혼은 맑아지며, 가슴은 뜨겁고, 삶은 따뜻하며, 판단은 유연하고 너그러워지는 게 멋지게 나이 드는 모습이다.

누구나 자신의 신념을 갖고 산다. 정치적 신념이건 종교적 신념이건 그것을 지키며 산다. 그러나 그것이 돈이나 권력을 갖지 못해도 누구나 갖는 가치라서 지키고 버티는 것이라면 옹색하고 추해진다. 자신이 살아온 경험과 지식을 유연하게 재해석하면서 미래를 바라보고 다음 세대에 디딤돌을 마련해 주는 것이, 어쩌면 우리가 나이 들면서 갖춰야 할 가장 중요한 새로운 모습일 것이다.

누구의 말도 듣지 않고, 학습 받고 순응해 온 방식에 길들여진 건 자연스러운 일이기도 하다. 지금까지 나를 버텼던 신념을 허무는 건 내 존재 전체가 허물어지는 것처럼 느껴지기 때문이다. 다 그렇다. 그러나 세상이 바뀌고 환경이 변화하면 생각도 바뀌어야 한다. 우리는 오랫동안 익숙해서 그걸 모르거나 바꾸는 것이 두렵다. 그래서 보수와 수구조차 분별하지 못하고 한통속으로 생각하고, 그런 사람들끼리 모여 서로의 존재에 안도한다. 그러면서 정작 우리가 사랑하는 손녀와 손자가 살아갈 세상에 대해서는 무감각하다. 자녀와 손녀 손자의 삶에 무관심하거나 무감각하고 싶은 사람 없다. 그런데 현실은 그렇지 않다. 그러면서 걸핏하면 나이 들면 보수화한다고 말한다.

도대체 언제까지 보수니 진보니 하는 진영의 논리에 갇혀 살 것인가. 진정한 보수의 가치가 무엇인지, 진보의 변화를 감당하고 책임질 능력과 신념은 있는지 따져 본 적도 없이 오직 자신이 가담한 진영의 논리에 갇혀 상대를 무릎 꿇릴 생각에만 집착한다. 그래서 한쪽은 탐욕적이거나 무지한 수구의 논리에 가담하고 또 다른 쪽은 무책임하거나 무능력한 급진의 구호에 앞장선다.

물론 어느 시대나 어느 곳에서나 이런 양극은 존재한다. 그러나 이 양극의 존재는 우리가 얼마나 무책임하고 무능력하며 탐욕적인지를 사회적으로 드러내는 것일 뿐이다. 그걸 인식하고 문제를 가시화할 수 있어야 한다. 그 극단으로는 가지 않기 위한 일종의 반면교사와 같은 것이어야 한다. 지금 우리에게 필요한 것은 진정한 보수의 가치와 실천을 위해서 탐욕적이고 무지한 수구와 결별하고 무능력하고 무책임한 급진의 구호에 현혹되지 않는 지혜와 용기다. 그건 어린 세대의 몫이 아니다. 어른의 몫이다. 그 몫을 감당할 수 있는 어른이 되어야 한다. 다음 세대에게 입이 아니라 귀를 열고 그들이 살아갈 세상을 위해 작은 밑돌이라도 하나 마련하는 것, 이것이 제대로 나이 드는 일이다. 나잇값 제대로 하는 것이다.

나는 이 책에서 가능한 한 정치적인 담론을 말하려 하지 않았다. 그러나 숨 쉬는 것 빼고는 어차피 모두 정치적이다. 왜냐하면 정치적 선택이 우리의 미래와 삶을 결정하기 때문이다. 나는 어떤 진영에 서서 한쪽을 비판하고 한쪽을 옹호하고 싶지 않다. 단지 세 가지를 이야기하고 싶을 뿐이다.

첫째, 이제는 '수준'의 문제로 진화해야 한다. 우리 시대와 사회의 수준을 높이기 위해서는 어른들이 나서야 한다. 그러려면 악습과 관성을 깨뜨리고 나와야 한다.

둘째, 우리의 선택이 자녀와 손녀 손자의 미래 삶을 결정한다는 점을 한시도 잊어서는 안 된다. 우리가 겪어 온 악습과 억압, 착취의 비인격성과 비리를 아이들이 반복하거나 더 나쁜 상황으로 내몰리지 않도록 우리가 용기를 내 그것을 비판하고 저항하고 맞서 싸워야 한다. 우리가 젊었을 때, 온갖 비리와 비인격성에 고통받는 동안 그걸 비판하고 야단치는 어른들이 없어서 절망했던 걸 기억해야 한다. 이제 우리에게 그걸 해줄 수 있는 기회가 주어졌다. 이 기회를 걷어차는 어리석은 어른은 되지 말아야 한다.

셋째, 살면서 어쩔 수 없이 적당히 비겁해질 수밖에 없었고 꿈도 접으며 살았지만, 남은 시간 동안 작은 꿈이라도 다시 꾸며 꿈을 향해 살아가는 멋진 어른의 모습을 누리고 다음 세대에도 그것을 보여 줘야 한다. 그 멋진 어른들의 수준 높은 모습을 만들고 보여 줘야 한다. 그게 우리의 몫이다. 아직 우리에겐 살아야 할 시간들이 제법 많이 남았다.

어른은 진보다

어른이 된다는 것, 어른답게 산다는 것.
그게 우리에게 아직 남은 삶이지 않은가.
내 삶에 미안하지 않기 위해,
자녀와 손녀 손자의 미래에 디딤돌이 되기 위해.

어른은 진보다

지금의 어른들, 무엇이 다른가

초판 1쇄 발행일 2020년 3월 30일

지은이 | 김경집
발행인 | 이선애

편 집 | 박지선
디자인 | 채민지
교 정 | 박숙경

발행처 | 도서출판 레드우드
출판신고 | 2014년 07월 10일(제25100-2019-000033호)
주소 | 서울시 구로구 항동로 72, 하버라인 402동 901호
전화 | 070-8804-1030   팩스 | 0504-493-4078
이메일 | redwoods88@naver.com
블로그 | blog.naver.com/redwoods88

값은 뒤표지에 있습니다.
ISBN 9791187705215 (03100)